도마복음,
예수의 영지주의 지혜

이 역서는 2022년 대한민국 교육부와 한국연구재단의 지원을 받아 수행된 연구임
(NRF-2022S1A5B5A16056385).

# 도마복음,
# 예수의 영지주의 지혜

## THE GOSPEL OF THOMAS
### The Gnostic Wisdom of Jesus

장-이브 를루프 지음 | 조재형 옮김

예술과영성

이 책은 구자만 박사님(주식회사 신흥지엔티 회장)의 지원으로

번역 출판되었습니다.

# 머 리 말

　모든 놀라운 문서 중에서 우연히 또는 운명적으로 그리스도교를
이해하는 데 가장 큰 충격을 준 도마복음서가 1945년 상부 이집트의
나그함마디 사막 마을 근처에서 발굴되었다. 이 문서의 첫 번째 영어
번역이 1959년에 출판되어 학자들과 신학자들에 의해 높은 관심과
환영을 받았다. 그러나 곧 이 문서의 충격은 전문가 집단의 범위를
넘어 일반인에게도 마치 예수의 목소리가 녹음된 음원이 발견된 것처
럼 전달되었다. 심지어 이 문서는 수천 년의 시간이 흘러도 오로지
소수의 사람에게만 알려진 언어(콥트어)에서 번역을 통해 우리 중 많은
이들에게 부인할 수 없는 진리에 관한 인식과 희망을 주는 담화로,
우리 안의 어떤 미지의 부분을 만지는 힘이 있었다. 처음에 예수로
인해 어리둥절하던 자들에게 예수가 말했을 때, 즉 그가 "권위 있는
자와 같이" 말씀했다는 것이 확실히 의미하는 바는 예수와 그의 가르
침이 인간의 가슴과 마음에 숨겨진 어느 부분을 일깨우는 힘으로
자신들을 인증했다는 것이다.

　지금 우리는 신학자들이 이 문서와 이와 유사한 문서에 적용했던
근본적인 범주에 접근하는 열쇠, 즉 기술적인 용어인 '영지주의'를
가지고 있다. 실제로 이 낱말은 이 세상의 모든 영적인 전통에 관한
우리의 이해에 매우 중요하다. 실제로 이것은 우리가 인간 삶 자체를
잘 이해할 수 있게 해준다.

　학자들이 나그함마디에서 발견한 문서에 '영지주의'라는 꼬리표

를 붙였을 때, 일반적으로 이것을 1세기에 번성했다가 2세기에 리옹의 강력한 주교 이레니우스에 의해서 이단으로 정죄받았던 종교적 교리와 실천의 한 경향으로 보았다. 이 결정적인 정죄의 결과는 이 이단에 대한 광범위한 탄압과 그들의 텍스트에 대한 무자비한 파괴로 나타났다. 지금까지 이들에 관해 알려진 대부분의 가르침은 이들에 대해 매우 적대적 설명을 한 이레니우스의 영향력 있는 저서 『이단들에 대한 반론』(*Against the Heresies*)에 근거했다. 나그함마디 문서가 역사적으로 얼마나 중요한 것인가는 당시의 서적 소각의 폭풍으로부터 이 문서를 보호하기 위해 일부의 공동체 구성원들이 이 문서를 땅에 파묻었을 높은 가능성에 근거한다. 따라서 소위 '이단'을 진압한 지 거의 2,000년이 지난 지금, 우리는 탄압자들의 눈을 통해 전반적으로 그 문서를 보는 대신 그 가르침을 직접 볼 기회를 마주하고 있다.

거의 2,000년 만에 처음으로 텍스트 자체를 직접 볼 수 있게 되었지만, 실제로 텍스트를 보는 것은 단순히 고대 두루마리나 현대 번역과 익숙한 지적 분석의 습관에 따라 해석하여 텍스트를 읽는 것보다 훨씬 더 벅차고 즐거운 일로 우리를 초대한다.

이 문서에서 아람어로 '예수아'(Yeshua)로 불리는 예수의 첫 번째 말씀이 "누구든지 이 말씀의 해석대로 사는 사람은 더 이상 죽음을 맛보지 않을 것이다"라는 것은 너무나 당연하다. 이것이 단지 수사학적인 말에 불과한가, 아니면 이 말은 인간의 살과 피에 영향을 미치는 행동을 동반하는 어떤 종류의 지식과 앎인가? 즉, 우리가 '지식' 또는 지적 통찰의 순간이나 열정적인 현실화를 포함하는 '앎'이라고 부르는 그 어떤 것과 비교할 수 없는, 꿰뚫는 행동에 관해 말하는 것인가? (우리가 감히 상상할 수 있는) 육신이 죽어도 죽지 않는 생명을 낳을 정도로 우리의 존재를 변화시킬 수 있는 어떤 종류의 앎이 있는가?

이와 같은 앎은 믿음의 행동과 분리할 수 없다. 믿음의 행동은 단순히 감정적으로 충만한 믿음의 집합이 아니라, 인간의 삶과 삶의 근원 자체 사이에 흐르는 자기적 전류를 생성하는 인간 정신 내부의 움직임으로 간주한다. 이것은 '새 아담'이라고 불리는 영적인 문제를 우리 인간의 삶에 축적한다. 그리고 이것은 남자나 여자가 완전히 새로운 방식으로 성 바울의 위대한 부르짖음에 실제로 대답할 수 있게 한다. 즉, "나는 선을 원하지만, 선을 행하지 못하고, 내가 미워하는 일을 한다."[1] 다시 말하면 미래의 미덕에 관한 깨지기 쉬운 약속보다는 사랑의 행동으로 대답하는 것이다. 이런 변혁적 앎은 실제로 우리가 일반적으로 생각이라고 부르는 것과 거의 (또는 전혀) 관련이 없다. 이것은 에너지, 즉 의식의 에너지와 관련이 있다. 이 에너지는 영지주의가 파생된 고대 단어 그노시스(gnosis)가 의미하는 핵심 의미이다.

학자들과 신학자들은 이러한 가르침에 영지주의라는 용어를 적용하여 우리에게 나그함마디 문서 대부분이 종교 생활에서 지식의 역할을 강조한다는 점을 알려준다. 이것은 수 세기에 걸쳐, 특히 서구에서 교회의 중심 교리가 된 신앙을 강조하는 요구와는 명백히 대조된다. 또렷한 형이상학적 이원론과 이 세상에 대한 배척처럼, 때때로 영지주의와 동일시되는 수많은 다른 교리가 있다. 그러나 우리가 지금 사는 세계, 즉 문명 세계에 관한 더 깊은 탐구를 요구하는 변혁적 앎으로 그노시스의 개념을 이해하는 것이 가장 중요하다. 그 세계는 우리가 마음으로 아는 것과 우리의 심장과 본능 안에서 우리가 아는 것 사이의

---

1 로마서 7장 19절로 추정된다. 즉, "나는 내가 원하는 선한 일은 하지 않고, 도리어 원하지 않는 악한 일을 합니다."

끊임없는 단절로 인해 심각하게, 아마도 치명적으로 영향을 받는다.

우리 문명과 개인 생활 모두에서 지식의 성장은 존재의 성장을 훨씬 능가하여 우리의 존재를 끝없이 복잡하게 만들고 우리에게 주는 것보다 훨씬 더 많은 것을 빼앗아 간다.[2] 과학적 지식의 진보와 적용에 있어서 우리는 마치 기관차의 운전석에 쉬지 않고 앉아 있는 어린아이와 같다. 이에 상응하는 내면의 성장과 도덕적 힘의 성장 없이 우리의 지적 능력은 이제 우리를 파국으로 인도하는 것 같다. 즉, 자연계의 재앙적 파괴, 윤리적 가치의 쇠퇴, 맹목적인 상업이나 맹목적인 미신의 지배를 받는 생물학적 생명의 붕락(崩落) 그리고 무엇보다도 임박한 세계적 핵 테러의 위협 앞에서 이러한 파국은 더 드러난다. 그러므로 플라톤이 2,500년 전에 말했듯이 우리가 가진 그러한 '지식'은 실제로 지식이라는 이름을 가질 자격이 있다고 말할 수 있는가? 미덕이 없는 지식은 우리에게 선을 가져올 수도 없고 진리를 보여줄 수도 없다는 그의 말을 우리는 진정 들을 수 있는가? 이것은 우리가 알고 있는 것과 같은 앎(지식)이 실제로 변혁적이지 않다는 것을 의미한다. 그 앎은 우리의 존재 수준을 향상하지 않으며, 도덕적 힘의 발달을 키우지도 않는다.

세상을 있는 그대로 볼 수 있는 충분히 완숙한 인간만이, 즉 객관적 가치의 직관이 본질적 요소인 고도로 발달한 인간의 마음만이 우리의 본능과 충동을 위한 마음의 작용을 통해 선을 위한 수고 안에서 행동할 수 있는 능력으로 우리를 인도할 수 있다.

---

2 실제로 현대인들은 하루에도 수없이 쏟아지는 정보와 뉴스의 홍수 속에서 너무나 많은 선택지와 복잡한 자본주의 사회의 소비문화의 파도 앞에서 자기 존재를 세심하게 살펴보고 성찰하는 기회를 얻기 어렵다.

장-이브 를루프(Jean-Yves Leloup)가 우리에게 제공하는 현재 본문은 예수님의 말씀에 관한 주석이라기보다 "우리 침묵의 경작된 땅에서 생성된 묵상"이다. 나는 '복음의 숭고한 보석'이라고 작가 자신이 부르는 것을 번역하고 해석하는 데 있어서 그의 학문적, 신학적 기술이 궁극적인 방향을 잡는 것은 자아를 향한 작가 자신의 내적 개방을 통해서라는 의미로 받아들인다. 다시 말해 나는 이 책에서 작동하는 앎에는 두 가지 종류의 수준이 있을 수 있다고 믿는다. 첫 번째 수준, 즉 눈에 보이는 수준의 단어와 개념에는 모든 진지한 독자가 예수의 가르침의 의미에 관해 새로운 방식으로 생각하는 데 도움이 되는 통찰력과 설명이 있다. 이것은 시대를 통틀어 무수한 남녀에게 위로를 가져다준 그리스도교 교리의 위대함을 절대로 부정하지 않는 방식이다. 그러나 를루프에게 그리스도교에 관한 이런 종류의 앎은 그 자체로 소중하지만, 명상의 내적 작업의 열매인 은총을 통해 주어지는 더 깊은 수준에는 부차적이다.

　　그리고 이 더 깊은 앎의 수준으로의 여행을 특징짓는 말은 무엇인가? 를루프는 그것에 관해서 "독서, 만남, 타인의 생각을 통해 형성되고 획득된 상대적인 의식이 존재한다"라고 말한다. 그리고 그는 계속해서 이렇게 말한다. "우리 안에 있는 살아있는 존재, 즉 우리 자신에 관한 지식으로부터 직접적으로 일어난 의식이 있다. 예수아(예수)가 도마복음 안에서 우리를 초대하는 것은 바로 이 의식, 영지주의를 향한 것이다. 예수는 '훌륭한 그리스도인'이 되는 것이 아니라 많은 그리스도들(christs)이 되게 하려고, 즉 영지주의자, 깨어 있는 인간이 되도록 우리를 초대한다." 이 더 깊은 앎은 순수 의식, 더 정확하게는 의식의 순수한 에너지라고 부를 수 있다. 이것은 의심할 여지 없이 많은 수준에서 그 자체로 존재하는 에너지이며, 몸, 심장, 마음, 생각으로 내려갈 수 있고, 그 자체의 활동력을 통해 우리를 인간으로 지칭할 수 있는 존재, 즉 깨어난 완전한 인간으로 만들 수 있다.

이 에너지는 우리가 일반적으로 생각이라고 부르는 것이 아니다. 오히려 이것은 바로 우리의 일상적인 생각을 할 수 있다고 잘못 상상했던 일을 제대로 하는 힘을 가진 에너지이다. 그것은 우리의 정신적인 생각을 포함하여 우리의 모든 기능을 지시할 수 있다.

그러므로 이 책은 장-이브 를루프가 제시한 「마리아복음」과 「빌립복음」(이것 또한 영지주의 문서이기도 함)의 경우와 마찬가지로 그 자체로 우리 시대에 재발견이 절실히 필요한 마음의 작업을 향한 한 걸음이다. 마음의 적절한 작업은 침묵의 수준과 표현의 수준이라는 두 수준에서 작동한다. 그리고 표현은 부차적이다. 즉, 낱말과 간결한 말의 형식 안에서 진리는 형태(낱말, 아이디어, 협회, 흔적의 구성, 이미지, 프로그램 등)를 취하기 이전의 의식의 순수한 에너지 상태인 침묵에서만 나올 수 있다.

순수한 존재의 비옥한 텅 빈 침묵으로 양육되지 않는 마음만으로는 인간의 삶을 인도할 수 없다. 아무리 뛰어나고 영감을 받았더라도 평범하고 고립된 지성은 진리와 선에 부합하는 방식으로 우리의 생각, 말, 충동, 기억 및 경험을 통제할 수 있는 에너지가 없다. 요컨대 이것은 우리 시대, 현대 세계에서 우리 지식의 비극이다. 과학이 우리에게 준 모든 것, 즉 과학이 우리에게 생명, 물질, 우주에 관해 가져온 굉장하고 경이로운 발견은 결국 우리에게 파괴만을 가져올 것이다. 왜냐하면 마음만으로는 그것 자체 또는 우리 자신 전체를 감독할 수 없기 때문이다. 과학은 이것을 위한 에너지가 없다. 이것은 침묵으로 경험되는 수준, 즉 인간 정신 안에 있는 다른 더 높은 수준에서 와야 하는 에너지이다.

우리가 이것의 모방적 형태라기보다는 참된 본성 안에서 영적 작업은—영지주의, 밀교, 신비주의 등과 같이 무엇이라고 부르든 간에— 우리가 생각이라고 부르는 것과 관련이 있는 것이 아니라 에너지와 관련이 있다. 그노시스(영지)는 단순한 아이디어, 상징 또는 개념이 아니라 하나의 힘이다. 우리의 종교적, 도덕적 가르침을 말로만 표현하는 만큼 아무리 아름답고 체계적이라 할지라도 우리는 학문주의, 교조주의, 광신주의의 먹이가 될 수밖에 없다.

무엇보다도 우리의 현대 세계가 가장 고통받는 것은 폭주하는 이데올로기에 의해서이다. 즉, 비인간화하는 에너지의 장난감은 사상에 의해 쑤석거린 애착이 된다. 이것이 정치적이든 종교적이든 학문적이든, 모든 이데올로기의 가장 큰 위험이 된다.

장 를루프는 다음과 같이 질문한다. "우리 존재의 완전한 현실화를 향하여 변혁의 여행 안으로 우리를 인도하면서 우리 인간의 가슴과 마음 안으로 이 예수의 말들을 읽는 것이 가능한가?" 이 질문 안에는 이 글을 포함해서 진정으로 신성한 모든 저작물이 제공하는 노력과 보상, 요구와 선물이 모두 들어 있다. 혼자 방에 있을 때나 동료들과 교류할 때, 우리가 예수의 이 말의 의미를 이해하려고 온 힘을 다해 노력하면서—또는 우리가 이전에 유일한 진실로 여겼던 모든 견해 안에서— 우리의 내적 존재 상태에 주의를 기울인다는 것은 무엇을 의미하는가? 한때 현대 세계에 그러한 희망을 가져다주었던 독립적인 사고에 관한 열정적인 헌신과 함께 평온한 마음을 유지하는 것이 지금 우리에게 무엇을 가져다줄 수 있는가? 장 를루프는 "예수의

말씀이 빛의 열매를 맺을 수 있는 것은 정신적 동요가 아니라 내면의
침묵이라는 근거에서 나온다고 나는 믿는다"라고 결론짓는다.

제이콥 니들맨(Jacob Needleman)
샌프란시스코주립대학교 철학과 교수
『잃어버린 그리스도교와 미국 정신』의 저자

# 옮긴이의 글

　　이 한글 번역은 장-이브 를루프가 콥트어 본문을 프랑스어로 번역한 것을 요셉 로웨가 다시 영어로 번역한 것을 기준으로 하였다. 를루프는 콥트어에서 직접 「도마복음」을 번역해서 나름대로 정확한 번역을 하려고 했으나, 프랑스어로 번역한 콥트어 본문의 의미는 다시 그것이 영어로 번역되면서 미묘한 차이가 생겨났다. 그래서 역자가 판단했을 때 콥트어 본문이나 다른 번역자들과의 번역 내용이 차이가 있는 경우에는 각주를 붙여서 설명했다. 이 번역을 위해서 주로 기요몽(Antoine Guillaumont), 마빈 메어(Marvin Meyer), 클라펜보그(John S Kloppenborg) 그리고 송혜경의 책을 참고하였다. 서지 목록은 이 글 마지막 부분에 한글 번역자의 참고문헌을 실었으니 참조하라.

　　「도마복음」은 나그함마디 서고 중에서 「요한비밀서」와 더불어 가장 대중적으로 알려진 문서이다. 나그함마디 서고가 1945년 12월에 상부 이집트에서 발견되는 과정은 상투적인 표현일 수도 있겠지만 한마디로 '하느님의 은혜'였다.[1] 만약 이 문서가 그리스도교가 로마의 국교가 되면서 많은 그리스-로마 종교의 유산이 파괴될 때나, 마녀사냥이 한창이던 중세 시대에 발견되었다면, 발견되는 즉시 다시 불태워져서 지금 우리 손안에 남아있지 않았을 것이다. 「도마복음」의 콥트어 본문은 이때 발견되었으니, 78년 동안 이 문서는 예수의 알려지지

---

1 조재형, "1,600년 만에 이집트에서 발견된 초기 그리스도교 영지주의 문서," 나그함마디 문서의 이해 01, 「기독교사상」 763 (2022), 126.

않은 목소리를 우리에게 들려주고 있지만, 실상 이것의 그리스어 단편은 이미 1897~1904년에 옥시링쿠스 사본에서 발견되었다. 이 사본에는 3세기 이전의 그리스어 신약성서 사본과 세 개의 「도마복음」 단편(Papyrus Oxyrhynchus 1, 654, 655)과 다량의 계약서와 공문서, 소설과 편지 단편 등이 세상에 모습을 드러냈다.[2] 그러니까 그리스어 단편을 기준으로 하면 거의 130년 전에 「도마복음」의 일부분은 세상에 모습을 드러낸 것이다.[3] 이러한 발견은 "너희 앞에 있는 것을 인식하라, 그러면, 너희에게 숨겨진 것이 드러날 것이다. 감춰진 것 중에서 숨겨진 것은 없다"라는 「도마복음」 어록 5에 나오는 예수의 말을 상기시킨다.

버저 피어선을 비롯한 몇몇 학자들은 「도마복음」이 영지주의 문서가 아니라고 주장하지만,[4] 「도마복음」은 '모나드'에 관한 신학과 '영혼의 여행'이 나타나는 전형적인 영지주의 문서이고, 이것은 고대 영지 사상의 영향을 받았다.[5] 도마가 전하는 예수의 말 중에서 반 이상은 정경 복음서에 전혀 나오지 않기 때문에 역사적 예수와 초기 그리스도교의 기원을 연구할 때, 이것은 매우 중요한 자료가 될 수 있다. 그리스어 원본의 저작 연대는 복음서의 기록 연대와 비슷하거

---

2 민경식, "옥시링쿠스 파피루스의 가치와 전망," 「성경원문연구」 22 (2008): 8-9.

3 "GT의 일부분은 미리 알려진 옥쉬륀쿠스의 그리스어 파피루스 구절들과 유사하다는 것이 확인되었다. 이집트 옥쉬륀쿠스에서 1897, 1903년 그리고 1904년에 발견된 그리스어로 쓰인 파피루스에서 발견된 예수의 어록과 일치하였다(Grenfell과 Hunt, 1897). 옥쉬륀쿠스 파피루스 (이하 Pap. Oxy로 칭함) 1은 GT 어록 28-31, Pap. Oxy 654는 GT 어록 1-7, 그리고 Pap. Oxy 655는 GT 어록 37~40과 일치한다." 배철현, "『도마복음서』에 나타난 영지주의 — '몸'을 통해 본 이원론을 중심으로," 「인문논총」 54 (2005), 133.

4 Birger A. Pearson, *Ancient Gnosticism: Traditions and Literature* (Minneapolis: Fortress Press, 2007), 257.

5 조재형, 130.

나, 그 이전일 가능성도 제기된다. 예를 들면 「도마복음」 어록 100과 마가복음 12:14-17을 비교해 보면 도마복음이 훨씬 그 길이가 짧다.

그들은 예수에게 금화 하나를 보여주고 말했다. "카이사르의 부하들은 우리에게 세금을 내라고 요구한다." 그가 그들에게 대답했다. "**카이사르의 것은 카이사르에게 주고, 하느님의 것은 하느님께 드리고, 나에게 속한 것은 나에게 줘라.**" (「도마복음」 어록 100, 강조는 필자가 함)

[14]그 사람들은 예수께 와서 이렇게 물었다. "선생님, 선생님은 진실하시며 사람을 겉모양으로 판단하지 않으시기 때문에 아무도 꺼리시지 않고 하느님의 진리를 참되게 가르치시는 줄 압니다. 그런데 카이사르에게 세금을 바치는 것이 옳습니까? 옳지 않습니까? 바쳐야 합니까? 바치지 말아야 합니까?" [15]예수께서 그들의 교활한 속셈을 알아채시고 "왜 나의 속을 떠보는 거냐? 데나리온 한 닢을 가져다 보여다오." 하셨다. [16]그들이 돈을 가져오자 "이 초상과 글자가 누구의 것이냐?" 하고 물으셨다. 그들이 "카이사르의 것입니다." 하고 대답하자 [17]"그러면 **카이사르의 것은 카이사르에게 돌리고 하느님의 것은 하느님께 돌려라.**" 하고 말씀하셨다. 그들은 예수의 말씀을 듣고 경탄해 마지않았다(막 12:14-17, 공동번역, 강조는 필자가 함).

본문비평의 가장 중요한 원칙인 '렉시오 브레비오르'(더 짧은 본문이 더 원문에 가깝다)에 비춰보면, 「도마복음」의 본문이 훨씬 간략하므로 마가복음의 본문은 여기에 배경과 추가적인 설명을 하였다고 보는 것이 적절해 보인다.[6] 왜냐하면 일반적으로 필사자들은 있는 "자료를 생략하기보다는 추가하는 경향"7이 많기 때문이다. 물론 짧은 본문이 항상 이른 연대를 지지하지 않는 경우도 더러 있다. 공관복음서에서 예수의 성전 정화 이야기를 다룬 마가복음의 본문(11:15-17)은 후대에 마가복음을 토대로 기록된 마태복음의 본문(마 21:12-13)보다 길고, 마태복음은 "성전 뜰을 가로질러 물건을 나르는 것을 금하셨다"라는 마가복음의 본문을 삭제하기까지 한다. 누가복음의 경우는 마가복음의 본문을 축소하여 기록하는 경우가 훨씬 많지만 이럴 때도 누가복음은 마가복음보다 후대의 작품으로 간주한다.8

그래서 어록 100은 본문비평의 두 번째로 중요한 원칙인 '렉시오 디피칠리오르'(어려운 본문이 더 오래된 본문이다)에 의해서 결정되어야 한다. 어록 100 끝에 "나에게 속한 것은 나에게 줘라"라는 정경 복음서에 전혀 나오지 않는 내용이고, 「도마복음」 전체 문맥에서도 해석이 쉽지 않다. 어록 100뿐만 아니라 전체적으로 「도마복음」의 본문이 공관복음서 병행구보다 조금 짧아서 이것이 한층 더 예수 말씀의 초기 형태를 간직하고 있을 가능성이 크다.9

그러므로 큐(Q) 복음서와 함께 예수의 원래적인 구술 담화를 포함하는 「도마복음」은 예수가 추구했던 가르침의 핵심으로 우리를 다가서게 하고, 절대적이고 성스러운 존재와 인간이 하나가 되는 사상뿐만 아니라 우리 안에 있는 선하고 고귀한 불꽃을 끄집어낼 수 있도록 도와준다. 잘 알려져 있듯이 큐 복음서도 예수의 치유 사역과 고난과

---

6 송혜경,『신약 외경 입문 하권: 신약 외경 각론』(서울: 바오로딸, 2014), 324.
7 마이클 크루거,『성경신학적 신약개론』(서울: 부흥과개혁사, 2019), 589.
8 예를 들면, 예수의 영혼이 떠나는 마가복음의 이야기(15:33-41)를 누가복음(23:44-49)은 줄여서 보도하고 있다.
9 송혜경,『신약 외경 입문 하권: 신약 외경 각론』, 318.

십자가 죽음과 부활에 관한 내용이 없는 것처럼, 「도마복음」 또한 이것들에 관한 정보를 제공하지 않는다. 공통으로, 이 둘에서 대속 사상을 찾아볼 수 없고, 미래의 종말과 부활에 관한 희미한 정보를 제공해 준다. 「도마복음」의 발견은 이론적으로만 존재하는 큐 복음서에 관한 진실성을 높이고, 「도마복음」처럼 언젠가는 이 땅에 코덱스의 형태로 나타날 수 있다는 가능성을 제시한다.[10] 요한복음 11장 24-27절에서 예수와 마르다는 다음과 같은 깨달음의 대화를 나눈다.

> [24]마르다가 예수께 말하였다. "마지막 날 부활 때에 그가 다시 살아나리라는 것은 내가 압니다." [25]예수께서 마르다에게 말씀하셨다. "나는 부활이요 생명이니, 나를 믿는 사람은 죽어도 살고, [26]살아서 나를 믿는 사람은 영원히 죽지 아니할 것이다. 네가 이것을 믿느냐?" [27]마르다가 예수께 말하였다. "예, 주님! 주님은 세상에 오실 그리스도이시며 하나님의 아들이심을, 내가 믿습니다."

요한복음은 미래의 종말과 부활을 제시하지만, 다른 정경 복음서와는 달리 현저한 현재적 종말과 부활관도 보여준다. 이러한 현재적 종말과 부활 사상은 도마복음에서 더 잘 나타난다. 현재적 부활이란 자기 자신이 무엇이며(누구이며), 어디에서 와서 다시 어디로 가는 것을 아는 것이고, 하느님과 하나가 되는 삶을 추구하기 때문에 종말이나 부활은 바로 지금, 이 순간 깨달음과 함께 시작되고 지속되는 것이다.

---

10 조재형, 85-86.

릴루프가 콥트어에서 번역하고 묵상적인 해제를 단 이 책은 아쉽게도 현대의 학자들과 많은 토론과 대화를 나누지 않고 있다. 그렇지만 묵상집이라는 한계도 가지고 있기에 어느 정도 기대 수준을 낮추고 본다면 많은 도움이 된다. 특히 릴루프는 독일의 신비주의자 마이스터 에크하르트의 가르침을 이 해설 곳곳에서 인용하고 있다. 사실 "신비주의의 가장 내적인 핵심은 신과 인간의 살아 있는 만남, 실로 신과 인간의 합일(신비적 일치<sup>unio mystica</sup>)로 이해될 수밖에 없다"[11]라는 주장에서 보면 「도마복음」과 신비주의와는 매우 유사한 사상을 공유하고 있다. 그래서 신비주의의 아버지로 불리는 마이스터 에크하르트의 사상으로 「도마복음」의 본문을 해석하는 것이 어떤 면에서는 「도마복음」을 이해하는 데 도움이 된다. 하지만 나는 거꾸로 「도마복음」에서 예수가 가르친 말씀이 에크하르트에게 영향을 주었을 것이라고 보는 것이 더 자연스럽다고 믿는다. 에크하르트 당시에 「도마복음」은 발견되지 않았지만, 이것이 속해있었던 영지주의 전통은 신비주의와 밀의 종교 안에서 명맥을 유지하고 있었기 때문이다. 어쨌든 릴루프는 그리스도교가 소홀하게 여겼던 신비주의 전통을 「도마복음」 안에서 되살려 현대 그리스도교인의 신앙생활을 위한 유익한 내용을 담아내고 있다. 「도마복음」을 통해서 우리 그리스도인들이 이제 더 이상 불교의 선 수행이나 묵상을 공부하지 않아도, 그리스도교 안에 있는 놀라운 명상과 자아 탐색 훈련을 경험할 수 있게 되었다.

이 책을 번역하기 위해 학문적으로 접근하는 데 연구지원을 해준 한국연구재단에 감사한다. 실질적으로 번역하고, 이 책을 출판하는

---

11 게르하르트 베어/이부현 역, 『마이스터 에크하르트』 (서울: 안티쿠스, 2012), 13.

데 많은 후원을 해주신 구자만 박사님(주식회사 신흥지엔티 회장)과 도마복음 연구회 회장인 손원영 교수님께 진심으로 감사를 드린다. 이분들의 격려와 도움이 없었다면 이 책은 나오지 못했을 것이다.

2023. 5.

조재형

## 옮긴이 참고문헌

구자만.『하나의 진리, 도마복음』. 도마복음 연구 시리즈 1. 서울: 예술과영성, 2022.

민경식. "옥시링쿠스 파피루스의 가치와 전망."「성경원문연구」no. 22 (2008): 7-22.

배철현. "『도마복음서』에 나타난 영지주의 — '몸'을 통해 본 이원론을 중심으로"「인문논총」54 (2005): 131-161.

베어, 게르하르트/이부현 역.『마이스터 에크하르트』. 서울: 안티쿠스, 2012.

송혜경.『신약 외경 상권: 복음서』. 의정부: 한님성서연구소, 2009.

_____.『신약 외경 입문 하권: 신약 외경 각론』. 서울: 바오로딸, 2014.

스코펠로, 마들렌/이수민 역.『영지주의자들』. 칠곡: 분도, 2005.

이규호 편역.『나그함마디 문서』. 서울: 동연, 2022.

조재형.『초기 그리스도교와 영지주의』. 서울: 동연, 2020.

_____. "600년 만에 이집트에서 발견된 초기 그리스도교 영지주의 문서." 나그함마디 문서의 이해 01.「기독교사상」763 (2022): 125-138.

_____. "『빌립복음』에 나타난 영지주의자들의 성례전." 나그함마디 문서의 이해 03.「기독교사상」765 (2022): 145-155.

크루거, 마이클/강대훈 외 13명 역.『성경신학적 신약개론』. 서울: 부흥과개혁사, 2019.

Kloppenborg, John S., Marvin W. Meyer, Stephen J. Patterson, and Michael G. Steinhauser. *Q-Thomas Reader*. Sonama: Polebridge, 1990.

Leloup, Jean-Yves. *The Gospel of Thomas: The Gnostic Wisdom of Jesus*. Translated by Joseph Rowe. Rochester: Inner Traditions, 2005.

Meyer, Marvin, ed. *The Nag Hammadi Scriptures*. New York: HaperCollins, 2007.

Pearson, Birger A. *Ancient Gnosticism: Traditions and Literature*. Minneapolis: Fortress Press, 2007.

Robinson, James M., ed. *The Nag Hammadi Library*. New York: HarperCollins, 1990.

# 차 례

콥트어 본문에 관한 번역과 서론 그리고 해설은 장-이브 를루프
(Jean-Yves Leloup)가 한 것이다.

영어 번역과 몇 개 각주는 요셉 로웨(Joseph Rowe)가 했다.

콥트어 본문은 벤틀리 레이튼이 편집한 아래의 책에서 가져온 것이다.

Layton, Bentley. " The Gospel According to Thomas." In *The Coptic Gnostic Library: A Complete Edition of the Nag Hammadi Codices Volume 2*, edited by James Robinson, vol 2, 52-92. Leiden: Brill, 2000.

## 일러두기

— 각 본문의 각주 번호 설명에서 문장 시작에 **가 붙은 것은 저자의 설명이고, *가 붙은 것은 영어 번역자의 설명이고, 아무런 표시 없는 것은 한글 번역자가 붙인 것이다.

— '하느님'을 호칭할 때를 제외하고는 예수나 다른 인물의 언행은 존대법을 사용하지 않고 평서문으로 번역하였다.

— 장-이브 를루프는 '예수'를 아람어 '예수아'로 번역했지만, 이곳에서는 '예수'로 통일하여 번역했다.

— 번역에서 사용한 성경은 특별한 언급이 없는 한 「새번역」을 사용한다.

— 요셉 로웨가 영어 번역에서 특정한 단어 첫 글자를 대문자로 번역한 것은 한글에서는 작은따옴표로 표시하였다(예를 들면 Being은 '존재'로, Presence는 '현존' 등으로).

# 서론

## 발견

나그함마디 문서는 1945년 이집트 북부, 성 파코미우스가 설립한 고대 수도원 공동체인 케노보스키온이 한때 서 있던 지역에서 발견되었다. 나그함마디의 아랍 마을 근처에 있는 그 특별히 펼쳐진 대지에도 그리고 비료를 찾아 그곳에서 땅을 파는 농부에게도 특이한 것이 없었다. 그 농부의 쟁기날이 땅에 묻힌 항아리의 보물을 건드린 것은 순전히 우연이었다.

그것은 금이 아니라 모래 아래에서 천천히 썩어가는 양피지에 쓰인 오랜 세월의 장막에서 나온 보물 같은 영지주의 문헌이었다. 이것은 일반적으로 포도주를 담아 숙성시키는 데 사용되는 암포라 (amphora)라는 항아리에 숨겨져 있었다. 이 문헌은 멸종된 고대 이집트의 파라오 언어에 근접한 마지막 남은 언어인 사히드 콥트어로 쓰인 53[52]권의 양피지로 구성되었다[1] (콥트라는 단어는 그리스어 '아이굽티오스Aiguptios'에서 나온 아랍어 '킵트qibt'에서 파생되었다).

이 53[52]개의 사본 중 코덱스 II에는 예수의 제자인 도마의 것으로

---

[1] 이 부분은 저자 룰루프가 혼동한 것 같다. 나그함마디 서고의 전 논고는 13개의 코덱스에 52편이 실려있다. 마들렌 스코펠로/이수민, 『영지주의자들』 (칠곡: 분도, 2005), 45; 조재형, 『초기 그리스도교와 영지주의』 (서울: 동연, 2020), 27-28.

여겨지는 복음 또는 '기쁜 소식'이 있다. 이 복음에는 묵시적 선언과 예언이 없다. 대신에 그것은 우리가 항상 우리 자체 안에 가지고 있던 것, 즉 우리 안과 우리 바깥에서 같은 무한한 공간을 드러낸다. 필요한 모든 것은 우리에게 그것을 숨기고 있는 인공 항아리를 부수기만 하면 된다.

그리스어로 로기아(logia, 단수형은 logion)라고 하는 114개의 어록 모음집인 이 「도마복음」에는 예수의 전기(그리스어와 콥트어로 예수아, 아람어로는 예수)나 그의 기적에 관한 이야기가 없다. 이것은 쌍둥이 디디무스 유다 도마가 기록한 스승, "살아 계신 예수"의 적나라한 말이다. 도마는 누구였는가? 어떤 의미에서 그는 예수의 '쌍둥이'(그리스어로는 디디무스, 아람어로는 도마 또는 테오마) 분신 또는 가장 가까운 제자였는가? 어록 자체는 수다스러운 이야기에 지나지 않기 때문에 이것에 관해 자세히 설명하지 않는다. 그 어록 중 다수는 불교의 공안(Zen koan)처럼 간결하고 수수께끼처럼 보인다. 그러나 우리가 이 말씀들이 우리의 일상적인 정신 기관의 끊임없이 돌아가는 톱니바퀴 속으로 침투하도록 허용한다면 그것들은 살아있는 씨앗처럼 싹을 틔울 것이고, 그곳에서 자랄 것이다. 시간이 주어진다면 그 말씀들은 돌아가는 수레바퀴를 완전히 조용하게 세우는 의식의 전환을 가져올 것이다.

## 비판적 반응

이 복음은 비평가들로부터 광범위한 반응을 끌어냈다. 일부 학자들에게 이것은 영지주의 문헌 연구에 관한 중요한 학문적 관심 항목

중 하나이고, 많은 외경 저술 중의 대표로 인식된다. 다른 사람들에게 이것은 정경 복음서와 예수에게서 유래했다고 주장되는 이단 전통과 혼합된 예수 말씀의 단순한 여러 가지 단편(collage)일 뿐이다. 또 다른 사람들에게 이것은 정경 복음서 자체로부터 끄집어낸 바로 그 자료(정경 복음서보다 앞선)에 가장 가까운 문서이다. 이런 관점에서 「도마복음」은 우리가 그토록 찾아 헤매던 '원복음'이며, 예수의 진정한 말씀을 전하는 유일한 복음이다.

그러나 우리가 좋아하든 싫어하든 나사렛 예수는 작가가 아니었다. 그러므로 '예수의 진정한 말씀'에 관해 말하는 것은 불가능하다. 우리가 소유하고 있는 그의 모든 말은 들어 본 적이 있는 낱말로 구성되어 있다. 즉, 조잡하거나 미묘하게 들을 수 있는 청취자의 흔적을 가진 단어로 구성된다. 예수의 말씀을 들은 마가복음, 마태복음, 누가복음, 요한복음, 도마복음 그리고 다른 많은 복음서는 적어도 다섯 가지 다른 방식으로 그것을 기록한다. 또한 각각은 스승과의 친밀함의 질에 따라 그리고 자신의 진화, 개방성 및 인식 수준에 따라 문화적, 언어적 차이를 이해하고 해석하고 번역하는 다양한 방법을 보여준다. 이러한 경청 방법 중 어느 것도 말씀을 제한할 수 없다. 각각은 진리를 가지고 있지만 어느 것도 온전한 진리를 담고 있지 않다.

도마는 마태보다 덜 '유대교적' 귀를 가진 것 같다. 그는 마가보다 기적 이야기에 덜 관심을 가지고, '이교도들에게도' 하느님의 자비를 선포하는 누가와 같은 관심을 가지지 않는다. 도마의 관심은 예수의 가르침을 전하는 것이다. 그는 스승으로부터 받은 모든 말씀을 완전히 의식이 있는 새로운 종류의 인간을 성장시킬 수 있는 잠재력을 지닌 씨앗으로 취급한다. 이런 식으로 "무한히 회의하고 무한히 믿는" 제자의 혈통을 가진 도마와 다른 저자들은 예수를 그들과 같은 영지주의자로 본다.

## 예수는 영지주의자였는가?

예수가 제자들에게 "너희에게 나는 누구냐?"고 물을 때 도마만이 답변을 거부한다. "스승님, 제 입은 당신이 무엇과 같은지 결코 말할 수 없습니다." 이것은 "진리가 무엇이냐?"라는 빌라도의 질문에 예수 자신이 침묵으로 대답한 것을 떠올리게 한다. 아마도 우리도 "예수는 이것이다" 또는 "예수는 저것이다"라고 대답하는 대신 침묵을 지키는 편이 더 좋을 것이다. 이러한 태도는 명명할 수 없는 것의 이름을 찾는 데 관심이 있는 신학자가 아니라 오히려 '침묵을 아는 것'을 실천하는 영지주의자들의 관행과 조화를 이룬다.

예수는 "그가 스스로 있는 것이다"("Is What He Is"). 아무도 그에 관한 총체적이고 완전한 시각을 가지고 있지 않다. 예수는 오직 사랑과 능력으로 순수하고 단순한 "내가 있다"라고 확언한다. 그리고 그의 이 확언은 우리 각자 안에서 신비한 메아리를 일깨운다.

그러나 그의 가르침은 무엇인가? 「도마복음」이 '영지주의' 복음으로 간주할 수 있는 것은 이 질문과 관련이 있다. 그러나 이 질문은 영지주의2가 비이원론으로 이해되고, 특정 형태의 이원론 또는 마니교 영지주의와 혼동되지 않는 경우에만 가능하다. 실제로 예수는 이 복음서에서 우리 자신의 의식 상태를 일깨우려는 존재로 나타난다.

---

2 *그리스어 그노시스(*gnosis*)는 인도-유럽어 뿌리 *gnô*, 영어의 지식(knowledge)과 프랑스어 connaitre, 라틴어 *cognoscere*, 산스크리트어 jñana와 연관되어 있다.

이것은 또한 그가 다음과 같이 말하는 요한복음의 한 구절과도 일치한다. 즉, "내가 있는 곳에 너희도 있기를 바란다⋯ 내 아버지가 준 성령을 내가 너희에게 주었다⋯ 내가 너희 안에, 너희가 내 안에 있다"[3] 등등.

가장 심각한 우발 상황 속에서도 동양의 현자들처럼 예수는 창조되지 않은 기원과 무한한 자유를 의식하도록 우리를 인도하는 역설적인 금언 안에서 말한다. 따라서 우리는 가장 암울하고 가장 상대적인 현실의 바로 중심에서 절대 현실을 자각한다.

영지(Gnosis)는 인간 조건에 관한 이중적인 명료성이다.[4] 동시에 영지는 단일한 증언과 부조리와 은혜에 관한 이중 인식이다. 상대적 현실은 우리가 먼지이고, 먼지로 돌아가는 것을 보여준다. 예수는 막달라 마리아의 복음서에서 "만들어진 모든 것은 부패한다"라고 말한다. 그러나 "우리는 빛이고, 빛으로 돌아간다"라는 또 다른 현실이 있다. 우리 안에는 절대 지지 않는 태양, 우리의 무한한 열망이 끊임없이 갈망하는 평화와 깨어 있음이 있다. 상대적 현실은 우리가 남성이거나 여성임을 보여준다. 그러나 완전한 현실은 우리가 둘 다임을 보여준다.

결핍에서가 아니라 충만함에서 사랑하는 실현된 인간성을 향해서 나아가면서 영지주의자들은 우리의 남성성과 여성성의 양극성 통합이 가능하다고 주장한다. 그러면 우리의 사랑은 단순한 목마름이

---

3 저자가 정확하게 요한복음의 어떤 구절을 가리키는지는 불분명하다. 요한복음 14-16장에 비슷한 내용은 나오지만, 정확하게 일치하지 않는다. 예수는 제자들이 예수 안에 거하면, 예수도 제자들 안에 거한다고 말한다. "그날에 너희는, 내가 내 아버지 안에 있고, 너희가 내 안에 있으며 또 내가 너희 안에 있음을 알게 될 것이다"(요 14:20).

4 그리스어 '그노시스'는 영적 지식이라는 뜻이 있지만, 여기에서는 이것의 줄임말인 '영지'로 표시한다.

아니라, 그 대신 넘치는 샘이 된다.

　우리는 제한된 의식에서 무한한 의식으로 끊임없이 건너야 한다. 「도마복음」은 "여행자가 되세요!"라고 명령한다. 독서, 만남, 다른 사람들의 생각을 통해 형성되고 획득되는 상대적인 의식이 존재한다. 그러나 우리 자신, 우리 안에 있는 '살아 있는 자'에 관한 지식에서 직접적으로 발생하는 의식도 있다. 「도마복음」에서 예수는 우리가 '좋은 그리스도인'이 되는 것이 아니라 영지주의자들 또는 자각된 인간이라고 불리는 '그리스도인들'이 될 수 있는 의식으로 초대한다. 영지는 정신적 확장이나 자아 팽창의 어떤 상태가 아니다. 반대로 그것은 자아의 끝까지 가는 것을 의미한다. 그것은 완전한 순수함과 단순함 속에서 '존재하는 분'에 관한 투명성이다. 이것이 영지주의자의 자질에 조건이 없으며, '생후 7일 된 유아'의 자질과 닮았다고 말하는 이유이다.

　도마의 예수는 다른 복음서의 예수와 다른가? 의심할 여지 없이 다르다! 그러나 이 다름은 그리스도의 궁극적인 본성에서 기인하기보다는 오히려 그의 가르침을 제시하는 가운데 발생한다. 그것은 예수 말씀 자체가 다른 것이 아니라, 그것을 다르게 듣는 데서 오는 차이다. 따라서 우리가 누가복음, 마가복음, 마태복음, 요한복음을 다른 방식으로 읽는 것처럼 이 복음서를 가톨릭 방식, 정교회 방식 또는 다른 방식으로 읽을 수 있다. 우리는 「도마복음」이 정경 복음서보다 더 우월하고 유일한 참된 복음서라고 생각하여 이것이 정경 복음서에 대항한다는 이원론적 논쟁에 뛰어들 필요가 없다. 결국 이렇게 하는 것은 「도마복음」을 날조하고 이단으로 낙인을 찍은 다른 이원론적 논쟁에 굴복하는 것일 뿐이다(이것은 많은 주석가들이 이전에 요한복음이 너무 그리스적이거나 너무 영지주의적이라고 낙인찍어 무시했던 것과 비슷하다… 그리고 오늘날에는 요한복음에 관해서 그때와는 완전히 다르게 말하는 이들도 많다).

우리의 임무는 모든 복음서를 함께 읽고 그리스도에 관해 서로 다른 관점, 우리 내부와 외부에 존재하는 역사적 차원과 메타(meta)-역사적 차원에서 서로 다른 관점으로 보는 것이 아닐까? 이 뛰어난 복음의 보석과 함께 나그함마디 문서의 발견은 변하지 않는 영원한 보석의 새로운 면모를 우리에게 드러내지 않는가? 우리의 과제는 중용의 귀를 배양하고 모든 교회, 종교, 엘리트 명사들을 넘어 전 인류에게 말씀하시는 성령의 말씀을 듣는 법을 배우기 위해서 교조적 의심과 순진한 열정주의를 극복하는 것이 아닌가?

## 번역

이 복음서의 번역에서 나는 이브스 하아스(Yves Haas)가 확정한 콥트어 본문과 옥시링쿠스(Oxyrhynchus) 파피루스5 및 루돌프 카세르(Rudolf Kasser)의 그리스어 역본을 사용했다. 또한 푸에치(Puech) 교수와 메나드(Ménard) 교수의 저작을 활용했는데, 나는 스트라스부그(Strasbourg)대학에서 또 다른 위대한 영지주의 텍스트인 「진리의 복음」을 연구하며 몇 년 동안 그들과 함께 일했다. 나는 여기에서 '확정'된 영지주의 본문인 「도마복음」을 제시한다고 주장하지 않는다. 이 번역은 이 어록의 문자뿐만 아니라 숨결이나 정신에 충실하고자 하는 나의 소망을 반영하였으나 이것도 많은 다른 해석 중의 하나이

---

5 옥시링쿠스 파피루스 1, 654, 655에 도마복음 그리스어 단편들이 남아 있다. Marvin Meyer, ed. *The Nag Hammadi Scriptures* (New York: HaperCollins, 2007), 136.

다. 교황 그레고리오 1세는 예언자만이 예언자들을 이해할 수 있다고 말했다. 그리고 시인만이 시인을 이해할 수 있다고 한다. 그렇다면 우리는 예수를 이해하기 위해 무엇이 되어야 하는가?

## 주석

학문적 전문가의 의견의 중요성을 과소평가하지 않으면서도 우리 자신을 학자와 신비주의자 사이의 논쟁에서 거리를 두기로 결심하고 우리는 다음과 같은 질문을 해야 한다. 오늘날 「도마복음」을 진실되게 읽을 수 있는가?(고딕 강조는 저자가 함). 그것을 본문비평의 겉치레나 주관적인 과잉에 방해받지 않고 스스로 말하고 우리에게 영감을 주는 경전으로 읽을 수 있는가? 이러한 예수의 어록이 우리 인류의 가슴과 마음으로 들어가 우리 존재의 완전한 실현을 향한 변화의 항해로 우리를 이끄는 방식으로 읽을 수 있는가?

그렇다면 나는 「도마복음」은 나사렛 예수의 말씀에 관한 '주석'이라기보다는 우리 침묵의 경작지에서 일어나는 명상이라고 제안한다. 나는 「도마복음」의 말씀이 열띤 논의를 통해서가 아니라 이러한 근거에서 빛의 열매를 맺을 수 있다고 믿는다.6

---

6 도마복음과 불교와의 연구는 많은 학자 사이에 관심거리였다. 최근에는 중국 선종의 경서 중 하나인 신심명의 사상으로 『도마복음』을 해석한 구자만의 책이 그 예이다. 구자만, 『하나의 진리, 도마복음』, 도마복음 연구 시리즈 1 (서울: 예술과영성, 2022).

1부

# 도마복음서 원문 번역

ⲚⲀⲈⲒⲚⲈ Ⲛ̄ϢⲀϪⲈ ⲈⲐⲎⲠˋ ⲈⲚⲦⲀ Ⲓ̄Ⲥ̄ ⲈⲦⲞⲚⲌ | ϪⲞⲞⲨ ⲀⲨⲰ ⲀϤⲤⲌⲀⲒ̈ⲤⲞⲨ Ⲛ̄ϬⲒ
ⲆⲒⲆⲨⲘⲞⲤ | Ⲓ̈ⲞⲨⲆⲀⲤ ⲐⲰⲘⲀⲤ

(1) ⲀⲨⲰ ⲠⲈϪⲀϤ ϪⲈ ⲠⲈ|ⲦⲀⲌⲈ ⲈⲐⲈⲢⲘⲎⲚⲈⲒⲀ Ⲛ̄ⲚⲈⲈⲒϢⲀϪⲈ ϤⲚⲀ|ϪⲒ ⳾ⲦⲠⲈ
ⲀⲚ Ⲙ̄ⲠⲘⲞⲨˋ

(2) ⲠⲈϪⲈ Ⲓ̄Ⲥ̄     ⲘⲚ̄ⲦⲢⲈϤˋ‖ⲖⲞ Ⲛ̄ϬⲒ ⲠⲈⲦˋϢⲒⲚⲈ ⲈϤˋϢⲒⲚⲈ ϢⲀⲚⲦⲈϤˋ|ϬⲒ-
ⲚⲈ     ⲀⲨⲰ ⲌⲞⲦⲀⲚˋ ⲈϤϢⲀⲚϬⲒⲚⲈ ϤⲚⲀˋ|ϢⲦⲢ̄ⲦⲢ̄     ⲀⲨⲰ ⲈϤϢⲀⲚˋϢⲦⲞⲢⲦⲢ̄
ϤⲚⲀⲢ̄ | ϢⲠⲎⲢⲈ     ⲀⲨⲰ ϤⲚⲀⲢ̄ | Ⲣ̄ⲢⲞ ⲈⲬⲘ̄ ⲠⲦⲎⲢϤ

(3) ⲠⲈϪⲈ Ⲓ̄Ⲥ̄ ϪⲈ ⲈⲨϢⲀ‖ϪⲞⲞⲤ ⲚⲎⲦⲚ̄ Ⲛ̄ϬⲒ ⲚⲈⲦˋⲤⲰⲔ ⲌⲎⲦˋ ⲦⲎⲨⲦⲚ̄ | ϪⲈ
ⲈⲒⲤⲌⲎⲎⲦⲈ ⲈⲦˋⲘⲚ̄ⲦⲈⲢⲞ ⲌⲚ̄ ⲦⲠⲈ Ⲉ|ⲈⲒⲈ Ⲛ̄ⲌⲀⲖⲎⲦˋ ⲚⲀⲢ̄ ϢⲞⲢⲠˋ ⲈⲢⲰⲦⲚ̄ Ⲛ̄ⲦⲈ |
ⲦⲠⲈ     ⲈⲨϢⲀⲚϪⲞⲞⲤ ⲚⲎⲦⲚ̄ ϪⲈ ⲤⲌⲚ̄ ⲐⲀ|ⲖⲀⲤⲤⲀ ⲈⲈⲒⲈ Ⲛ̄ⲦⲂⲦˋ ⲚⲀⲢ̄ ϢⲞⲢⲠˋ
ⲈⲢⲰⲦⲚ̄ ‖     ⲀⲖⲖⲀ ⲦⲘⲚ̄ⲦⲈⲢⲞ Ⲥ̄Ⲙ̄ⲠⲈⲦⲚ̄ⲌⲞⲨⲚˋ     ⲀⲨⲰ | Ⲥ̄Ⲙ̄ⲠⲈⲦⲚ̄-
ⲂⲀⲖˋ     ⲌⲞⲦⲀⲚ ⲈⲦⲈⲦⲚ̄ϢⲀⲚ|ⲤⲞⲨⲰⲚ ⲦⲎⲨⲦⲚ̄ ⲦⲞⲦⲈ ⲤⲈⲚⲀⲤⲞⲨⲰ(Ⲛ) ＊ ⲦⲎ-
ⲚⲈ     ⲀⲨⲰ ⲦⲈⲦⲚⲀⲈⲒⲘⲈ ϪⲈ Ⲛ̄ⲦⲰⲦⲚ̄ ⲠⲈ | Ⲛ̄ϢⲎⲢⲈ Ⲙ̄ⲠⲈⲒⲰⲦˋ ⲈⲦⲞⲚⲌ     Ⲉ-
ϢⲰⲠⲈ ⲆⲈ | ⲦⲈⲦⲚⲀⲤⲞⲨⲰⲚ ⲦⲎⲨⲦⲚ̄ ⲀⲚ ⲈⲈⲒⲈ ⲦⲈⲦⲚ̄|ϢⲞⲞⲠˋ ⲌⲚ̄ ⲞⲨⲘⲚ̄ⲦⲌⲎ-
ⲔⲈ     ⲀⲨⲰ Ⲛ̄ⲦⲰⲦⲚ̄ ‖ ⲠⲈ ⲦⲘ̄Ⲛ̄ⲦⲌⲎⲔⲈ

(4) ⲠⲈϪⲈ Ⲓ̄Ⲥ̄     ϤⲚⲀϪⲚⲀⲨ ⲀⲚ | Ⲛ̄ϬⲒ ⲠⲢⲰⲘⲈ Ⲛ̄ⲌⲀⲖⲖⲞ ⲌⲚ̄ ⲚⲈϤⲌⲞⲞⲨ ⲈϪⲚⲈ
| ⲞⲨⲔⲞⲨⲈⲒ Ⲛ̄ϢⲎⲢⲈ ϢⲎⲘ ⲈϤⲌⲚ̄ ⲤⲀϢϤ̄ | Ⲛ̄ⲌⲞⲞⲨ ⲈⲦⲂⲈ ⲠⲦⲞⲠⲞⲤ Ⲙ̄-
ⲠⲰⲚⲌ     ⲀⲨⲰ | ϤⲚⲀⲰⲚⲌ     ϪⲈ ⲞⲨⲚ̄ ⲌⲀⲌ Ⲛ̄ϢⲞⲢⲠˋ ⲚⲀⲢ̄ ⲌⲀ‖Ⲉ ⲀⲨⲰ Ⲛ̄ⲤⲈ-
ϢⲰⲠⲈ ⲞⲨⲀ ⲞⲨⲰⲦ

(5) ⲠⲈϪⲈ Ⲓ̄Ⲥ̄ |     ⲤⲞⲨⲰⲚ ⲠⲈⲦⲘ̄ⲠⲘ̄ⲦⲞ Ⲙ̄ⲠⲈⲔⲌⲞ ⲈⲂⲞⲖˋ | ⲀⲨⲰ ⲠⲈⲐⲎⲠˋ Ⲉ-
ⲢⲞⲔˋ ϤⲚⲀϬⲰⲖⲠˋ ⲈⲂⲞⲖ | ⲚⲀⲔˋ     ⲘⲚ̄ ⲖⲀⲀⲨ ⲄⲀⲢ ⲈϤⲌⲎⲠˋ ⲈϤⲚⲀⲞⲨⲰⲚⲌ |
ⲈⲂⲞⲖ ⲀⲚ

이것들은 살아있는 예수[1]에 의해 계시된 비밀의 말씀이다. 디두모스 유다 도마가 이것을 기록했다.

1 예수가 말했다. "이 말의 해석대로 사는 사람은[2] 더 이상 죽음을 맛보지 않을 것이다."

2 예수가 말했다. "찾는 사람은 찾을 때까지 계속 찾아야 한다. 그들이 찾으면 당황할 것이다. 그리고 당황하게 되면 그들은 놀라고 모든 것을 다스릴 것이다."

3 예수가 말했다. "너를 안내하는 사람이 '봐라, 나라는 하늘에 있다'라고 말한다면 하늘의 새들이 너희보다 가까이 있다. 그들이 '봐라, 나라는 바다에 있다'라고 말한다면, 물고기는 이미 그것을 알고 있다. 나라는 이미 너희 안에 있고, 너희 밖에 있다. 너희가 너희 자신을 알 때, 너희는 알려질 것이고, 너희가 살아 계신 아버지의 자녀라는 것을 알게 될 것이다. 그러나 너희가 너희 자신을 모르면, 너희는 덧없는 삶을 살고, 너희는 덧없음이 될 것이다."

4 예수는 말했다. "나이 많은 사람이 생명의 장소에 관해서 태어난 지 7일밖에 되지 않은 유아에게 묻는 것을 주저하지 않는다면, 그 사람은 살 것이다. 처음 된 많은 자들이 자신들을 꼴찌가 되게 하고, 그들은 하나가 될 것이다."

5 예수가 말했다. "너희 앞에 있는 것을 인식하라, 그러면 너희에게 숨겨진 것이 드러날 것이다. 감춰진 것 중에서 숨겨진 것은 없다."

---

1 를루프는 예수를 아람어 발음을 따라 '예수아'(Yeshua)로 번역했지만, 나는 이것을 '예수'로 번역한다.
2 이 부분에 관한 대부분의 번역은 "해석을 찾은"인데 를루프는 특이하게 "해석대로 사는 것"으로 번역했다.

(6) ⲁⲩϫⲛⲟⲩϥ ⲛ̄ϭⲓ ⲛⲉϥˋⲙⲁⲑⲏⲧⲏⲥ ‖    ⲡⲉϫⲁⲩ ⲛⲁϥˋ ϫⲉⲕˋⲟⲩⲱϣ
ⲉⲧⲣⲛ̄ⲣ̄ⲛⲏⲥⲧⲉⲩⲉ |    ⲁⲩⲱ ⲉϣ ⲧⲉ ⲑⲉ ⲉⲛⲁϣⲗⲏⲗ    ⲉⲛⲁ†ⲉⲗⲉ|ⲏⲙⲟ-
ⲥⲩⲛⲏ    ⲁⲩⲱ ⲉⲛⲁⲣ̄ⲡⲁⲣⲁⲧⲏⲣⲉⲓ ⲉⲟⲩ |ⲛ̄ϭⲓⲟⲩⲱⲙˋ    ⲡⲉϫⲉ ⲓ̄ⲥ̄ ϫⲉ ⲙ̄ⲡ̄ⲣ̄ϫⲉ
ϭⲟⲗ    ⲁⲩ|ⲱ ⲡⲉⲧⲉⲧⲙ̄ⲙⲟⲥⲧⲉ ⲙ̄ⲙⲟϥˋ ⲙ̄ⲡ̄ⲣ̄ⲁⲁϥ    ϫⲉ ‖ ⲥⲉϭⲟⲗⲡ̄ˋ ⲧⲏⲣⲟⲩ
ⲉⲃⲟⲗ ⲙ̄ⲡⲉⲙⲧⲟ ⲉⲃⲟⲗ |ⲛ̄ⲧⲡⲉ    ⲙⲛ̄ ⲗⲁⲁⲩ ⲅⲁⲣ ⲉϥϩⲏⲡˋ ⲉϥⲛⲁⲟⲩ|ⲱⲛϩ ⲉⲃⲟⲗ
ⲁⲛ    ⲁⲩⲱ ⲙⲛ̄ ⲗⲁⲁⲩ ⲉϥϩⲟⲃⲥ̄ ⲉⲩ|ⲛⲁϭⲱ ⲟⲩⲉϣⲛ̄ ϭⲟⲗⲡϥˋ

(7) ⲡⲉϫⲉ ⲓ̄ⲥ̄    ⲟⲩ|ⲙⲁⲕⲁⲣⲓⲟⲥ ⲡⲉ ⲡⲙⲟⲩⲉⲓ ⲡⲁⲉⲓ ⲉⲧⲉ ‖ ⲡⲣⲱⲙⲉ
ⲛⲁⲟⲩⲟⲙϥ ⲁⲩⲱ ⲛ̄ⲧⲉ ⲡⲙⲟⲩⲉⲓ |ϣⲱⲡⲉ ⲣ̄ⲣⲱⲙⲉ    ⲁⲩⲱ ϥⲃⲏⲧˋ ⲛ̄ϭⲓ ⲡⲣⲱ|ⲙⲉ
ⲡⲁⲉⲓ ⲉⲧⲉ ⲡⲙⲟⲩⲉⲓ ⲛⲁⲟⲩⲟⲙϥ    ⲁⲩ|ⲱ ⲡⲙⲟⲩⲉⲓ ⲛⲁϣⲱⲡⲉ ⲣ̄ⲣⲱⲙⲉ

(8) ⲁⲩⲱ ⲡⲉ|ϫⲁϥ ϫⲉ ⲉⲡⲣⲱⲙⲉ ⲧⲛ̄ⲧⲱⲛ ⲁⲩⲟⲩⲱϩⲉ ‖ ⲣ̄ⲣⲙⲛ̄ϩⲏⲧˋ ⲡⲁⲉⲓ ⲛ̄-
ⲧⲁϩⲛⲟⲩϫⲉ ⲛ̄ⲧⲉϥⲁ|ⲃⲱ ⲉⲑⲁⲗⲁⲥⲥⲁ ⲁϥⲥⲱⲕ ⲙ̄ⲙⲟⲥ ⲉϩⲣⲁⲓ̈ |ϩⲛ̄ ⲑⲁⲗⲁⲥⲥⲁ
ⲉⲥⲙⲉϩ ⲛ̄ⲧⲃⲧˋ ⲛ̄ⲕⲟⲩⲉⲓ    ⲛ̄|ϩⲣⲁⲓ̈ ⲛ̄ϩⲏⲧⲟⲩ ⲁϥϩⲉ ⲁⲩⲛⲟϭ ⲛ̄ⲧⲃ̄ⲧ̄ ⲉⲛⲁ|ⲛⲟⲩϥˋ
ⲛ̄ϭⲓ ⲡⲟⲩⲱϩⲉ ⲣ̄ⲣⲙⲛ̄ϩⲏⲧ    ⲁϥⲛⲟⲩ‖ϫⲉ ⲛ̄ⲛ̄ⲕⲟⲩⲉⲓ ⲧⲏⲣⲟⲩ ⲛ̄ⲧⲃⲧˋ ⲉⲃⲟⲗ
ⲉ[ⲡⲉ]*ⲥⲏⲧˋ ⲉⲑⲁⲗⲁⲥⲥⲁ ⲁϥⲥⲱⲧⲡ̄ˋ ⲙ̄ⲡⲛⲟϭ ⲛ̄|ⲧⲃ̄ⲧ̄ ⲭⲱⲣⲓⲥ ϩⲓⲥⲉ    ⲡⲉⲧⲉ
ⲟⲩⲛ̄ ⲙⲁⲁϫⲉ ⲙ̄ⲙⲟϥ |ⲉⲥⲱⲧⲙ̄ ⲙⲁⲣⲉϥˋⲥⲱⲧⲙ̄

(9) ⲡⲉϫⲉ ⲓ̄ⲥ̄ ϫⲉ ⲉⲓⲥϩⲏ|ⲛⲧⲉˋ ⲁϥⲉⲓ ⲉⲃⲟⲗ ⲛ̄ϭⲓ ⲡⲉⲧˋⲥⲓⲧⲉ ⲁϥⲙⲉϩ ⲧⲟⲟⲧϥ̄ ‖
ⲁϥⲛⲟⲩϫⲉ    ⲁϩⲟⲉⲓⲛⲉ ⲙⲉⲛ ϩⲉ ⲉϫⲛ̄ ⲧⲉϩⲓⲏˋ |    ⲁⲩⲉⲓ ⲛ̄ϭⲓ ⲛ̄ϩⲁⲗⲁⲧⲉ ⲁⲩ-
ⲕⲁⲧϥⲟⲩ    ϩⲛ̄ⲕⲟⲟⲩⲉ |ⲁⲩϩⲉ ⲉϫⲛ̄ ⲧⲡⲉⲧⲣⲁ    ⲁⲩⲱ ⲙ̄ⲡⲟⲩϫⲉ ⲛⲟⲩⲛⲉ |ⲉ-
ⲡⲉⲥⲏⲧˋ ⲉⲡⲕⲁϩ    ⲁⲩⲱ ⲙ̄ⲡⲟⲩⲧⲉⲩⲉ ϩⲙ̄ⲥ̄ ⲉϩ|ⲣⲁⲓ̈ ⲉⲧⲡⲉ    ⲁⲩⲱ ϩⲛ̄ⲕⲟⲟⲩⲉ
ⲁⲩϩⲉ ⲉϫⲛ̄ ⲛ̄ϣⲟ(ⲛ)‖ⲧⲉ ⲁⲩⲱϭⲧˋ ⲙ̄ⲡⲉϭⲣⲟϭ    ⲁⲩⲱ ⲁⲡϥⲛ̄ⲧ ⲟⲩⲟⲙⲟⲩ
|    ⲁⲩⲱ ⲁϩⲛ̄ⲕⲟⲟⲩⲉ ϩⲉ ⲉϫⲛ̄ ⲡⲕⲁϩ ⲉⲧⲛⲁⲛⲟⲩϥˋ |    ⲁⲩⲱ ⲁϥ†ⲕⲁⲣⲡⲟⲥ
ⲉϩⲣⲁⲓ̈ ⲉⲧⲡⲉ ⲉⲛⲁⲛⲟⲩϥˋ ⲁϥⲉⲓ ⲛ̄ⲥⲉ ⲉⲥⲟⲧⲉ ⲁⲩⲱ ϣⲉϫⲟⲩⲱⲧˋ ⲉⲥⲟⲧⲉ |

6 예수의 제자들이 예수에게 물었다. "우리가 금식을 해야 하나요? 어떻게 우리는 기도해야 하나요? 어떻게 우리는 자선을 행해야 하나요? 우리가 따라야 할 음식 규례는 무엇인가요?" 예수가 말했다. "거짓말하지 말아라. 너희의 사랑에 반대되는 것을 하지 말아라. 너희는 하늘 아래에서 벌거벗고 있다. 너희가 숨긴 것은 드러날 것이고, 무엇이든지 감춰진 것은 밝혀질 것이다."

7 예수는 말했다. "사람에 의해서 잡아 먹힌 사자는 행복하다. 왜냐하면 사자는 인간이 되기 때문이다. 사자에 의해서 잡아 먹힌 사람은 불행하다. 왜냐하면 사람은 사자기 되기 때문이다."[3]

8 예수는 말했다. "그 사람은 바다로 그물을 던지는 좋은 어부와 같다. 그가 그물을 끌어올릴 때 그는 수많은 작은 물고기를 발견한다. 그들 가운데 아주 크고 좋은 물고기 한 마리가 있다. 그 어부는 주저없이 그 좋은 것만 취하고 나머지 작은 물고기들은 바닷속으로 던진다. 들을 귀 있는 자들은 들어라!"

9 예수는 말했다. "어느 날 씨뿌리는 사람이 나가서 씨 한 줌을 심었다. 그중 몇 개는 길에 떨어졌고, 새들이 그것들을 먹었다. 몇 개는 가시덤불 사이에 떨어져서 그들의 성장이 저지되었고, 벌레들이 그 씨들을 먹었다. 몇몇은 돌들 사이에 떨어져서 뿌리를 내리지 못했다. 다른 씨들은 비옥한 땅에 떨어졌고, 열매들은 하늘을 향해 자랐다. 그 씨들은 단위당 예순 및 백 스무 말(소테)을 생산했다.[4]

---

3 기요몽과 송혜경은 "그 사자는 사람이 될 것이다"라고 번역한다. Antoine Guillaumont, ed. The Gospel According to Thomas (Leiden: E J Brill, 1959), 5; 송혜경, 『신약 외경 상권: 복음서』 (의정부: 한님성서연구소, 2009), 309.
4 콥트어 소테(sote)가 무게 또는 부피 단위이나 그 분량은 정확하지 않다. 송혜경, 309, 각주 14번 참조.

(10) ΠЄΧЄ ΙC ΧЄ ΑЄΙΝΟΥΧЄ ΝΟΥΚΩϨΤˋ ЄΧΝ ‖ ΠΚΟCΜΟC      ΑΥΩ ЄΙC-
ϨΗΗΤЄ †ΑΡЄϨ ЄΡΟϤˋ | ϢΑΝΤЄϤΧЄΡΟ

(11) ΠЄΧЄ ΙC ΧЄ ΤЄЄΙΠЄ ΝΑΡˉΠΑ|ΡΑΓЄ      ΑΥΩ ΤЄΤΝˉΤΠЄ ΜˉΜΟC ΝΑΡˉ-
ΠΑΡΑΓЄ |      ΑΥΩ ΝЄΤΜΟΟΥΤ CЄΟΝϨ ΑΝ      ΑΥΩ ΝЄΤΟΝϨ | CЄΝΑΜΟΥ
ΑΝ      ΝˉϨΟΟΥ ΝЄΤЄΤΝˉΟΥΩΜˋ ‖ ΜˉΠЄΤΜΟΟΥΤˋ ΝЄΤЄΤΝˉЄΙΡЄ ΜˉΜΟϤ ΜˉΠЄ|-
ΤΟΝϨ      ϨΟΤΑΝ ЄΤЄΤΝˉϢΑΝϢΩΠЄ ϨΜˉ ΠΟΥ|ΟЄΙΝ ΟΥ ΠЄΤЄΤΝΑΑϤ      ϨΜˉ
ΦΟΟΥ ЄΤЄΤΝˉΟ ΝΟΥΑ ΑΤЄΤΝˉЄΙΡЄ ΜˉΠCΝΑΥ      ϨΟΤΑΝ ΔЄ | ЄΤЄΤΝˉϢΑ-
ϢΩΠЄ ΝˉCΝΑΥˋ ΟΥ ΠЄ ЄΤЄ‖ΤΝˉΝΑΑϤˋ

(12) ΠЄΧЄ ΜˉΜΑΘΗΤΗC ΝΙΙC ΧЄ ΤΝˉ|CΟΟΥΝ ΧЄ ΚΝΑΒΩΚˋ Νˉ-
ΤΟΟΤΝˉ      ΝΙΜˋ ΠЄ | ЄΤΝΑΡˉ ΝΟϬ ЄϨΡΑΪ ЄΧΩΝ      ΠЄΧЄ ΙC ΝΑΥ | ΧЄ
ΠΜΑ ΝˉΤΑΤЄΤΝˉЄΙ ΜˉΜΑΥ ЄΤЄΤΝΑ|ΒΩΚˋ ϢΑ ΪΑΚΩΒΟC ΠΔΙΚΑΙΟC ΠΑЄΙ ΝˉΤΑ
‖ ΤΠЄ ΜΝˉ ΠΚΑϨ ϢΩΠЄ ЄΤΒΗΤϤ̄

(13) ΠЄΧЄ ΙC | ΝˉΝЄϤΜΑΘΗΤΗC ΧЄ ΤΝˉΤΩΝΤˋ ΝˉΤЄΤΝˉ|ΧΟΟC ΝΑЄΙ ΧЄ
ЄЄΙΝЄ ΝˉΝΙΜ      ΠЄΧΑϤ ΝΑϤˋ | ΝˉϬΙ CΙΜΩΝ ΠЄΤΡΟC ΧЄ ЄΚЄΙΝЄ ΝˉΟΥΑΓ†-
ΓЄΛΟC ΝˉΔΙΚΑΙΟC      ΠЄΧΑϤ ΝΑϤ ΝˉϬΙ ΜΑΘˋ*ΘΑΙΟC ΧЄ ЄΚЄΙΝЄ Νˉ-
ΟΥΡΩΜЄ ΜˉΦΙΛΟCΟ|ΦΟC ΝˉΡΜˉΝˉϨΗΤˋ      ΠЄΧΑϤ ΝΑϤ ΝˉϬΙ ΘΩΜΑC | ΧЄ
ΠCΑϨ ϨΟΛΩC ΤΑΤΑΠΡΟ ΝΑϢ<Ϣ>ΑΠϤˋ ΑΝ | ЄΤΡΑΧΟΟC ΧЄ ЄΚЄΙΝЄ Νˉ-
ΝΙΜˋ      ΠЄΧЄ ΙΗC ‖ ΧЄ ΑΝΟΚˋ ΠЄΚˋCΑϨ ΑΝ      ЄΠЄΙ ΑΚCΩ ΑΚ†ϨЄ|Є-
ΒΟΛ ϨΝˉ ΤΠΗΓΗ ЄΤΒˉΡˉΒΡЄ ΤΑЄΙ ΑΝΟΚˋ | ΝˉΤΑЄΙϢΙΤCˉ      ΑΥΩ ΑϤΧΙΤϤ̄ ΑϤΑ-
ΝΑΧΩΡЄΙ | ΑϤΧΩ ΝΑϤ ΝˉϢΟΜΤˋ ΝˉϢΑΧЄ      ΝˉΤΑΡЄ ΘΩ|ΜΑC ΔЄ ЄΙ ϢΑ
ΝЄϤˋϢΒЄЄΡˋ ΑΥΧΝΟΥϤˋ ΧЄ ‖ ΝˉΤΑ ΙC ΧΟΟC ΧЄ ΟΥ ΝΑΚˋ      ΠЄΧΑϤˋ
ΝΑΥ ΝˉϬΙ | ΘΩΜΑC ΧЄЄΙϢΑΝˋΧΩ ΝΗΤΝˉ ΟΥΑ ϨΝˉ ΝˉϢΑ|ΧЄ ΝˉΤΑϤΧΟΟΥ ΝΑЄΙ
ΤЄΤΝΑϤΙ ΩΝЄ ΝˉΤЄ|ΤΝˉΝΟΥΧЄ ЄΡΟЄΙ ΑΥΩ ΝˉΤЄ ΟΥΚΩϨΤˋ ЄΙ Є|ΒΟΛ ϨΝˉ Νˉ-
ΩΝЄ † ΝˉCΡΩϨΚˋ ΜˉΜΩΤΝˉ

10  예수는 말했다. "나는 세상에 불을 뿌렸다. 그리고 지금 나는 그것을 불타오르게 한다."

11  예수는 말했다. "이 하늘은 사라질 것이다. 그리고 하늘 위에 있는 것도 또한 사라질 것이다. 죽은 자들은 생명이 없으나 살아 있는 자들은 죽음이 없다. 너희가 죽은 것을 먹을 날에 너희는 그것을 살게 만들었다. 너희가 빛 가운데 있을 때 너희는 무엇을 할 것인가? 너희가 하나였을 때 너희는 둘을 창조했다. 그러나 지금 너희가 둘이면 너희는 무엇을 할 것인가?"

12  제자들이 예수에게 말했다. "우리는 당신이 우리를 떠날 것을 압니다. 그러면 우리 중에 누가 가장 크게 됩니까?" 예수가 그들에게 말했다. "바로 그 순간에 너희가 너희 자신을 발견하면 의로운 야고보⁵에게 가라. 하늘과 땅에 관한 모든 문제가 바로 그의 영역이다."

13  예수가 그의 제자들에게 말했다. "너희에게 나는 무엇이냐? 무엇과 나를 비교할 수 있느냐?" 시몬 베드로가 "당신의 의로운 천사와 같습니다"라고 말했다. 도마는 "내 입은 당신이 누구와 같은지 절대 말할 수 없습니다"라고 말했다. 예수는 그들에게 말했다. "나는 더 이상 너의 스승이 아니다. 왜냐하면 너희들은 내가 솟아난 똑같이 끓어오르는 근원에 의해서 정신없이 술 취했기 때문이다." 그러고 나서 그는 도마를 옆에 데리고 가서 세 마디 말을 했다… 도마가 동료들에게 돌아오자 그들은 그에게 물었다. "예수가 너에게 무엇을 말씀했느냐?" 도마가 대답했다. "내가 만약 예수가 나에게 말한 것 중에서 하나라도 너희에게 말한다면 너희는 돌을 들어 나에게 던질 것이다. 그리고 그 돌들로부터 불이 나와 너희를 태울 것이다."

---

5  **예수의 형제 야고보를 의미한다.

(14) ⲡⲉϫⲉ ‖ ⲓ̅ⲥ̅ ⲛⲁⲩ ϫⲉ ⲉⲧⲉⲧⲛ̅ϣⲁⲛⲣ̅ⲛⲏⲥⲧⲉⲩⲉ ⲧⲉⲧⲛⲁ|ϫⲡⲟ ⲛⲏⲧⲛ̅ ⲛ̅-
ⲛⲟⲩⲛⲟⲃⲉ     ⲁⲩⲱ ⲉⲧⲉⲧⲛ̅ϣⲁ(ⲛ)|ϣⲗⲏⲗ` ⲥⲉⲛⲁⲣ̅ⲕⲁⲧⲁⲕⲣⲓⲛⲉ ⲙ̅ⲙⲱ-
ⲧⲛ̅     ⲁⲩⲱ | ⲉⲧⲉⲧⲛ̅ϣⲁⲛ† ⲉⲗⲉⲏⲙⲟⲥⲩⲛⲏ ⲉⲧⲉⲧⲛⲁⲉⲓ|ⲣⲉ ⲛ̅ⲟⲩⲕⲁⲕⲟⲛ ⲛ̅ⲛⲉ-
ⲧⲙ̅ⲡⲛ̅ⲁ̅     ⲁⲩⲱ ⲉⲧⲉⲧⲛ̅‖ϣⲁⲛⲃⲱⲕ` ⲉⲍⲟⲩⲛ ⲉⲕⲁⲍ ⲛⲓⲙ ⲁⲩⲱ ⲛ̅ⲧⲉⲧⲙ̅|ⲙⲟⲟϣⲉ
ⲍⲛ̅ ⲛ̅ⲭⲱⲣⲁ ⲉⲩϣⲁⲣ̅ⲡⲁⲣⲁⲇⲉⲭⲉ | ⲙ̅ⲙⲱⲧⲛ̅ ⲡⲉⲧⲟⲩⲛⲁⲕⲁⲁϥ ⲍⲁⲣⲱⲧⲛ̅ ⲟⲩⲟⲙϥ̅
| ⲛⲉⲧϣⲱⲛⲉ ⲛ̅ⲍⲏⲧⲟⲩ ⲉⲣⲓⲑⲉⲣⲁⲡⲉⲩⲉ ⲙ̅ⲙⲟ|ⲟⲩ     ⲡⲉⲧⲛⲁⲃⲱⲕ ⲅⲁⲣ` ⲉ-
ⲍⲟⲩⲛ ⲍⲛ̅ ⲧⲉⲧⲛ̅ⲧⲁ‖ⲡⲣⲟ ϥⲛⲁϫⲱⲍⲙ̅ ⲧⲏⲩⲧⲛ̅ ⲁⲛ`     ⲁⲗⲗⲁ ⲡⲉⲧⲛ̅|ⲛⲏⲩ ⲉⲃⲟⲗ`
ⲍⲛ̅ ⲧⲉⲧⲛ̅ⲧⲁⲡⲣⲟ ⲛ̅ⲧⲟϥ ⲡⲉ|ⲧⲛⲁϫⲁⲍⲙ̅ ⲧⲏⲩⲧⲛ̅
(15) ⲡⲉϫⲉ ⲓ̅ⲥ̅ ϫⲉ ⲍⲟⲧⲁⲛ | ⲉⲧⲉⲧⲛ̅ϣⲁⲛⲛⲁⲩ ⲉⲡⲉⲧⲉ ⲙ̅ⲡⲟⲩϫⲡⲟϥ` | ⲉⲃⲟⲗ
ⲍⲛ̅ ⲧⲥⲍⲓⲙⲉ ⲡⲉⲍⲧ` ⲧⲏⲩⲧⲛ̅ ⲉϫⲙ̅ ‖ ⲡⲉⲧⲛ̅ⲍⲟ ⲛ̅ⲧⲉⲧⲛ̅ⲟⲩⲱϣⲧ ⲛⲁϥ`     ⲡⲉⲧⲙ̅|-
ⲙⲁⲩ ⲡⲉ ⲡⲉⲧⲛ̅ⲉⲓⲱⲧ`
(16) ⲡⲉϫⲉ ⲓ̅ⲥ̅ ϫⲉ ⲧⲁⲭⲁ | ⲉⲩⲙⲉⲉⲩⲉ ⲛ̅ϭⲓ ⲣ̅ⲣⲱⲙⲉ ϫⲉ ⲛ̅ⲧⲁⲉⲓⲉⲓ ⲉⲛⲟⲩ|ϫⲉ
ⲛ̅ⲟⲩⲉⲓⲣⲏⲛⲏ ⲉϫⲙ̅ ⲡⲕⲟⲥⲙⲟⲥ     ⲁⲩⲱ | ⲥⲉⲥⲟⲟⲩⲛ ⲁⲛ ϫⲉ ⲛ̅ⲧⲁⲉⲓⲉⲓ ⲁⲛⲟⲩϫⲉ
ⲛ̅ⲍⲛ̅‖ⲡⲱⲣϫ` ⲉϫⲛ̅ ⲡⲕⲁⲍ ⲟⲩⲕⲱⲍⲧ` ⲟⲩⲥⲏϥⲉ` | ⲟⲩⲡⲟⲗⲉⲙⲟⲥ     ⲟⲩⲛ̅ †ⲟⲩ
ⲅⲁⲣ ⲛⲁϣⲱⲡⲉ * ⲍⲛ̅ ⲟⲩⲏⲉⲓ     ⲟⲩⲛ̅ ϣⲟⲙⲧ ⲛⲁϣⲱⲡⲉ ⲉϫⲛ̅ | ⲥⲛⲁⲩ ⲁⲩⲱ
ⲥⲛⲁⲩ ⲉϫⲛ̅ ϣⲟⲙⲧ` ⲡⲉⲓⲱⲧ` | ⲉϫⲙ̅ ⲡϣⲏⲣⲉ ⲁⲩⲱ ⲡϣⲏⲣⲉ ⲉϫⲙ̅ ⲡⲉⲓⲱⲧ`
| ⲁⲩⲱ ⲥⲉⲛⲁⲱⲍⲉ ⲉⲣⲁⲧⲟⲩ ⲉⲩⲟ ⲙ̅ⲙⲟⲛⲁ‖ⲭⲟⲥ
(17) ⲡⲉϫⲉ ⲓ̅ⲥ̅ ϫⲉ †ⲛⲁ† ⲛⲏⲧⲛ̅ ⲙ̅ⲡⲉⲧⲉ | ⲙ̅ⲡⲉ ⲃⲁⲗ ⲛⲁⲩ ⲉⲣⲟϥ` ⲁⲩⲱ ⲡⲉⲧⲉ
ⲙ̅ⲡⲉ ⲙⲁ|ⲁϫⲉ ⲥⲟⲧⲙⲉϥ` ⲁⲩⲱ ⲡⲉⲧⲉ ⲙ̅ⲡⲉ ϭⲓϫ` ϭⲙ̅|ϭⲱⲙϥ` ⲁⲩⲱ ⲙ̅ⲡⲉϥ`ⲉⲓ ⲉ-
ⲍⲣⲁⲓ̈ ⲍⲓ ⲫⲏⲧ` | ⲣ̅ⲣⲱⲙⲉ
(18) ⲡⲉϫⲉ ⲙ̅ⲙⲁⲑⲏⲧⲏⲥ ⲛ̅ⲓ̅ⲥ̅ ϫⲉ ϫⲟ‖ⲟⲥ ⲉⲣⲟⲛ ϫⲉ ⲧⲛ̅ⲍⲁⲏ ⲉⲥⲛⲁϣⲱⲡⲉ ⲛ̅|-
ⲁϣ ⲛ̅ⲍⲉ     ⲡⲉϫⲉ ⲓ̅ⲥ̅     ⲁⲧⲉⲧⲛ̅ϭⲱⲗⲡ̅` ⲅⲁⲣ ⲉⲃⲟⲗ | ⲛ̅ⲧⲁⲣⲭⲏ ϫⲉⲕⲁⲁⲥ ⲉ-
ⲧⲉⲧⲛⲁϣⲓⲛⲉ ⲛ̅ⲥⲁ | ⲑⲁⲍⲏ     ϫⲉ ⲍⲙ̅ ⲡⲙⲁ ⲉⲧⲉ ⲧⲁⲣⲭⲏ ⲙ̅ⲙⲁⲩ ⲉ|ⲑⲁⲍⲏ ⲛⲁϣⲱ-
ⲡⲉ ⲙ̅ⲙⲁⲩ     ⲟⲩⲙⲁⲕⲁⲣⲓⲟⲥ ‖ ⲡⲉⲧⲛⲁ⟦ⲍ⟧ⲱⲍⲉ ⲉⲣⲁⲧϥ` ⲍⲛ̅ ⲧⲁⲣⲭⲏ     ⲁⲩⲱ |
ϥⲛⲁⲥⲟⲩⲱⲛ ⲑⲁⲍⲏ     ⲁⲩⲱ ϥⲛⲁϫⲓ †ⲡⲉ | ⲁⲛ ⲙ̅ⲙⲟⲩ .

14 예수가 그들에게 말했다. "만약 너희가 금식하면 너희는 잘못을 저지른 것이 될 것이다. 만일 너희가 기도하면 너희는 올바르지 못할 것이다. 너희가 자선을 베풀면 너희 마음이 부패할 것이다. 너희가 어떤 땅에 들어가 시골길을 걸을 때 만약 그들이 당신을 환영하면 그들이 너희에게 제공하는 모든 것을 먹으라. 너희는 그들의 병을 고칠 수 있다. 너희 입으로 들어가는 것이 너희를 더럽게 하는 것이 아니라, 너희 입에서 나오는 것이 너희를 더럽게 한다.

15 예수가 말했다. "너희가 자궁에서 태어나지 아니한 자를 보거든 너희는 엎드려 경배하라. 왜냐하면 이는 너희 아버지이기 때문이다."

16 예수가 말했다. "사람들은 내가 세상에 평화를 주러 왔다고 생각할지 모른다. 그들은 내가 땅에 분쟁을 뿌리러 온 줄을 알지 못한다. 즉, 내가 불과 칼과 전쟁을 주러 온 줄 모른다. 집에 다섯이 있으면 셋이 둘에게 반대할 것이고, 둘은 셋에게 맞설 것이다. 아버지는 아들에게, 아들은 아버지에 대항하고, 아버지는 아들에 대항할 것이다. 그리고 그들은 설 것이고, 그들은 홀로 있고 독신(monakhos)이 될 것이다."

17 예수가 말했다. "나는 아무 눈도 보지 못했고, 아무 귀도 듣지 못하고, 아무 손도 닿지 않았고, 어떤 인간의 마음도 이해하지 않았던 것을 너희에게 줄 것이다."

18 제자들이 예수에게 물었다. "우리의 끝이 어떻게 될지 말해주세요." 예수가 대답하였다. "너희가 시작에 관해 무엇을 안다고 이제 끝을 찾고 있느냐? 시작이 있는 곳에 끝도 있을 것이다. 시작에 거하는 자들은 복이 있나니 그들은 끝을 알고 죽음을 맛보지 않을 것이다."

(19) ⲡⲉϫⲉ ⲓⲥ̄ ϫⲉ ⲟⲩⲙⲁⲕⲁⲣⲓⲟⲥ | ⲡⲉ ⲛ˙ⲧⲁϩϣⲱⲡⲉ ϩⲁ ⲧⲉϩⲏ ⲉⲙⲡⲁ-
ⲧⲉϥϣⲱ|ⲡⲉ    ⲉⲧⲉⲧⲛ̄ϣⲁⲛϣⲱⲡⲉ ⲛⲁⲉⲓ ⲙ̄ⲙⲁⲑⲏ‖ⲧⲏⲥ ⲛ̄ⲧⲉⲧⲛ̄ⲥⲱⲧⲙ̄ ⲁⲛⲁϣⲁ-
ϫⲉ ⲛⲉⲉⲓⲱ|ⲛⲉ ⲛⲁⲣ̄ⲇⲓⲁⲕⲟⲛⲉⲓ ⲛⲏⲧⲛ̄    ⲟⲩⲛ̄ⲧⲏⲧⲛ̄ | ⲅⲁⲣ˙ ⲙ̄ⲙⲁⲩ ⲛ̄ϯⲟⲩ ⲛ̄ϣⲏⲛ
ϩⲙ̄ ⲡⲁⲣⲁ˙|ⲇⲓⲥⲟⲥ ⲉⲥⲉⲕⲓⲙ ⲁⲛ ⲛ̄ϣⲱⲙ ⲙ̄ⲡⲣⲱ |    ⲁⲩⲱ ⲙⲁⲣⲉ ⲛⲟⲩϭⲱⲃⲉ ϩⲉ
ⲉⲃⲟⲗ    ⲡⲉⲧ˙|ⲛⲁⲥⲟⲩⲱⲛⲟⲩ ϥⲛⲁϫⲓ ϯⲡⲉ ⲁⲛ˙ ⲙ̄ⲙⲟⲩ |

(20) ⲡⲉϫⲉ ⲙ̄ⲙⲁⲑⲏⲧⲏⲥ ⲛ̄ⲓ̄ⲥ̄ ϫⲉ ϫⲟⲟⲥ | ⲉⲣⲟⲛ ϫⲉ ⲧⲙⲛ̄ⲧⲉⲣⲟ ⲛⲙ̄ⲡⲏⲩⲉ
ⲉⲥ|ⲧⲛ̄ⲧⲱⲛ ⲉⲛⲓⲙ    ⲡⲉϫⲁϥ ⲛⲁⲩ ϫⲉ ⲉⲥⲧⲛ̄|ⲧⲱⲛ ⲁⲩⲃⲗ̄ⲃⲓⲗⲉ ⲛ̄ϣⲗ̄-
ⲧⲁⲙ    <ⲥ>ⲥⲟⲃⲕ̄ ⲡⲁ‖ⲣⲁ ⲛ̄ϭⲣⲟϭ ⲧⲏⲣⲟⲩ    ϩⲟⲧⲁⲛ ⲇⲉ ⲉⲥϣⲁ(ⲛ)‖ϩⲉ ⲉϫⲙ̄
ⲡⲕⲁϩ ⲉⲧⲟⲩⲣ̄ ϩⲱⲃ ⲉⲣⲟϥ ϣⲁϥ|ⲧⲉⲩⲟ ⲉⲃⲟⲗ ⲛ̄ⲛⲟⲩⲛⲟϭ ⲛ̄ⲧⲁⲣ ⲛ̄ϥϣⲱ|ⲡⲉ ⲛ̄ⲥⲕⲉ-
ⲡⲏ ⲛ̄ϩⲁⲗⲁⲧⲉ ⲛ̄ⲧⲡⲉ

(21) ⲡⲉ|ϫⲉ ⲙⲁⲣⲓϩⲁⲙ ⲛ̄ⲓ̄ⲥ̄ ϫⲉ ⲉⲛⲉⲕⲙⲁⲑⲏ‖ⲧⲏⲥ ⲉⲓⲛⲉ ⲛ̄ⲛⲓⲙ˙    ⲡⲉϫⲁϥ˙
ϫⲉ ⲉⲩⲉⲓⲛⲉ * ⲛ̄ϩⲛ̄ϣⲏⲣⲉ ϣⲏⲙ˙ ⲉⲩϭⲉⲗⲓⲧ˙ ⲁⲩⲥⲱϣⲉ ⲉⲧⲱ|ⲟⲩ ⲁⲛ ⲧⲉ    ϩⲟ-
ⲧⲁⲛ ⲉⲩϣⲁⲉⲓ ⲛ̄ϭⲓ ⲛ̄ϫⲟⲉⲓⲥ | ⲛ̄ⲧⲥⲱϣⲉ ⲥⲉⲛⲁϫⲟⲟⲥ ϫⲉ ⲕⲉ ⲧⲛ̄ⲥⲱϣⲉ | ⲉⲃⲟⲗ
ⲛⲁⲛ    ⲛ̄ⲧⲟⲟⲩ ⲥⲉⲕⲁⲕⲁϩⲏⲩ ⲙ̄ⲡⲟⲩⲙ̄‖ⲧⲟ ⲉⲃⲟⲗ ⲉⲧⲣⲟⲩⲕⲁⲁⲥ ⲉⲃⲟⲗ ⲛⲁⲩ ⲛ̄-
ⲥⲉϯ ⲧⲟⲩ|ⲥⲱϣⲉ ⲛⲁⲩ    ⲇⲓⲁ ⲧⲟⲩⲧⲟ ϯϫⲱ ⲙ̄ⲙⲟⲥ ϫⲉ ⲉϥ˙|ϣⲁⲉⲓⲙⲉ ⲛ̄ϭⲓ
ⲡ̄ϫⲉⲥϩⲛ̄ⲏⲉⲓ ϫⲉ ϥⲛⲏⲩ ⲛ̄ϭⲓ | ⲡⲣⲉϥϫⲓⲟⲩⲉ ϥⲛⲁⲣⲟⲉⲓⲥ ⲉⲙⲡⲁⲧⲉϥ˙ⲉⲓ ⲛ̄ϥⲧⲙ̄|-
ⲕⲁⲁϥ˙ ⲉϣⲟϫⲧ˙ ⲉϩⲟⲩⲛ ⲉⲡⲉϥⲏⲉⲓ ⲛ̄ⲧⲉ ⲧⲉϥ˙‖ⲙⲛ̄ⲧⲉⲣⲟ ⲉⲧⲣⲉϥϥⲓ ⲛ̄ⲛⲉϥ˙-
ⲥⲕⲉⲩⲟⲥ    ⲛ̄ⲧⲱⲧⲛ̄ | ⲇⲉ ⲣⲟⲉⲓⲥ ϩⲁ ⲧⲉϩⲏ ⲙ̄ⲡⲕⲟⲥⲙⲟⲥ    ⲙⲟⲩⲣ˙ ⲙ̄|ⲙⲱⲧⲛ̄
ⲉϫⲛ̄ ⲛⲉⲧⲛ̄ϯⲡⲉ ϩⲛ̄ⲛⲟⲩⲛⲟϭ ⲛ̄ⲇⲩ|ⲛⲁⲙⲓⲥ ϣⲓⲛⲁ ϫⲉ ⲛⲉ ⲛⲗⲏⲥⲧⲏⲥ ϩⲉ ⲉϩⲓⲏ
ⲉⲉⲓ | ϣⲁⲣⲱⲧⲛ̄ ⲉⲡⲉⲓ ⲧⲉⲭⲣⲉⲓⲁ ⲉⲧⲉⲧⲛ̄ϭⲱϣⲧ˙ ‖ ⲉⲃⲟⲗ ϩⲏⲧⲥ̄ ⲥⲉⲛⲁϩⲉ˙
ⲉⲣⲟⲥ    ⲙⲁⲣⲉϥϣⲱⲡⲉ | ϩⲛ̄ ⲧⲉⲧⲛ̄ⲙⲏⲧⲉ ⲛ̄ϭⲓ ⲟⲩⲣⲱⲙⲉ ⲛ̄ⲉⲡⲓⲥⲧⲏ|ⲙⲱⲛ    ⲛ̄-
ⲧⲁⲣⲉ ⲡⲕⲁⲣⲡⲟⲥ ⲡⲱϩ ⲁϥⲉⲓ ϩⲛ̄ⲛⲟⲩ|ϭⲉⲡⲏ ⲉⲡⲉϥⲁⲥϩ ϩⲛ̄ ⲧⲉϥϭⲓϫ
ⲁϥϩⲁⲥϥ    ⲡⲉ|ⲧⲉ ⲟⲩⲛ̄ ⲙⲁⲁϫⲉ ⲙ̄ⲙⲟϥ˙ ⲉⲥⲱⲧⲙ̄ ⲙⲁⲣⲉϥⲥⲱⲧⲙ̄ ‖

19  예수가 말했다. "존재하기 이전에 있는 사람은 복이 있다. 너희가 내 제자가 되어 내 말을 들으면 이 돌들이 너희를 섬길 것이다. 낙원에는 여름에서 겨울로 변하지 않는 다섯 그루의 나무가 있다. 그것들의 잎사귀는 떨어지지 않는다. 그것들을 아는 사람은 죽음을 맛보지 않을 것이다."

20  제자들이 예수에게 물었다. "천국은 무엇과 같은지 우리에게 말씀해 주세요." 예수는 그들에게 대답했다. "천국은 모든 씨앗 중에서 가장 작은 겨자씨 한 알 같다. 그것이 잘 갈린 땅에 떨어지면 그것은 큰 나무가 되어 하늘의 새들이 쉬러 올 것이다."

21  마리아가 예수에게 물었다. "당신의 제자들은 무엇과 같습니까?" 그가 대답했다. "그들은 자신의 것이 아닌 밭에 들어갔던 어린아이들과 같다. 주인들이 돌아와서 '우리의 밭을 돌려주시오'라고 말할 때 그들은 옷을 벗고, 주인들 앞에서 자신들이 벌거벗었다는 것을 보게 되고, 그 밭을 주인들에게 맡긴다." 이것이 내가 말하는 이유이다. 만약 도둑이 온다는 것을 집주인이 알면 그는 깨어 있어 도둑이 그의 왕국 안으로 침입하거나 그의 물품을 가져가는 것을 허락하지 않을 것이다. 그러므로 너희는 세상을 향하여 경계해야 한다. 큰 힘으로 너희 자신을 강하게 만들어라. 그렇지 않으면 강도들이 너희에게 가는 길을 찾을 것이다. 너희가 계산하는 이익은 그들에 의해 발견될 것이다. 너희 중에 현명한 사람이 있기를 바란다… 열매가 익으면 바로 그는 올 것이고, 그의 낫으로 그것을 수확할 것이다. 귀 있는 자들은 들으라!"

(22) ⲁⲓⲥ̄ ⲛⲁⲩ ⲁⲍ̄ⲛ̄ⲕⲟⲩⲉⲓ ⲉⲩⳉⲓ ⲉⲣⲱⲧⲉ    ⲡⲉⳉⲁϥ ⲛ̄|ⲛⲉϥⲙⲁⲑⲏⲧⲏⲥ ⳉⲉ
ⲛⲉⲉⲓⲕⲟⲩⲉⲓ ⲉⳉⲓ ⲉⲣⲱ|ⲧⲉ ⲉⲩⲧⲛ̄ⲧⲱⲛ ⲁⲛⲉⲧⲃⲏⲕ` ⲉⳅⲟⲩⲛ ⲁⲧⲙⲛ̄|ⲧⲉⲣⲟ    ⲡⲉ-
ⳉⲁⲩ ⲛⲁϥ` ⳉⲉ ⲉⲉⲓⲉⲛⲟ ⲛ̄ⲕⲟⲩⲉⲓ ⲧⲛ̄|ⲛⲁⲃⲱⲕ` ⲉⳅⲟⲩⲛ ⲉⲧⲙⲛ̄ⲧⲉⲣⲟ    ⲡⲉⳉⲉ
ⲓⲏ̄ⲥ ⲛⲁⲩ ‖ ⳉⲉ ⳅⲟⲧⲁⲛ ⲉⲧⲉⲧⲛ̄ϣⲁⲣ̄ ⲡⲥⲛⲁⲩ ⲟⲩⲁ ⲁⲩⲱ ⲉ|ⲧⲉⲧⲛ̄ϣⲁⲣ̄ ⲡⲥⲁ
ⲛⳅⲟⲩⲛ ⲛ̄ⲑⲉ ⲙ̄ⲡⲥⲁ ⲛⲃⲟⲗ | ⲁⲩⲱ ⲡⲥⲁ ⲛⲃⲟⲗ ⲛ̄ⲑⲉ ⲙ̄ⲡⲥⲁ ⲛⳅⲟⲩⲛ ⲁⲩⲱ
ⲡⲥⲁ(ⲛ)|ⲧⲡⲉ ⲛ̄ⲑⲉ ⲙ̄ⲡⲥⲁ ⲙⲡⲓⲧⲛ̄ ⲁⲩⲱ ϣⲓⲛⲁ ⲉⲧⲉ|ⲧⲛⲁⲉⲓⲣⲉ ⲙ̄ⲫⲟ`ⲟⲩⲧ` ⲙⲛ̄
ⲧⲥⳅⲓⲙⲉ ⲙ̄ⲡⲓⲟⲩⲁ ‖ ⲟⲩⲱⲧ` ⳉⲉⲕⲁⲁⲥ ⲛⲉ ⲫⲟⲟⲩⲧ` ⲣ̄ ⳅⲟⲟⲩⲧ` ⲛ̄ⲧⲉ | ⲧⲥⳅⲓⲙⲉ ⲣ̄
ⲥⳅⲓⲙⲉ ⳅⲟⲧⲁⲛ ⲉⲧⲉⲧⲛ̄ϣⲁⲉⲓⲣⲉ | ⲛ̄ⳅⲛ̄ⲃⲁⲗ ⲉⲡⲙⲁ ⲛ̄ⲟⲩⲃⲁⲗ` ⲁⲩⲱ ⲟⲩ6ⲓⳉ` |
ⲉⲡⲙⲁ ⲛ̄ⲛⲟⲩ6ⲓⳉ` ⲁⲩⲱ ⲟⲩⲉⲣⲏⲧⲉ ⲉⲡⲙⲁ | ⲛ̄ⲟⲩⲉⲣⲏⲧⲉ ⲟⲩⳅⲓⲕⲱⲛ` ⲉⲡⲙⲁ ⲛ̄ⲟⲩ-
ⳅⲓⲕⲱ(ⲛ) ‖ ⲧⲟⲧⲉ ⲧⲉⲧⲛⲁⲃⲱⲕ` ⲉⳅⲟⲩⲛ ⲉ̣[ⲧ]ⲙⲛ̄[ⲧⲉⲣ]ⲟ`

(23) * ⲡⲉⳉⲉ ⲓ̄ⲥ̄ ⳉⲉ †ⲛⲁⲥⲉⲧⲡ ⲧⲏ̄ⲛⲉ ⲟⲩⲁ ⲉⲃⲟⲗ | ⳅⲛ̄ ϣⲟ ⲁⲩⲱ ⲥⲛⲁⲩ
ⲉⲃⲟⲗ ⳅⲛ̄ ⲧⲃⲁ ⲁⲩⲱ | ⲥⲉⲛⲁⲱⳅⲉ ⲉⲣⲁⲧⲟⲩ ⲉⲩⲟ ⲟⲩⲁ ⲟⲩⲱⲧ`

(24) ⲡⲉ|ⳉⲉ ⲛⲉϥⲙⲁⲑⲏⲧⲏⲥ ⳉⲉ ⲙⲁⲧⲥⲉⲃⲟⲛ` ⲉⲡⲧⲟ‖ⲡⲟⲥ ⲉⲧⲕⲙ̄ⲙⲁⲩ ⲉⲡⲉⲓ
ⲧⲁⲛⲁⲅⲕⲏ ⲉⲣⲟⲛ ⲧⲉ | ⲉⲧⲣⲛ̄ϣⲓⲛⲉ ⲛ̄ⲥⲱϥ`    ⲡⲉⳉⲁϥ` ⲛⲁⲩ ⳉⲉ ⲡⲉⲧⲉⲩ|ⲛ̄
ⲙⲁⲁⳉⲉ ⲙ̄ⲙⲟϥ ⲙⲁⲣⲉϥ`ⲥⲱⲧⲙ̄    ⲟⲩⲛ̄ ⲟⲩ|ⲟⲉⲓⲛ` ϣⲟⲟⲡ` ⲙ̄ⲫⲟⲩⲛ ⲛ̄ⲛⲟⲩⲣⲙ̄-
ⲟⲩⲟⲉⲓⲛ| ⲁⲩⲱ ϥⲣ̄ ⲟⲩⲟⲉⲓⲛ ⲉⲡⲕⲟⲥⲙⲟⲥ ⲧⲏⲣϥ`    ⲉϥⲧⲙ̄‖ⲣ̄ ⲟⲩⲟⲉⲓⲛ` ⲟⲩ-
ⲕⲁⲕⲉ ⲡⲉ

(25) ⲡⲉⳉⲉ ⲓ̄ⲥ̄ ⳉⲉ ⲙⲉⲣⲉ | ⲡⲉⲕⲥⲟⲛ ⲛ̄ⲑⲉ ⲛ̄ⲧⲉⲕ`ⲯⲩⳉⲏ    ⲉⲣⲓⲧⲏⲣⲉⲓ ⲙ̄ⲙⲟϥ
| ⲛ̄ⲑⲉ ⲛ̄ⲧⲉⲗⲟⲩ ⲙ̄ⲡⲉⲕ`ⲃⲁⲗ`

(26) ⲡⲉⳉⲉ ⲓ̄ⲥ̄ ⳉⲉ ⲡⳉⲏ | ⲉⲧⳅⲙ̄ ⲡⲃⲁⲗ ⲙ̄ⲡⲉⲕ`ⲥⲟⲛ ⲕⲛⲁⲩ ⲉⲣⲟϥ`    ⲡⲥⲟⲉⲓ
| ⲇⲉ ⲉⲧⳅⲙ̄ ⲡⲉⲕⲃⲁⲗ` ⲕⲛⲁⲩ ⲁⲛ ⲉⲣⲟϥ`    ⳅⲟⲧⲁⲛ ‖ ⲉⲕϣⲁⲛⲛⲟⲩⳉⲉ ⲙ̄ⲡⲥⲟⲉⲓ
ⲉⲃⲟⲗ ⳅⲙ̄ ⲡⲉⲕ`|ⲃⲁⲗ` ⲧⲟⲧⲉ ⲕⲛⲁⲛⲁⲩ ⲉⲃⲟⲗ ⲉⲛⲟⲩⳉⲉ ⲙ̄ⲡⳉⲏ | ⲉⲃⲟⲗ ⳅⲙ̄ ⲡⲃⲁⲗ
ⲙ̄ⲡⲉⲕⲥⲟⲛ

22  예수는 젖을 먹고 있는 아기들을 보았다. 그는 그의 제자들에 게 말했다. "이 젖먹이들은 왕국(하늘나라)에 들어가는 사람들과 같다." 제자들은 그에게 이렇게 물었다. "그럼 우리가 어린 아기가 되어야 왕국(하늘나라)에 들어갈 수 있는가?" 예수가 그들에게 대답했다. "너희가 둘을 하나로 만들 때 안을 바깥처럼 만들고, 높은 것을 낮은 것으로 만들 때 너희가 남자와 여자를 유일한 '하나(a single One)'로 만들어 남자는 남자가 아니고 여자는 여자가 아닐 때 너희가 너희 눈 안에서 눈을, 손 안에서 손을, 발 안에서 발을, 형상 안에 형상을 가지고 있을 때 그러면 너희는 그 왕국 안으로 들어갈 것이다."

23  예수가 말했다. "내가 천 명에서 너희 중에서 하나를, 만 명에서 너희 중에서 둘을 선택할 것이다. 그리고 그들은 혼자이고 단순한[monakhos] 하나로 설 것이다."

24  제자들이 물었다. "우리가 찾을 수 있도록 당신이 머무는 곳을 우리에게 알려주십시오." 그는 그들에게 이렇게 말했다. "귀 있는 자들은 들으라! 빛의 사람들 안에 빛이 있고, 그들은 그 빛을 온 세상에 비춘다. 만약 그들이 비추지 않으면, 바로 어둠이다!"

25  예수가 말했다. "너희 형제 자매를 너희 영혼처럼 사랑하라. 즉, 너희 눈동자를 보호하듯 그들을 보호하라."

26  예수가 말했다. "형제의 눈 속에 있는 은을 보지만, 너희는 너희 눈 안에 있는 통나무를 보지 못한다. 너희가 너희 눈에서 통나무를 빼면, 너희는 너희 형제의 눈 안에 있는 은을 제거할 수 있을 정도로 충분히, 명확하게 볼 수 있다."

(27) <ⲡⲉϫⲉ ⲓ̅ⲥ̅ ϫⲉ> ⲉⲧⲉ<ⲧⲛ̅>ⲧⲙ̅ⲣ̅ⲛⲏ|ⲥⲧⲉⲩⲉ ⲉⲡⲕⲟⲥⲙⲟⲥ ⲧⲉⲧⲛⲁϩⲉ ⲁⲛ`
ⲉⲧⲙⲛ̅ⲧⲉ|ⲣⲟ      ⲉⲧⲉⲧⲛ̅ⲧⲙⲉⲓⲣⲉ ⲙ̅ⲡⲥⲁⲙⲃⲁⲧⲟⲛ ⲛ̅ⲥⲁⲃ`‖ⲃⲁⲧⲟⲛ ⲛ̅ⲧⲉⲧⲛⲁⲛⲁⲩ
ⲁⲛ ⲉⲡⲉⲓⲱⲧ`

(28) ⲡⲉϫⲉ | ⲓ̅ⲥ̅ ϫⲉ ⲁⲉⲓⲱϩⲉ ⲉⲣⲁⲧ` ϩⲛ̅ ⲧⲙⲏⲧⲉ ⲙ̅ⲡⲕⲟⲥ|ⲙⲟⲥ      ⲁⲩⲱ
ⲁⲉⲓⲟⲩⲱⲛϩ ⲉⲃⲟⲗ ⲛⲁⲩ ϩⲛ̅ ⲥⲁⲣϩ |      ⲁⲉⲓϩⲉ ⲉⲣⲟⲟⲩ ⲧⲏⲣⲟⲩ ⲉⲩⲧⲁϩⲉ ⲙ̅ⲡⲓϩⲉ
ⲉⲗⲁ|ⲁⲩ ⲛ̅ϩⲏⲧⲟⲩ ⲉϥⲟⲃⲉ      ⲁⲩⲱ ⲁⲧⲁⲯⲩⲭⲏ † ⲧⲕⲁⲥ ‖ ⲉⲭⲛ̅ ⲛ̅ϣⲏⲣⲉ ⲛ̅ⲣ̅ⲣⲱ-
ⲙⲉ      ϫⲉ ϩⲛ̅ⲃⲗ̅ⲗⲉⲉⲩ|ⲉ ⲛⲉ ϩⲙ̅ ⲡⲟⲩϩⲏⲧ`      ⲁⲩⲱ ⲥⲉⲛⲁⲩ ⲉⲃⲟⲗ ⲁⲛ
|      ϫⲉ ⲛ̅ⲧⲁⲩⲉⲓ ⲉⲡⲕⲟⲥⲙⲟⲥ ⲉⲩϣⲟⲩⲉⲓⲧ`      ⲉⲩ|ϣⲓⲛⲉ ⲟⲛ ⲉⲧⲣⲟⲩⲉⲓ ⲉⲃⲟⲗ
ϩⲙ̅ ⲡⲕⲟⲥⲙⲟⲥ | ⲉⲩϣⲟⲩⲉⲓⲧ`      ⲡⲗⲏⲛ ⲧⲉⲛⲟⲩ ⲥⲉⲧⲟϩⲉ      ϩⲟ‖ⲧⲁⲛ ⲉⲩ-
ϣⲁⲛⲛⲉϩ ⲡⲟⲩⲏⲣⲡ` ⲧⲟⲧⲉ ⲥⲉⲛⲁⲣ̅|ⲙⲉⲧⲁⲛⲟⲉⲓ

(29) ⲡⲉϫⲉ ⲓ̅ⲥ̅      ⲉϣϫⲉ ⲛ̅ⲧⲁ ⲧⲥⲁⲣϩ` | ϣⲱⲡⲉ ⲉⲧⲃⲉ ⲡⲛ̅ⲁ̅ ⲟⲩϣⲡⲏⲣⲉ
ⲧⲉ      ⲉϣ|ϫⲉ ⲡⲛ̅ⲁ̅ ⲇⲉ ⲉⲧⲃⲉ ⲡⲥⲱⲙⲁ ⲟⲩϣⲡⲏⲣⲉ | ⲛ̅ϣⲡⲏⲣⲉ ⲡⲉ      ⲁⲗⲗⲁ ⲁ-
ⲛⲟⲕ` †ⲣ̅ ϣⲡⲏⲣⲉ * ⲙ̅ⲡⲁⲉⲓ ϫⲉ ⲡⲱⲥ ⲁⲧⲉⲉⲓⲛⲟϭ ⲙ̅ⲙⲛ̅ⲧⲣ̅ⲙⲙⲁ|ⲟ ⲁⲥⲟⲩⲱϩ ϩⲛ̅
ⲧⲉⲉⲓⲙⲛ̅ⲧ̅ϩⲏⲕⲉ

(30) ⲡⲉϫⲉ ⲓ̅ⲥ̅ | ϫⲉ ⲡⲙⲁ ⲉⲩⲛ̅ ϣⲟⲙⲧ ⲛ̅ⲛⲟⲩⲧⲉ ⲙ̅ⲙⲁⲩ ϩⲛ̅|ⲛⲟⲩⲧⲉ
ⲛⲉ      ⲡⲙⲁ ⲉⲩⲛ̅ ⲥⲛⲁⲩ ⲏ ⲟⲩⲁ ⲁⲛⲟⲕ` ‖ †ϣⲟⲟⲡ` ⲛⲙⲙⲁϥ`

27 예수가 말했다. "너희가 세상으로부터 금식[6]하지 아니하면 너희는 그 왕국을 찾지 못할 것이다. 너희가 안식일을 안식일로 지키지 아니하면 너희는 아버지를 알지 못할 것이다."

28 예수가 말했다. "나는 세상 한가운데 서 있었다. 그리고 나 자신을 육체 가운데 그들에게 보여주었다. 나는 모두 술 취해 있는 그들을 발견했다. 그들 중의 단 한 명도 목마르지 않았다. 나의 영혼은 인간의 자녀들의 심적으로 눈먼 자들이 되어서 그들을 위하여 신음하였다. 그들은 보지 못한다. 그들은 세상에 발가벗고 왔고, 그들은 발가벗고 세상을 떠날 것이다. 바로 이 순간, 그들은 술 취해 있다. 그들이 마신 포도주를 토할 때 그들은 자신들에게 돌아갈 것이다."

29 예수가 말했다. "만약 육체가 영으로 인해 존재하게 된다면 그것은 놀라움이다. 그러나 만약 영이 육체 때문에 존재하게 된다면 그것은 놀라움 중의 놀라움이다. 그러나 놀라움 중에서 가장 큰 놀라움은 어떻게 이 존재(this Being)가 이 아무것도 아닌 것(nothingness)에 거할 수 있는가?"[7]

30 예수는 말했다. "세 신들이 있는 곳에서 그들은 신들이다. 둘 또는 하나가 있는 곳에서 나는 그들과 함께 있다."[8]

---

6  '금식하다'라는 콥트어는 그리스어 '네스튜네오'를 빌려서 사용한 것이다.

7  다른 번역자들(메어, 기요몽, 클라펜보그, 송혜경)은 '이 존재'를 '부요함'으로 '아무것도 아닌 것'을 '가난함'으로 번역했다. Guillaumont, 21; John S. Kloppenborg et al., Q-Thomas Reader (Sonama: Polebridge, 1990), 137; 송혜경, 323.

8  마태복음 18:20의 구절과 비슷하다. "두세 사람이 내 이름으로 모여 있는 자리, 거기에 내가 그들 가운데 있다." 마빈 메이어는 뒤 구절을 "나는 바로 그 하나와 함께 있다"로 번역했다. Meyer, 143; 다른 번역도 "나는 그와 함께 있다"로 번역하고 있다. Guillaumont, 21과 송혜경, 323 참조.

(31) ΠΕΧΕ Ι̅C̅   ΜΝ̅ ΠΡΟΦΗ|ΤΗC ϢΗΠˋ ϨΜ̅ ΠΕϤϯΜΕ   ΜΑΡΕ CΟΕΙΝ Ρ̅-
ΘΕ|ΡΑΠΕΥΕ Ν̅ΝΕΤˋCΟΟΥΝ Μ̅ΜΟϤˋ

(32) ΠΕΧΕ Ι̅C̅ | ΧΕ ΟΥΠΟΛΙC ΕΥΚΩΤ Μ̅ΜΟC ϨΙΧΝ̅ ΟΥΤΟ|ΟΥ ΕϤΧΟCΕ
ΕCΤΑΧΡΗΥ ΜΝ̅ ϬΟΜ Ν̅CϨΕ ‖   ΟΥΔΕ CΝΑϢϨΩΠˋ ΑΝ

(33) ΠΕΧΕ Ι̅C̅   ΠΕΤˋΚΝΑ|CΩΤΜ̅ ΕΡΟϤ ϨΜ̅ ΠΕΚˋΜΑΑΧΕ ϨΜ̅ ΠΚΕΜΑ|-
ΑΧΕ ΤΑϢΕ ΟΕΙϢˋ Μ̅ΜΟϤˋ ϨΙΧΝ̅ ΝΕΤΝ̅ΧΕ|ΝΕΠΩΡˋ   ΜΑΡΕ ΛΑΑΥˋ ΓΑΡ
ΧΕΡΕ ϨΗΒ̅C̅ Ν̅Ϥˋ|ΚΑΑϤˋ ϨΑ ΜΑΑΧΕ   ΟΥΔΕ ΜΑϤΚΑΑϤˋ ϨΜ̅ ΜΑ ‖
ΕϤϨΗΠˋ   ΑΛΛΑ ΕϢΑΡΕϤΚΑΑϤˋ ϨΙΧΝ̅ ΤΛΥ|ΧΝΙΑ ΧΕΚΑΑC ΟΥΟΝ ΝΙΜˋ
ΕΤΒΗΚˋ ΕϨΟΥΝ | ΑΥΩ ΕΤΝ̅ΝΗΥ ΕΒΟΛ ΕΥΝΑΝΑΥ ΑΠΕϤΟΥ|ΟΕΙΝ

(34) ΠΕΧΕ Ι̅C̅ ΧΕ ΟΥΒΛ̅Λ̅Ε ΕϤϢΑΝˋCΩΚˋ | ϨΗΤϤˋ Ν̅ΝΟΥΒΛ̅Λ̅Ε ϢΑΥϨΕ Μ̅-
ΠΕCΝΑΥˋ ‖ ΕΠΕCΗΤˋ ΕΥϨΙΕΙΤˋ

(35) ΠΕΧΕ Ι̅C̅   ΜΝ̅ ϬΟΜˋ | Ν̅ΤΕ ΟΥΑ ΒΩΚˋ ΕϨΟΥΝ ΕΠΗΕΙ Μ̅ΠΧΩ|ΩΡΕ
Ν̅ϤΧΙΤϤˋ Ν̅ΧΝΑϨ ΕΙ ΜΗΤΙ Ν̅ϤΜΟΥΡ | Ν̅ΝΕϤϬΙΧˋ   ΤΟΤΕ ϤΝΑΠΩΝΕ ΕΒΟΛ
| Μ̅ΠΕϤΗΕΙ

(36) ΠΕΧΕ Ι̅C̅   ΜΝ̅ϤΙ ΡΟΟΥϢ ΧΙ(Ν) ‖ ϨΤΟΟΥΕ ϢΑ ΡΟΥϨΕ ΑΥΩ ΧΙΝ ϨΙ-
ΡΟΥϨΕ | ϢΑ ϨΤΟΟΥΕ ΧΕ ΟΥ ΠΕ<Τ>ΕΤΝΑΤΑΑϤ ϨΙΩΤˋ|ΤΗΥΤΝ̅

(37) ΠΕΧΕ ΝΕϤΜΑΘΗΤΗC ΧΕ ΑϢ Ν̅|ϨΟΟΥ ΕΚΝΑΟΥΩΝϨ ΕΒΟΛ
ΝΑΝ   ΑΥΩ ΑϢ | Ν̅ϨΟΟΥ ΕΝΑΝΑΥ ΕΡΟΚˋ   ΠΕΧΕ Ι̅C̅ ΧΕ ϨΟ‖ΤΑΝ ΕΤΕ-
ΤΝ̅ϢΑΚΕΚ ΤΗΥΤΝ̅ ΕϨΗΥ Μ̅ΠΕ|ΤΝ̅ϢΙΠΕ ΑΥΩ Ν̅ΤΕΤΝ̅ϤΙ Ν̅ΝΕΤΝ̅ϢΤΗΝ | Ν̅ΤΕΤΝ̅-
ΚΑΑΥ ϨΑ ΠΕCΗΤˋ Ν̅ΝΕΤΝ̅ΟΥΕΡΗ|ΤΕ Ν̅ΘΕ Ν̅ΝΙΚΟΥΕΙ Ν̅ϢΗΡΕ ϢΗΜˋ Ν̅ΤΕ|ΤΝ̅-
ΧΟΠϪ̅Π̅ˋ Μ̅ΜΟΟΥ ΤΟΤΕ [ΤΕΤ]Ν̲Α̲Ν̲Α̲Υ̲ * ΕΠϢΗΡΕ Μ̅ΠΕΤΟΝϨ   ΑΥΩ
ΤΕΤΝΑΡ̅ | ϨΟΤΕ ΑΝ

(38) ΠΕΧΕ Ι̅C̅ ΧΕ ϨΑϨ Ν̅CΟΠˋ ΑΤΕΤΝ̅|Ρ̅ΕΠΙΘΥΜΕΙ ΕCΩΤΜ̅ ΑΝΕΕΙϢΑΧΕ
ΝΑΕΙˋ | ΕϯΧΩ Μ̅ΜΟΟΥ ΝΗΤΝ̅   ΑΥΩ ΜΝ̅ΤΗΤΝ̅ ‖ ΚΕΟΥΑ ΕCΟΤΜΟΥ Ν̅-
ΤΟΟΤϤ̅   ΟΥΝ̅ ϨΝ̅ϨΟ|ΟΥ ΝΑϢΩΠΕ Ν̅ΤΕΤΝ̅ϢΙΝΕ Ν̅CΩΕΙ   ΤΕ|ΤΝΑϨΕ ΑΝˋ
ΕΡΟΕΙˋ

31 예수가 말했다. "아무도 그 자신의 마을에서 예언자가 아니다. 아무도 자신의 고향에서 의사가 아니다."[9]

32 예수가 말했다. "높은 산에 건설된 강한 도시는 파괴될 수 없고, 숨겨질 수 없다."

33 예수가 말했다. "너희 귀로 듣는 것을 다른 사람의 귀에 말하고, 지붕 꼭대기에서 그것을 선포하라. 어떤 사람도 등불을 켜서 바구니 아래나 다른 곳에 숨겨두지 않는다. 오히려 그것을 등경 위에 놓아서 들어가고 나가는 사람들이 그 빛을 보게 한다."

34 예수가 말했다. "소경이 다른 소경을 인도하면, 둘 다 구덩이에 빠진다."

35 예수가 말했다. "강한 사람의 손을 묶지 않고는 아무도 강한 사람의 집을 점령할 수 없다. 그러면 모든 것은 뒤집을 수 있다."

36 예수가 말했다. "아침부터 저녁까지 또는 저녁부터 아침까지 입어야 할 옷을 가지는 것에 관해서 걱정하지 말아라."

37 그의 제자들이 물었다. "당신이 우리에게 나타날 때가 언제인가요? 우리의 눈으로 보게 될 날은 언제인가요?" 예수가 대답했다. "옷들을 짓밟는 갓 태어난 아기들처럼 너희가 벌거벗는 날, 그때 너희는 살아있는 분(Living One)의 아들을 보게 될 것이고, 너희는 더 이상 두려움이 없을 것이다."

38 예수가 말했다. "내가 지금 너희에게 하는 말을 너희는 종종 듣기를 원했다. 그 말을 너희에게 해줄 사람은 아무도 없다. 그리고 너희가 나를 찾을 때 너희는 나를 발견하지 못할 날이 올 것이다."

---

9 이 부분은 "예언자 자신의 마을에서 받아들여지지 않는다. 의사는 자신을 아는 사람들을 고칠 수 없다"로 번역하는 것이 더 원문에 가깝다. Kloppenborg et al., 137.

(39) ⲡⲉϫⲉ ⲓ̅ⲥ̅ ϫⲉ ⲙ̅ⲫⲁⲣⲓⲥⲁⲓ|ⲟⲥ ⲙⲛ̅ ⲛ̅ⲅⲣⲁⲙⲙⲁⲧⲉⲩⲥ ⲁⲩϫⲓ ⲛ̅ϣⲁϣⲧ` |
ⲛ̅ⲧⲅⲛⲱⲥⲓⲥ ⲁⲩϩⲟⲡⲟⲩ     ⲟⲩⲧⲉ ⲙ̅ⲡⲟⲩⲃⲱⲕ` ‖ ⲉϩⲟⲩⲛ     ⲁⲩⲱ ⲛⲉⲧⲟⲩⲱϣ
ⲉⲃⲱⲕ` ⲉϩⲟⲩⲛ ⲙ̅|ⲡⲟⲩⲕⲁⲁⲩ     ⲛ̅ⲧⲱⲧⲛ̅ ⲇⲉ ϣⲱⲡⲉ ⲙ̅ⲫⲣⲟⲛⲓⲙⲟⲥ | ⲛ̅ⲑⲉ ⲛ̅-
ⲛϩⲟϥ` ⲁⲩⲱ ⲛ̅ⲁⲕⲉⲣⲁⲓⲟⲥ ⲛ̅ⲑⲉ ⲛ̅ⲛ̅|ϭⲣⲟⲙ`ⲡⲉ

(40) ⲡⲉϫⲉ ⲓ̅ⲥ̅     ⲟⲩⲃⲉⲛⲉⲗⲟⲟⲗⲉ ⲁⲩ|ⲧⲟϭⲥ ⲙ̅ⲡⲥⲁ ⲛⲃⲟⲗ ⲙ̅-
ⲡⲉⲓⲱⲧ`     ⲁⲩⲱ ⲉⲥⲧⲁ`‖ⲭⲣⲏⲩ ⲁⲛ ⲥⲉⲛⲁⲡⲟⲣⲕ̅ ϩⲁ ⲧⲉⲥⲛⲟⲩⲛⲉ ⲛ̅ⲥ|ⲧⲁⲕⲟ

(41) ⲡⲉϫⲉ ⲓ̅ⲥ̅ ϫⲉ ⲡⲉⲧⲉⲩⲛ̅ⲧⲁϥ` ϩⲛ̅ ⲧⲉϥ`|ϭⲓϫ ⲥⲉⲛⲁϯ ⲛⲁϥ`     ⲁⲩⲱ ⲡⲉ-
ⲧⲉ ⲙⲛ̅ⲧⲁϥ ⲡⲕⲉ|ϣⲏⲙ ⲉⲧⲟⲩⲛ̅ⲧⲁϥ` ⲥⲉⲛⲁϥⲓⲧ̅ϥ ⲛ̅ⲧⲟⲟⲧϥ` |

(42) ⲡⲉϫⲉ ⲓ̅ⲥ̅ ϫⲉ ϣⲱⲡⲉ ⲉⲧⲉⲧⲛ̅ⲣ̅ⲡⲁⲣⲁⲅⲉ ‖

(43) ⲡⲉϫⲁⲩ ⲛⲁϥ` ⲛ̅ϭⲓ ⲛⲉϥ`ⲙⲁⲑⲏⲧⲏⲥ ϫⲉ ⲛ̅ⲧⲁⲕ` | ⲛⲓⲙ` ⲉⲕϫⲱ ⲛ̅ⲛⲁⲓ̈
ⲛⲁⲛ     <ⲡⲉϫⲉ ⲓ̅ⲥ̅ ⲛⲁⲩ ϫⲉ> ϩⲛ̅ ⲛⲉϯϫⲱ ⲙ̅|ⲙⲟⲟⲩ ⲛⲏⲧⲛ̅ ⲛ̅ⲧⲉⲧⲛ̅ⲉⲓⲙⲉ ⲁⲛ
ϫⲉ ⲁⲛⲟⲕ` | ⲛⲓⲙ`     ⲁⲗⲗⲁ ⲛ̅ⲧⲱⲧⲛ̅ ⲁⲧⲉⲧⲛ̅ϣⲱⲡⲉ ⲛ̅ⲑⲉ ⲛ̅ⲛⲓⲓ̈ⲟⲩ-
ⲇⲁⲓⲟⲥ     ϫⲉ ⲥⲉⲙⲉ ⲙ̅ⲡϣⲏⲛ     ⲥⲉⲙⲟⲥ‖ⲧⲉ ⲙ̅ⲡⲉϥⲕⲁⲣⲡⲟⲥ     ⲁⲩⲱ ⲥⲉⲙⲉ
ⲙ̅ⲡⲕⲁⲣⲡⲟⲥ |     ⲥⲉⲙⲟⲥⲧⲉ ⲙ̅ⲡϣⲏⲛ

(44) ⲡⲉϫⲉ ⲓ̅ⲥ̅ ϫⲉ ⲡⲉⲧⲁϫⲉ | ⲟⲩⲁ ⲁⲡⲉⲓⲱⲧ` ⲥⲉⲛⲁⲕⲱ ⲉⲃⲟⲗ
ⲛⲁϥ`     ⲁⲩⲱ | ⲡⲉⲧⲁϫⲉ ⲟⲩⲁ ⲉⲡϣⲏⲣⲉ ⲥⲉⲛⲁⲕⲱ ⲉⲃⲟⲗ | ⲛⲁϥ`     ⲡⲉⲧⲁϫⲉ
ⲟⲩⲁ ⲇⲉ ⲁⲡⲡ̅ⲛ̅ⲁ̅ ⲉⲧⲟⲩⲁⲁⲃ ‖ ⲥⲉⲛⲁⲕⲱ ⲁⲛ ⲉⲃⲟⲗ ⲛⲁϥ` ⲟⲩⲧⲉ ϩⲙ̅ ⲡⲕⲁϩ | ⲟⲩ-
ⲧⲉ ϩⲛ̅ ⲧⲡⲉ

(45) ⲡⲉϫⲉ ⲓ̅ⲥ̅     ⲙⲁⲩⲭⲉⲗⲉ ⲉⲗⲟⲟ|ⲗⲉ ⲉⲃⲟⲗ ϩⲛ̅ ϣⲟⲛⲧⲉ     ⲟⲩⲧⲉ
ⲙⲁⲩⲕⲱⲧϥ` | ⲕⲛ̅ⲧⲉ ⲉⲃⲟⲗ ϩⲛ̅ ⲥⲣ̅ϭⲁⲙⲟⲩⲗ`     ⲙⲁⲩϯ ⲕⲁⲣⲡⲟⲥ |
ⲅⲁⲣ     ⲟⲩⲁⲅⲁⲑⲟⲥ ⲣ̅ⲣⲱⲙⲉ ϣⲁϥⲉⲓⲛⲉ ⲛ̅*ⲟⲩⲁⲅⲁⲑⲟⲛ ⲉⲃⲟⲗ ϩⲙ̅ ⲡⲉϥⲉ-
ϩⲟ     ⲟⲩⲕⲁⲕ̣[ⲟⲥ] | ⲣ̅ⲣⲱⲙⲉ ϣⲁϥⲉⲓⲛⲉ ⲛ̅ϩⲛ̅ⲡⲟⲛⲏⲣⲟⲛ ⲉⲃⲟⲗ | ϩⲙ̅ ⲡⲉϥⲉϩⲟ ⲉ-
ⲑⲟⲟⲩ ⲉⲧϩⲛ̅ ⲡⲉϥϩⲏⲧ` ⲁⲩ|ⲱ ⲛ̅ϥϫⲱ ⲛ̅ϩⲛ̅ⲡⲟⲛⲏⲣⲟⲛ     ⲉⲃⲟⲗ ⲅⲁⲣ ϩⲙ̅ ‖ ⲫⲟⲩⲟ
ⲙ̅ⲫⲏⲧ` ϣⲁϥ`ⲉⲓⲛⲉ ⲉⲃⲟⲗ ⲛ̅ϩⲛ̅ⲡⲟ|ⲛⲏⲣⲟⲛ

39 예수가 말했다. "바리새인들과 서기관들이 지식[10]의 열쇠를 받았고, 그것을 숨겼다. 그들은 들어가지 않았고, 그곳에 들어가기를 원하는 사람들을 막았다." "너희는 뱀처럼 기민하고 비둘기처럼 순박해라."

40 예수가 말했다. "아버지로부터 멀리 떨어져 심긴 포도나무는 생명력이 없다. 그것은 뿌리로부터 찢길 것이고 멸망할 것이다."

41 예수가 말했다. "손에 무엇을 가지고 있는 사람마다 더 주어질 것이다. 아무것도 가진 것이 없는 자마다, 심지어 그들이 가진 적은 것조차도 빼앗길 것이다."

42 예수가 말했다. "지나가거라."

43 제자들이 그에게 물었다. "이러한 것들을 우리에게 말하는 당신은 누구십니까?" 예수가 대답했다. "내가 너희에게 말하는 것으로부터 너희는 나를 알 수 없느냐? 아니면 너희는 저 유대인들처럼 되었다. 그들이 나무를 사랑하면 그들은 열매를 경멸한다. 그들이 열매를 사랑하면 그들은 나무를 경멸한다."[11]

44 예수가 말했다. "아버지에 대하여 신성모독하는 사람은 누구든지 용서를 받을 것이고, 아들에 대해서 신성모독하는 자도 용서받을 것이다. 그러나 성령에 대해서 신성모독하는 자는 땅에서나 하늘에서나 용서받지 못할 것이다."

45 예수가 말했다. "포도는 가시덤불에서 수확되지 않고, 엉겅퀴에서 거둬들여지지 않는다. 왜냐하면 그것은 열매를 내지 않기 때문이다. 좋은 사람은 마음의 깊은 곳에서 좋은 것을 제공한다."

---

10 여기에서 '지식'은 콥트어(그리스어에서 가져온)로 '그노시스'이다. 영지주의에서 중요한 '그노시스'의 열쇠를 바리새인들과 서기관들이 가지고 있다는 사실이 흥미롭다.
11 다른 번역자들(메이어, 기요몽, 클라펜보그, 송혜경)은 '경멸한다' 대신 '미워한다'로 번역한다.

(46) ⲡⲉϫⲉ ⲓ̅ⲥ̅ ϫⲉ ϫⲓⲛ` ⲁⲇⲁⲙ ϣⲁ ⲓ̈ⲱϩⲁ(ⲛ)|ⲛⲏⲥ ⲡⲃⲁⲡⲧⲓⲥⲧⲏⲥ ϩⲛ̅ ⲛ̅ϫⲡⲟ
ⲛ̅ⲛ̅ϩⲓⲟⲙⲉ | ⲙⲛ̅ ⲡⲉⲧϫⲟⲥⲉ ⲁⲓ̈ⲱϩⲁⲛⲛⲏⲥ ⲡⲃⲁⲡⲧⲓ|ⲥⲧⲏⲥ ϣⲓⲛⲁ ϫⲉ ⲛⲟⲩϭⲡ`
ⲛ̅ϭⲓ ⲛⲉϥⲃⲁⲗ ‖     ⲁⲉⲓϫⲟⲟⲥ ⲇⲉ ϫⲉ ⲡⲉⲧⲛⲁϣⲱⲡⲉ ϩⲛ̅ ⲧⲏⲩ|ⲧⲛ̅ ⲉϥⲟ ⲛ̅ⲕⲟⲩⲉⲓ
ϥⲛⲁⲥⲟⲩⲱⲛ ⲧⲙⲛ̅ⲧⲉ|ⲣⲟ     ⲁⲩⲱ ϥⲛⲁϫⲓⲥⲉ ⲁⲓ̈ⲱϩⲁⲛⲛⲏⲥ

(47) ⲡⲉϫⲉ ⲓ̅ⲥ̅ | ϫⲉ ⲙⲛ̅ ϭⲟⲙ ⲛ̅ⲧⲉ ⲟⲩⲣⲱⲙⲉ ⲧⲉⲗⲟ ⲁϩⲧⲟ | ⲥⲛⲁⲩ ⲛ̅ϥϫⲱⲗⲕ`
ⲙ̅ⲡⲓⲧⲉ ⲥⲛ̅ⲧⲉ     ⲁⲩⲱ ⲙⲛ̅ ‖ ϭⲟⲙ` ⲛ̅ⲧⲉ ⲟⲩϩⲙ̅ϩⲁⲗ̅ ϣⲙ̅ϣⲉ ϫⲟⲉⲓⲥ ⲥⲛⲁⲩ
| ⲏ ϥⲛⲁⲣ̅ⲧⲓⲙⲁ ⲙ̅ⲡⲟⲩⲁ` ⲁⲩⲱ ⲡⲕⲉⲟⲩⲁ ϥⲛⲁ|ⲣ̅ϩⲩⲃⲣⲓⲍⲉ ⲙ̅ⲙⲟϥ`    ⲙⲁ-
ⲣⲉ ⲣⲱⲙⲉ ⲥⲉ ⲣ̅ⲡⲁⲥ | ⲁⲩⲱ ⲛ̅ⲧⲉⲩⲛⲟⲩ ⲛ̅ϥ`ⲉⲡⲓⲑⲩⲙⲉⲓ ⲁⲥⲱ ⲏⲣⲡ` |
ⲃ̅ⲃⲣ̅ⲣⲉ     ⲁⲩⲱ ⲙⲁⲩⲛⲟⲩϫ` ⲏⲣⲡ` ⲃ̅ⲃⲣ̅ⲣⲉ ⲉⲁⲥ‖ⲕⲟⲥ ⲛ̅ⲁⲥ ϫⲉⲕⲁⲁⲥ ⲛ̅ⲛⲟⲩ-
ⲡⲱϩ     ⲁⲩⲱ ⲙⲁⲩ|ⲛⲉϫ` ⲏⲣⲡ` ⲛ̅ⲁⲥ ⲉⲁⲥⲕⲟⲥ ⲃ̅ⲃⲣ̅ⲣⲉ ϣⲓⲛⲁ ϫⲉ | ⲛⲉϥⲧⲉ-
ⲕⲁϥ`     ⲙⲁⲩϫⲗ̅ϭ ⲧⲟⲉⲓⲥ ⲛ̅ⲁⲥ ⲁϣⲧⲏ(ⲛ) | ⲛ̅ϣⲁⲉⲓ ⲉⲡⲉⲓ ⲟⲩⲛ ⲟⲩⲡⲱϩ
ⲛⲁϣⲱⲡⲉ |

(48) ⲡⲉϫⲉ ⲓ̅ⲥ̅ ϫⲉ ⲉⲣϣⲁ ⲥⲛⲁⲩ ⲣ̅ ⲉⲓⲣⲏⲛⲏ ⲙⲛ̅ ‖ ⲛⲟⲩⲉⲣⲏⲩ ϩⲙ̅ ⲡⲉⲓⲏⲉⲓ
ⲟⲩⲱⲧ` ⲥⲉⲛⲁϫⲟⲟⲥ | ⲙ̅ⲡⲧⲁⲩ ϫⲉ ⲡⲱⲛⲉ ⲉⲃⲟⲗ     ⲁⲩⲱ ϥⲛⲁⲡⲱ|ⲱⲛⲉ

(49) ⲡⲉϫⲉ ⲓ̅ⲥ̅ ϫⲉ ϩⲉⲛⲙⲁⲕⲁⲣⲓⲟⲥ ⲛⲉ ⲛ|ⲙⲟⲛⲁⲭⲟⲥ ⲁⲩⲱ ⲉⲧⲥⲟⲧⲡ`    ϫⲉ
ⲧⲉⲧⲛⲁ|ϩⲉ ⲁⲧⲙⲛ̅ⲧⲉⲣⲟ     ϫⲉ ⲛ̅ⲧⲱⲧⲛ̅ ϩⲛ̅ⲉⲃⲟⲗ ‖ ⲛ̅ϩⲏⲧⲥ̅ ⲡⲁⲗⲓⲛ ⲉⲧⲉⲧⲛⲁ-
ⲃⲱⲕ` ⲉⲙⲁⲩ

46 예수가 말했다. "아담에서부터 침례자 요한까지 여자에게서 난 사람 중에서 침례자 요한보다 높은 사람은 없다. 그러므로 그의 눈은 파괴되지 않을 것이다.[12] 그러나 나는 말한다. 너희 중에 작은 자가 되는 사람은 왕국(하늘나라)을 알게 될 것이고, 그 사람은 요한보다 높아질 것이다."

47 예수가 말했다. "한 사람이 두 마리 말에 올라탈 수 없고, 두 개의 활을 구부릴 수 없다. 한 종이 두 명의 주인을 섬길 수 없다. 즉, 그는 한 주인을 존경하고 다른 주인은 업신여기게 될 것이다. 오래된 포도주를 마시고 나서 새 포도주를 원하는 사람은 아무도 없다. 새 포도주는 오래된 포도 부대를 찢으므로 그것에 들어갈 수 없다. 묵은 포도주는 새 포도 부대를 상하게 하므로 그것에 맞지 않는다. 낡은 옷조각은 찢어지므로 새로운 옷감에 대고 꿰매지지 않는다."

48 예수가 말했다. "한 집에서 둘이 서로 화평하다면, 그들은 산에게 '움직여라!'라고 말할 수 있다. 그러면 산은 움직일 것이다."

49 예수가 말했다. "완전하고 선택된 너희는 복 받았다.[13] 너희는 그 왕국에서 왔고, 다시 그곳으로 돌아갈 것이므로 너희는 그 왕국을 찾을 수 있다."

---

12 메어는 "그의 눈은 외면되지 않을 것이다"라고 번역하는 것이 가장 무난하다고 주장한다. Meyer, 145.

13 를루프는 "the whole ones and the chosen ones."로 번역했지만, 다른 번역자들(기요몽, 메어, 송혜경, 클라펜보그)은 "홀로이고(모나코스) 선택된 자들"로 번역하였다. 콥트어 모나코스는 '완전한'보다는 '홀로'가 더 적당하다.

(50) πε|ϫε ι͞ϲ ϫε ⲉⲩϣⲁⲛϫⲟⲟⲥ ⲛⲏⲧⲛ̄ ϫⲉ ⲛ̄ⲧⲁ|ⲧⲉⲧⲛ̄ϣⲱⲡⲉ ⲉⲃⲟⲗ ⲧⲱⲛ
ϫⲟⲟⲥ ⲛⲁⲩ | ϫⲉ ⲛ̄ⲧⲁⲛⲉⲓ ⲉⲃⲟⲗ ⳍⲙ̄ ⲡⲟⲩⲟⲉⲓⲛ ⲡⲙⲁ | ⲉⲛⲧⲁ ⲡⲟⲩⲟⲉⲓⲛ ϣⲱⲡⲉ
ⲙ̄ⲙⲁⲩ ⲉⲃⲟⲗ ‖ ⳍⲓⲧⲟⲟⲧϥ̄` ⲟⲩⲁⲁⲧϥ̄`     ⲁϥⲱⳍ[ⲉ ⲉⲣⲁⲧϥ] *     ⲁ̣ⲩⲱ ⲁϥⲟⲩⲱ-
ⲛⳍ ⲉ̣[ⲃ]ⲟⲗ ⳍⲛ̄ ⲧⲟⲩⳍⲓⲕⲱⲛ     ⲉⲩ|ϣⲁϫⲟⲟⲥ ⲛⲏⲧⲛ̄ ϫⲉ ⲛ̄ⲧⲱⲧⲛ̄ ⲡⲉ ϫⲟⲟⲥ|ϫⲉ
ⲁⲛⲟⲛ ⲛⲉϥϣⲏⲣⲉ     ⲁⲩⲱ ⲁⲛⲟⲛ ⲛ̄ⲥⲱⲧⲡ` | ⲙ̄ⲡⲉⲓⲱⲧ ⲉⲧⲟⲛⳍ     ⲉⲩϣⲁⲛϫⲛⲉ
ⲑⲏⲩⲧⲛ̄ ‖ ϫⲉ ⲟⲩ ⲡⲉ ⲡⲙⲁⲉⲓⲛ ⲙ̄ⲡⲉⲧⲛ̄ⲉⲓⲱⲧ` ⲉⲧⳍⲛ̄ | ⲑⲏⲩⲧⲛ̄ ϫⲟⲟⲥ ⲉⲣⲟⲟⲩ ϫⲉ
ⲟⲩⲕⲓⲙ ⲡⲉ ⲙⲛ̄ | ⲟⲩⲁⲛⲁⲡⲁⲩⲥⲓⲥ

(51) ⲡⲉϫⲁⲩ ⲛⲁϥ` ⲛ̄ϭⲓ ⲛⲉϥⲙⲁ|ⲑⲏⲧⲏⲥ ϫⲉ ⲁϣ ⲛ̄ⳍⲟⲟⲩ ⲉⲧⲁⲛⲁⲡⲁⲩⲥⲓⲥ
ⲛ̄|ⲛⲉⲧⲙⲟⲟⲩⲧ` ⲛⲁϣⲱⲡⲉ     ⲁⲩⲱ ⲁϣ ⲛ̄ⳍⲟⲟⲩ ‖ ⲉⲡⲕⲟⲥⲙⲟⲥ ⲃ̄ⲃⲣ̄ⲣⲉ
ⲛⲏⲩ     ⲡⲉϫⲁϥ ⲛⲁⲩ ϫⲉ | ⲧⲏ ⲉⲧⲉⲧⲛ̄ϭⲱϣⲧ` ⲉⲃⲟⲗ ⳍⲏⲧⲥ̄ ⲁⲥⲉⲓ     ⲁⲗⲗⲁ|
ⲛ̄ⲧⲱⲧⲛ̄ ⲧⲉⲧⲛ̄ⲥⲟⲟⲩⲛ ⲁⲛ ⲙ̄ⲙⲟⲥ

(52) ⲡⲉϫⲁⲩ | ⲛⲁϥ ⲛ̄ϭⲓ ⲛⲉϥⲙⲁⲑⲏⲧⲏⲥ ϫⲉ ϫⲟⲩⲧⲁϥⲧⲉ | ⲙ̄ⲡⲣⲟⲫⲏⲧⲏⲥ ⲁⲩ-
ϣⲁϫⲉ ⳍⲙ̄ ⲡⲓⲥⲣⲁⲏⲗ` ‖     ⲁⲩⲱ ⲁⲩϣⲁϫⲉ ⲧⲏⲣⲟⲩ ⳍⲣⲁⲓ̈ ⲛ̄ⳍⲏⲧⲕ̄`     ⲡⲉ`|ϫⲁϥ
ⲛⲁⲩ ϫⲉ ⲁⲧⲉⲧⲛ̄ⲕⲱ ⲙ̄ⲡⲉⲧⲟⲛⳍ ⲙ̄ⲡⲉ|ⲧⲛ̄ⲙ̄ⲧⲟ ⲉⲃⲟⲗ     ⲁⲩⲱ ⲁⲧⲉⲧⲛ̄ϣⲁϫⲉ ⳍⲁ
ⲛⲉⲧ|ⲙⲟⲟⲩⲧ`

(53) ⲡⲉϫⲁⲩ ⲛⲁϥ ⲛ̄ϭⲓ ⲛⲉϥⲙⲁⲑⲏⲧⲏⲥ | ϫⲉ ⲡⲥⲃ̄ⲃⲉ ⲣ̄ⲱⲫⲉⲗⲉⲓ ⲏ ⲙ̄-
ⲙⲟⲛ     ⲡⲉϫⲁϥ` ‖ ⲛⲁⲩ ϫⲉ ⲛⲉϥⲣ̄ⲱⲫⲉⲗⲉⲓ ⲛⲉ ⲡⲟⲩⲉⲓⲱⲧ` ⲛⲁ|ϫⲡⲟⲟⲩ ⲉⲃⲟⲗ
ⳍⲛ̄ ⲧⲟⲩⲙⲁⲁⲩ ⲉⲩⲥⲃ̄ⲃⲏⲩ |     ⲁⲗⲗⲁ ⲡⲥⲃ̄ⲃⲉ ⲙ̄ⲙⲉ ⳍⲙ̄ ⲡⲛ̄ⲁ̄ ⲁϥϭⲛ̄ ⳍⲏⲩ | ⲧⲏⲣϥ̄`

(54) ⲡⲉϫⲉ ⲓ͞ⲥ ϫⲉ ⳍⲛ̄ⲙⲁⲕⲁⲣⲓⲟⲥ ⲛⲉ ⲛ̄ⳍⲏ|ⲕⲉ     ϫⲉ ⲧⲱⲧⲛ̄ ⲧⲉ ⲧⲙⲛ̄ⲧⲉⲣⲟ
ⲛ̄ⲙ̄ⲡⲏⲩⲉ` ‖

(55) ⲡⲉϫⲉ ⲓ͞ⲥ ϫⲉ ⲡⲉⲧⲁⲙⲉⲥⲧⲉ ⲡⲉϥ`ⲉⲓⲱⲧ` | ⲁⲛ` ⲙⲛ̄ ⲧⲉϥⲙⲁⲁⲩ ϥⲛⲁϣⲣ̄
ⲙⲁⲑⲏⲧⲏⲥ ⲁⲛ | ⲛⲁⲉⲓ` ⲁⲩⲱ ⲛ̄ϥⲙⲉⲥⲧⲉ ⲛⲉϥ`ⲥⲛⲏⲩ` ⲙⲛ̄ | ⲛⲉϥⲥⲱⲛⲉ ⲛ̄ϥϥⲓ ⲙ̄-
ⲡⲉϥⲥⳁⲟⲥ ⲛ̄ⲧⲁⳍⲉ | ϥⲛⲁϣⲱⲡⲉ ⲁⲛ ⲉϥⲟ ⲛ̄ⲁϫⲓⲟⲥ ⲛⲁⲉⲓ

50 예수가 말했다. "그들이 너희에게 어디에서 왔냐고 물으면 다음과 같이 말하라. '우리는 빛에서 태어났다. 그곳에서 빛은 빛으로부터 태어난다. 그것은 진실을 가지고 있고, 그들의 형상 안에서 드러난다.' 그들이 너희가 누구냐고 물으면 다음과 같이 말하라. '우리는 살아계신 아버지의 사랑하는 자녀들이다.' 그들이 너희 안에 있는 아버지의 징표가 무엇이냐고 물으면 다음과 같이 말하라. '그것은 움직임이고 안식이다.'"

51 그의 제자들은 그에게 말했다. "죽은 사람들이 안식할 때가 언제인가요? 언제 새로운 세상이 옵니까?" 그는 그들에게 대답했다. "너희가 기다리고 있는 것은 이미 왔으나 너희가 그것을 보지 못하고 있다."

52 그의 제자들이 그에게 말했다. "24명의 예언자가 이스라엘에서 말했고, 그들 모두는 당신에 관해 말했다."[14] 그가 제자들에게 말했다. "너희는 너희 앞에 계시는 살아 계신 분을 무시했고, 너희는 죽은 자들에 관해 말했다."

53 그의 제자들이 그에게 물었다. "할례는 유용한가요 아니면 무용한가요?" 그는 대답했다. "만약 그것이 유용하다면 아버지는 아들의 어머니로부터 할례를 받고 태어난 아들을 보게 되었을 것이다. 차라리 진정으로 유용한 것은 영 안에 있는 할례이다."

54 "가난한 사람들은 복되다. 하늘나라가 그들의 것이기 때문이다."

55 예수가 말했다. "누구든지 자신의 아버지와 어머니로부터 자신을 자유롭게 하지 못하는 사람은 나의 제자가 될 수 없다. 누구든지 자기 형제와 자매로부터 자신을 자유롭게 하지 못하고 내가 하는 것처럼 자신의 십자가를 질 수 없는 사람은 나에게 알맞지 않다."

---

14 기요몽과 송혜경은 "당신 안에서 말했다"라고 번역한다. Guillaumont, 31과 송혜경, 331을 참조하라.

(56) ΠΕ‖ΧΕ ΙC ΧΕ ΠΕΤΑΖCΟΥWΝ ΠΚΟCΜΟC ΑЧ˅ΙΖΕ ΕΥΠΤWΜΑ    ΑΥW
ΠΕΝΤΑΖΖΕΕ ΑΠΤW|ΜΑ ΠΚΟCΜΟC ΜΠШΑ ΜΜΟЧ ΑΝ

(57) ΠΕ|ΧΕ ΙC ΧΕ ΤΜΝΤΕΡΟ ΜΠΕΙWΤ˅ ΕCΤΝΤW(Ν) | ΑΥΡWΜΕ ΕΥΝΤΑЧ
ΜΜΑΥ ΝΝΟΥϬΡΟϬ ‖ ΕΝ[ΑΝΟ]ΥЧ˅    ΑΠΕЧΧΑΧΕ ΕΙ ΝΤΟΥШΗ˅ * ΑЧCΙΤΕ
ΝΟΥΖΙΖΑΝΙ[Ο]Ν ΕΧΝ ΠΕϬΡΟ[Ϭ Ε]|ΤΝΑΝΟΥЧ˅    ΜΠΕ ΠΡWΜΕ ΚΟΟΥ ΕΖW-
ΛΕ | ΜΠΖΙΖΑΝΙΟΝ    ΠΕΧΑЧ ΝΑΥ ΧΕ ΜΗΠWC | ΝΤΕΤΝΒWΚ˅ ΧΕ ΕΝΑΖWΛΕ
ΜΠΖΙΖΑΝΙΟ(Ν) ‖ ΝΤΕΤΝΖWΛΕ ΜΠCΟΥΟ ΝΜΜΑЧ˅    ΖΜ ΦΟ|ΟΥ ΓΑΡ Μ-
ΠWϮC ΝΖΙΖΑΝΙΟΝ ΝΑΟΥWΝΖ | ΕΒΟΛ˅ CΕΖΟΛΟΥ ΝCΕΡΟΚΖΟΥ

(58) ΠΕΧΕ ΙC | ΧΕ ΟΥΜΑΚΑΡΙΟC ΠΕ ΠΡWΜΕ ΝΤΑΖΖΙCΕ | ΑЧΖΕ ΑΠWΝΖ

(59) ΠΕΧΕ ΙC ΧΕ ϬWШΤ ΝCΑ ΠΕ‖ΤΟΝΖ ΖWC ΕΤΕΤΝΟΝΖ ΖΙΝΑ ΧΕ ΝΕΤΜ-
ΜΟΥ | ΑΥW ΝΤΕΤΝШΙΝΕ ΕΝΑΥ ΕΡΟЧ    ΑΥW ΤΕΤΝΑШ|ϬΜ ϬΟΜ ΑΝ ΕΝΑΥ

(60) <ΑΥΝΑΥ> ΑΥCΑΜΑΡΕΙΤΗC ΕЧЧΙ Ν|ΝΟΥΖΙΕΙΒ˅ ΕЧΒΗΚ˅ ΕΖΟΥΝ ΕϮΟΥ-
ΔΑΙΑ    ΠΕ|ΧΑЧ˅ ΝΝΕЧ˅ΜΑΘΗΤΗC ΧΕ ϯ ΠΗ ΜΠΚWΤΕ ‖ ΜΠΕΖΙ-
ΕΙΒ˅ ϯ    ΠΕΧΑΥ ΝΑЧ ΧΕΚΑΑC ΕЧΝΑ|ΜΟΟΥΤЧ˅ ΝЧΟΥΟΜЧ˅    ΠΕΧΑЧ
ΝΑΥ    ΖWC Ε|ЧΟΝΖ ЧΝΑΟΥΟΜЧ˅ ΑΝ ΑΛΛΑ ΕЧШΑΜΟ|ΟΥΤЧ˅ ΝЧШWΠΕ Ν-
ΟΥΠΤWΜΑ    ΠΕΧΑΥ | ΧΕ ΝΚΕCΜΟΤ˅ ЧΝΑШΑC ΑΝ    ΠΕΧΑЧ ΝΑΥ ‖ ΧΕ
ΝΤWΤΝ ΖWΤ˅ΤΗΥΤΝ ШΙΝΕ ΝCΑ ΟΥ|ΤΟΠΟC ΝΗΤΝ ΕΖΟΥΝ ΕΥΑΝΑΠΑΥCΙC |
ΧΕΚΑΑC ΝΝΕΤΝШWΠΕ ΜΠΤWΜΑ ΝCΕ|ΟΥWΜ˅ ΤΗΥΤΝ

56 예수가 말했다. "누구든지 세상을 알면 시체를 발견한다. 그리고 누구든지 시체를 발견하면 세상에 의해서 갇혀 있지 못한다."[15]

57 예수가 말했다. "아버지의 왕국은 좋은 씨앗을 가지고 있던 사람과 같다. 그의 적이 밤에 와서 좋은 씨앗들 가운데 잡초를 뿌렸다. 그 사람은 그들에게 잡초를 제거하는 것을 허락하지 않았다. 그 대신 그는 '나는 너희가 밀까지 함께 뽑을까 봐 걱정된다'라고 말한다. 실제로 추수 때가 되면 잡초들은 눈에 잘 띄게 될 것이다. 잡초들은 뽑혀서 불태워질 것이다."

58 예수가 말했다. "시련을 겪은 사람들은 복되다. 그들은 생명으로 들어갔다."

59 예수가 말했다. "너희가 살아있는 동안에 살아계신 분을 보아라. 너희가 죽을 때까지 기다린다면 너희는 헛되게 환영(vision)을 찾게 될 것이다."

60 그들은 양을 메고 유다로 들어가는 사마리아 사람을 보았다. 그가 그의 제자들에게 말했다. "저 사람은 양으로 무엇을 하려고 하는가?"[16] 그들이 대답했다. "그는 양을 죽여서 먹을 것입니다." 그가 그들에게 말했다. "그것이 살아있는 한, 그는 그것을 먹지 않을 것이다. 그러나 그가 그것을 죽여서 시체로 만들면 먹을 수 있다." 그들이 말했다. "그는 그렇게 하지 않으면 할 수 없습니다." 그가 그들에게 말했다. "안식할 수 있는 장소를 찾아라. 잡아 먹히지 않으려면 시체가 되지 말아라."

---

15 "시체를 발견한 사람에게 그 세상은 값어치가 없다." Kloppenborg et al., 142.
16 이 부분의 콥트어 본문이 훼손되어 명확하지 않다. 문자적 의미는 "저 사람은 양 주위에 있다"이다. Ibid., 143.

(61) ⲡⲉⲝⲉ ⲓ̅ⲥ̅    ⲟⲩⲛ̅ ⲥⲛⲁⲩ ⲛⲁⲙ|ⲧⲟⲛ` ⲙ̅ⲙⲁⲩ ⲍⲓ ⲟⲩⳓⲗⲟⳓ    ⲡⲟⲩⲁ
ⲛⲁⲙⲟⲩ    ⲡⲟⲩ‖ⲁ ⲛⲁⲱⲛⲍ    ⲡⲉⲝⲉ ⲥⲁⲗⲱⲙⲏ    ⲛ̅ⲧⲁⲕ` ⲛⲓⲙ`|ⲡⲣⲱⲙⲉ
† ⲍⲱⲥ ⲉⲃⲟⲗ ⲍⲛ̅ ⲟⲩⲁ † ⲁⲕⲧⲉⲗⲟ ⲉⲝⲙ̅|ⲡⲁⳓⲗⲟⳓ ⲁⲩⲱ ⲁⲕ`ⲟⲩⲱⲙ ⲉⲃⲟⲗ ⲍⲛ̅
ⲧⲁ|ⲧⲣⲁⲡⲉⲍⲁ    ⲡⲉⲝⲉ ⲓ̅ⲥ̅ ⲛⲁⲥ ⲝⲉ ⲁⲛⲟⲕ` ⲡⲉ | ⲡⲉⲧϣⲟⲟⲡ` ⲉⲃⲟⲗ ⲍⲙ̅
ⲡⲉⲧ`ϣⲏϣ    ⲁⲩ† ‖ ⲛⲁⲉⲓ ⲉⲃⲟⲗ ⲍⲛ̅ ⲛⲁ ⲡⲁⲉⲓⲱⲧ`    < -    > ⲁⲛⲟⲕ`
ⲧⲉⲕ`|ⲙⲁⲑⲏⲧⲏⲥ    < - - - > ⲉⲧⲃⲉ ⲡⲁⲉⲓ †ⲝⲱ ⲙ̅ⲙⲟⲥ ⲝⲉ | ⲍⲟⲧⲁⲛ ⲉϥϣⲁϣⲱ-
ⲡⲉ † ⲉϥϣⲏϥ` ϥⲛⲁⲙⲟⲩⲍ | ⲟⲩⲟⲉⲓⲛ    ⲍⲟⲧⲁⲛ ⲁⲉ ⲉϥϣⲁⲛϣⲱⲡⲉ ⲉϥ|ⲡⲏϣ
ϥⲛⲁⲙⲟⲩⲍ ⲛ̅ⲕⲁⲕⲉ
(62) ⲡⲉⲝⲉ ⲓ̅ⲥ̅ ⲝⲉ ⲉⲓ̈‖ⲝⲱ ⲛ̅ⲛⲁⲙⲩⲥⲧⲏⲣⲓⲟⲛ ⲛ̅ⲛⲉ[ⲧⲙ̅ⲡϣⲁ] ⲛ̅*[ⲛⲁ]ⲙⲩⲥⲧⲏ-
ⲣⲓⲟⲛ    ⲡⲉ̣[ⲧ]ⲉ ⲧⲉⲕ`ⲟⲩⲛⲁⲙ ⲛⲁⲁϥ | ⲙⲛ̅ⲧⲣⲉ ⲧⲉⲕⲍⲃⲟⲩⲣ` ⲉⲓⲙⲉ ⲝⲉ ⲉⲥⲣ ⲟⲩ
(63) ⲡⲉⲝⲉ ⲓ̅ⲥ̅ | ⲝⲉ ⲛⲉⲩⲛ̅ ⲟⲩⲣⲱⲙⲉ ⲙ̅ⲡⲗⲟⲩⲥⲓⲟⲥ ⲉⲩⲛ̅ⲧⲁϥ ⲙ̅|ⲙⲁⲩ ⲛ̅ⲍⲁⲍ ⲛ̅-
ⲭⲣⲏⲙⲁ    ⲡⲉⲝⲁϥ ⲝⲉ †ⲛⲁⲣ̅ⲭⲣⲱ ⲛ̅‖ⲛⲁⲭⲣⲏⲙⲁ ⲝⲉⲕⲁⲁⲥ ⲉⲉⲓⲛⲁⲝⲟ ⲛ̅-
ⲧⲁⲱ⟦ⲍ⟧ⲥⲍ | ⲛ̅ⲧⲁⲧⲱⳓⲉ ⲛ̅ⲧⲁⲙⲟⲩⲍ ⲛ̅ⲛⲁⲉⲍⲱⲣ ⲛ̅ⲕⲁⲣ`|ⲡⲟⲥ ϣⲓⲛⲁ ⲝⲉ ⲛⲓⲣ̅ ⳓⲣⲱ
ⲁ̅ⲗⲁⲁⲩ    ⲛⲁⲉⲓ ⲛⲉ|ⲛⲉϥⲙⲉⲉⲩⲉ ⲉⲣⲟⲟⲩ ⲍⲙ̅ ⲡⲉϥⲍⲏⲧ`    ⲁⲩⲱ ⲍⲛ̅ | ⲧⲟⲩϣⲏ
ⲉⲧⲙ̅ⲙⲁⲩ ⲁϥⲙⲟⲩ    ⲡⲉⲧⲉⲩⲙ̅ ⲙⲁⲝⲉ ‖ ⲙ̅ⲙⲟϥ` ⲙⲁⲣⲉϥ`ⲥⲱⲧⲙ̅

61 예수가 말했다. "둘이 하나의 침상에 누울 것이다. 하나는 죽고, 다른 하나는 살 것이다." 살로메가 그에게 물었다. "선생님, 당신은 누구십니까? 내 침상에 눕고 내 식탁에서 먹는 당신은 어디에서 오시나요?" 예수가 대답했다. "나는 열려있는 하나로부터 온다. 나의 아버지한테서 나온 것이 나에게 주어졌다." 살로메가 응답했다. "나는 당신의 제자입니다." 예수가 그녀에게 말했다. "내가 말하는 것과 같이 제자들이 열렸을 때[17] 그들은 빛으로 채워진다. 그들이 나누어질 때 그들은 어둠으로 채워진다."

62 예수가 말했다. "나는 나의 신비를 받을만한 사람들에게 드러낸다. 너희 오른손이 하는 것을 너희 왼손이 모르게 하라."

63 예수가 말했다. "어마어마한 양의 돈을 가진 부자가 있었는데, 그는 다음과 같이 말했다. '나는 내 돈을 씨뿌리고, 수확하고, 재배하고, 나의 곡식 저장소를 가득 채워 내가 아무 부족함이 없도록 하는 데 사용하겠다.' 이것이 그의 마음의 생각이었다. 그러나 그날 밤에 그는 죽었다. 귀 있는 사람들은 들어라!"

---

17 클라펜보그는 "그들이 온전해지면"으로 기요몽은 "그가 똑같아지면"으로 번역한다.

(64) ⲡⲉϫⲉ ⲓ̅ⲥ̅ ϫⲉ ⲟⲩⲣⲱ|ⲙⲉ ⲛⲉⲩⲛ̅ⲧⲁϥ ⲍⲛ̅ϣ̅ⲙⲙⲟ   ⲁⲩⲱ ⲛ̅ⲧⲁⲣⲉϥⲥⲟⲃ|ⲧⲉ
ⲙ̅ⲡⲇⲓⲡⲛⲟⲛ ⲁϥϫⲟⲟⲩ ⲙ̅ⲡⲉϥⲍⲙ̅ϩ̅ⲁ̅ⲗ̅ ϣⲓ|ⲛⲁ ⲉϥⲛⲁⲧⲱⲍⲙ ⲛ̅ⲛ̅ϣ̅ⲙ-
ⲙⲟⲉⲓ   ⲁϥⲃⲱⲕ` ⲙ̅|ⲡϣⲟⲣⲡ` ⲡⲉϫⲁϥ ⲛⲁϥ` ϫⲉ ⲡⲁϫⲟⲉⲓⲥ ⲧⲱⲍⲙ̅ ‖ ⲙ̅-
ⲙⲟⲕ`   ⲡⲉϫⲁϥ ϫⲉ ⲟⲩⲛ̅ⲧⲁⲉⲓ ⲍⲛ̅ϩⲟⲙⲧ` | ⲁⲍⲉⲛⲉⲙⲡⲟⲣⲟⲥ   ⲥⲉⲛ̅ⲛⲏⲩ
ϣⲁⲣⲟⲉⲓ ⲉⲣⲟⲩⲍⲉ |   †ⲛⲁⲃⲱⲕ` ⲛ̅ⲧⲁⲟⲩⲉⲍ ⲥⲁⲍⲛⲉ ⲛⲁⲩ †ⲡ̅ⲡⲁⲣⲁⲓ|ⲧⲉⲓ ⲙ̅-
ⲡⲇⲓⲡⲛⲟⲛ   ⲁϥⲃⲱⲕ` ϣⲁ ⲕⲉⲟⲩⲁ ⲡⲉ|ϫⲁϥ ⲛⲁϥ` ϫⲉ ⲁⲡⲁϫⲟⲉⲓⲥ ⲧⲱϩⲙ̅ ⲙ̅-
ⲙⲟⲕ` ‖   ⲡⲉϫⲁϥ ⲛⲁϥ ϫⲉ ⲁⲉⲓⲧⲟⲟⲩ ⲟⲩⲏⲉⲓ   ⲁⲩⲱ ⲥⲉ|ⲣ̅ⲁⲓⲧⲉⲓ ⲙ̅ⲙⲟⲉⲓ ⲛ̅-
ⲟⲩⲍⲏⲙⲉⲣⲁ   †ⲛⲁⲥⲣ̅ϥⲉ ⲁ(ⲛ) |   ⲁϥⲉⲓ ϣⲁ ⲕⲉⲟⲩⲁ ⲡⲉϫⲁϥ ⲛⲁϥ` ϫⲉ ⲡⲁ-
ϫⲟ`|ⲉⲓⲥ ⲧⲱⲍⲙ̅ ⲙ̅ⲙⲟⲕ`   ⲡⲉϫⲁϥ ⲛⲁϥ ϫⲉ ⲡⲁϣⲃⲏⲣ` | ⲛⲁⲣ̅ ϣⲉ-
ⲗⲉⲉⲧ   ⲁⲩⲱ ⲁⲛⲟⲕ` ⲉⲧⲛⲁⲣ̅ ⲇⲓⲡⲛⲟⲛ ‖   †ⲛⲁϣⲓ ⲁⲛ   †ⲡ̅ⲡⲁⲣⲁⲓⲧⲉⲓ
ⲙ̅ⲡⲇⲓⲡⲛⲟⲛ`   ⲁϥ`|ⲃⲱⲕ` ϣⲁ ⲕⲉⲟⲩⲁ ⲡⲉϫⲁϥ ⲛⲁϥ ϫⲉ ⲡⲁϫⲟⲉⲓⲥ | ⲧⲱⲍⲙ̅ ⲙ̅-
ⲙⲟⲕ`   ⲡⲉϫⲁϥ ⲛⲁϥ` ϫⲉ ⲁⲉⲓⲧⲟⲟⲩ ⲛ̅|ⲟⲩⲕⲱⲙⲏ   ⲉⲉⲓⲃⲏⲕ` ⲁ ϫ ⲓ ⲛ̅-
ϣⲱⲙ   †ⲛⲁϣⲓ | ⲁⲛ   †ⲡ̅ⲡⲁⲣⲁⲓⲧⲉⲓ   ⲁϥⲉⲓ ⲛ̅ϭⲓ ⲡϩⲙ̅ϩ̅ⲁ̅ⲗ̅ ⲁϥϫⲟ‖ⲟⲥ
ⲁⲡⲉϥϫⲟⲉⲓⲥ ϫⲉ ⲛⲉⲛⲧⲁⲕ`ⲧⲁⲍⲙⲟⲩ ⲁ|ⲡⲇⲓⲡⲛⲟⲛ ⲁⲩⲡⲁⲣⲁⲓⲧⲉⲓ   ⲡⲉϫⲉ
ⲡϫⲟⲉⲓⲥ ⲙ̅|ⲡⲉϥϩⲙ̅ϩ̅ⲁ̅ⲗ̅ ϫⲉ ⲃⲱⲕ` ⲉⲡⲥⲁ ⲛ̅ⲃⲟⲗ ⲁⲛϩⲓⲟ|ⲟⲩⲉ   ⲛⲉⲧⲕⲛⲁⲍⲉ ⲉ-
ⲣⲟⲟⲩ ⲉⲛⲓⲟⲩ ϫⲉⲕⲁⲁⲥ | ⲉⲩⲛⲁⲣ̅ⲇⲓⲡⲛⲉⲓ   ⲛ̅ⲣⲉϥⲧⲟⲟⲩ ⲙⲛ̅ ⲛⲉϣⲟ‖ⲧ̅[ⲉ ⲥⲉ-
ⲛⲁⲃ]ⲱⲕ ⲁⲛ` ⲉⲍⲟⲩⲛ` ⲉⲛⲧⲟⲡⲟⲥ ⲙ̅ⲡⲁⲓ̈ⲱⲧ` *

(65) ⲡⲉϫⲁϥ ϫⲉ ⲟⲩⲣⲱⲙⲉ ⲛ̅ⲭⲣⲏ[ⲥⲧⲟ]ⲥ ⲛⲉⲩⲛ̅ⲧ̅[ⲁϥ] | ⲛ̅ⲟⲩⲙⲁ ⲛ̅ⲉⲗⲟⲟ-
ⲗⲉ   ⲁϥⲧⲁ`ⲁϥ ⲛ̅ϩⲛ̅ⲟⲩⲟⲉⲓⲉ | ϣⲓⲛⲁ ⲉⲩⲛⲁⲣ̅ ϩⲱⲃ` ⲉⲣⲟϥ` ⲛ̅ϥϫⲓ ⲙ̅ⲡⲉϥⲕⲁⲣ-
ⲡⲟⲥ ⲛ̅ⲧⲟⲟⲧⲟⲩ   ⲁϥϫⲟⲟⲩ ⲙ̅ⲡⲉϥϩⲙ̅ϩ̅ⲁ̅ⲗ̅ ϫⲉ‖ⲕⲁⲁⲥ ⲉⲛⲟⲩⲟⲉⲓⲉ ⲛⲁ† ⲛⲁϥ`
ⲙ̅ⲡⲕⲁⲣⲡⲟⲥ ⲙ̅|ⲡⲙⲁ ⲛ̅ⲉⲗⲟⲟⲗⲉ   ⲁⲩⲉⲙⲁϩⲧⲉ ⲙ̅ⲡⲉϥϩⲙ̅ϩ̅ⲁ̅ⲗ̅ | ⲁⲩϩⲓⲟⲩⲉ
ⲉⲣⲟϥ`   ⲛⲉ ⲕⲉⲕⲟⲩⲉⲓ ⲡⲉ ⲛ̅ⲥⲉⲙⲟⲟⲩⲧϥ` |   ⲁⲡϩⲙ̅ϩ̅ⲁ̅ⲗ̅ ⲃⲱⲕ` ⲁϥϫⲟⲟⲥ ⲉ-
ⲡⲉϥϫⲟⲉⲓⲥ   ⲡⲉ|ϫⲉ ⲡⲉϫⲭⲟⲉⲓⲥ ϫⲉ ⲙⲉϣⲁⲕ` † ⲙ̅ⲡⲉϥ`ⲥⲟⲩⲱ‖-
ⲛⲟⲩ   ⲁϥϫⲟⲟⲩ ⲛ̅ⲕⲉϩⲙ̅ϩ̅ⲁ̅ⲗ̅   ⲁⲛⲟⲩⲟⲉⲓⲉ ϩⲓ|ⲟⲩⲉ ⲉⲡⲕⲉⲟⲩⲁ   ⲧⲟⲧⲉ
ⲁⲡϫⲟⲉⲓⲥ ϫⲟⲟⲩ ⲙ̅ⲡⲉϥϣⲏⲣⲉ ⲡⲉϫⲁϥ` ϫⲉ ⲙⲉϣⲁⲕ` ⲥⲉⲛⲁϣⲓⲡⲉ | ϩⲏⲧϥ` ⲙ̅-
ⲡⲁϣⲏⲣⲉ   ⲁⲛ`ⲟⲩⲟⲉⲓⲉ ⲉⲧⲙ̅ⲙⲁⲩ ⲉⲡⲉⲓ | ⲥⲉⲥⲟⲟⲩⲛ ϫⲉ ⲛ̅ⲧⲟϥ ⲡⲉ ⲡⲉⲕⲗⲏ-
ⲣⲟⲛⲟⲙⲟⲥ ‖ ⲙ̅ⲡⲙⲁ ⲛ̅ⲉⲗⲟⲟⲗⲉ ⲁⲩϭⲟⲡϥ` ⲁⲩⲙⲟⲟⲩⲧϥ` |   ⲡⲉⲧⲉⲩⲙ̅ ⲙⲁⲁ-
ϫⲉ ⲙ̅ⲙⲟϥ` ⲙⲁⲣⲉϥ`ⲥⲱⲧⲙ̅

64 예수가 말했다. "한 사람이 손님들을 초대했다. 식사를 준비한 후에 그는 자기의 하인들을 보내서 손님들을 불렀다. 그 하인이 첫 번째 사람에게 가서 말했다. '제 주인이 당신을 초대합니다.' 그 사람은 대답했다. '나는 오늘 밤에 도착하는 상인들과 해야 할 일이 있습니다. 정찬에 가지 못함을 양해해 주십시오.' 그 하인은 다음 사람에게 가서 말했다. '나의 주인이 당신을 초대합니다.' 이 사람은 대답했다. '내가 방금 집 한 채를 사서 하루가 더 필요합니다. 그래서 나는 갈 수 없습니다.' 그 종은 다른 손님에게 가서 말했다. '나의 주인이 당신을 초대합니다.' 그 사람이 대답했다. '나의 친구가 결혼합니다. 그래서 나는 음식을 준비해야 합니다. 나를 용서하십시오.' 그 하인이 주인에게 돌아와서 말했다 '주인님이 초대한 사람들은 올 수 없다고 합니다.' 그의 주인이 대답했다. '그러면 거리로 나가서 나와 정찬을 할 수 있는 사람이면 모두 초대하라. 장사꾼들과 상인들은 내 아버지가 머무는 곳에 들어오지 못한다.'"

65 예수가 말했다. "한 선한 사람이 포도원을 가지고 있었는데, 그는 소작인들에게 그것을 주어 일해서 그를 위한 과실을 수확하게 했다. 그는 하인을 보내 포도 열매를 걷으러 보냈다. 그러나 소작인들은 그 하인을 잡아서 거의 죽게 되도록 때렸다. 그 종은 주인에게 이러한 사실을 알렸다. 그 주인은 '아마도 그들이 내가 보낸 종을 알아보지 못했을 것이다'라고 생각했다. 그는 다른 하인을 보냈지만, 그 하인도 또한 구타당했다. 그러자 주인은 '아마도 그들은 나의 아들을 존중하여 맞이할 것이다'라고 생각하며 그의 아들을 보냈다. 소작인들은 그 아들이 포도원의 상속자임을 알았을 때, 그를 붙잡아 죽였다. 귀 있는 자들은 들어라!"

(66) πε|xε ι̅c̅ xε ΜΑΤΣΕΒΟΕΙ ΕΠΩΝΕ ΠΑΕΙ Ν̅ΤΑΥ|CΤΟϤˋ ΕΒΟΛˋ Ν̅ϬΙ
ΝΕΤˋΚΩΤˋ      Ν̅ΤΟϤ ΠΕ ΠΩΩ|ΝΕ Ν̅ΚΩϨ

(67) ΠΕxΕ ι̅c̅ xΕ ΠΕΤCΟΟΥΝ Μ̅ΠΤΗΡϤˋ ‖ ΕϤϜ ϬΡΩϨ ΟΥΑΑϤ <Ϥ>Ϝ ϬΡΩϨ
Μ̅ΠΜΑ ΤΗΡϤˋ |

(68) ΠΕxΕ ι̅c̅ xΕ Ν̅ΤΩΤΝ̅ ϨΜ̅ΜΑΚΑΡΙΟC ϨΟΤΑ(Ν) | ΕΥϢΑΝΜΕCΤΕ ΤΗΥ-
ΤΝ̅ Ν̅CΕϜΔΙΩΚΕ Μ̅|ΜΩΤΝ̅      ΑΥΩ CΕΝΑϨΕ ΑΝ ΕΤΟΠΟC ϨΜ̅ ΠΜΑ | ΕΝΤΑΥ-
ΔΙΩΚΕ Μ̅ΜΩΤΝ̅ ϨΡΑΪ Ν̅ϨΗΤϤˋ

(69) ΠΕ‖xΕ ι̅c̅      ϨΜ̅ΜΑΚΑΡΙΟC ΝΕ ΝΑΕΙ Ν̅ΤΑΥΔΙΩΚΕ | Μ̅ΜΟΟΥ ϨΡΑΪ ϨΜ̅
ΠΟΥϨΗΤˋ     ΝΕΤΜ̅ΜΑΥˋ | ΝΕΝΤΑϨCΟΥΩΝ ΠΕΙΩΤˋ ϨΝ̅ ΟΥΜΕ      ϨΜ̅|ΜΑΚΑ-
ΡΙΟC ΝΕΤϨΚΑΕΙΤˋ ϢΙΝΑ ΕΥΝΑ|ΤCΙΟ Ν̅ΘϨΗ Μ̅ΠΕΤΟΥΩϢ

(70) ΠΕxΕ ι̅c̅      ϨΟ‖ΤΑΝ ΕΤΕΤΝ̅ϢΑxΠΕ ΠΗ ϨΝ̅ ΤΗΥΤΝ̅ ΠΑΪ | ΕΤΕΥΝ̅-
ΤΗΤΝ̅Ϥ̅ ϤΝΑΤΟΥxΕ ΤΗΥΤΝ̅      ΕϢΩ|ΠΕ ΜΝ̅ΤΗΤΝ̅ ΠΗ ϨΝ̅ Τ̣[Η̣]Υ̣ΤΝ̅ ΠΑΕΙ ΕΤΕ|
ΜΝ̅ΤΗΤΝ̅Ϥ̅ ϨΝ̅ ΤΗΝΕ Ϥ[ΝΑ]Μ̣ΟΥΤˋ ΤΗΝΕ |

(71) ΠΕxΕ ι̅c̅ xΕ †ΝΑϢΟΡ[ϢϜ Μ̅ΠΕΕ]Ι̣ΗΕΙ ‖      ΑΥΩ ΜΝ̅ ΛΑΑΥ
ΝΑϢΚΟΤϤ .[ . . . ^6½-8 . . ] *

(72) [ΠΕ]x̣ε̣ ο̣υρ̣[ωμ]ε̣ Νạϥ xε xΟΟC Ν̅ΝΑCΝΗΥ | ϢΙΝΑ ΕΥΝạΠΩϢε
Ν̅Ν̅ϨΝΑΑΥ Μ̅ΠΑΕΙΩΤˋ | Ν̅Μ̅ΜΑΕΙ      ΠΕxΑϤ ΝΑϤˋ xε ω ΠΡΩΜΕ ΝΙΜ | ΠΕ Ν̅-
ΤΑϨΑΑΤˋ Ν̅ΡΕϤΠΩϢε      ΑϤΚΟΤϥ̅ αˋ‖ΝΕϤΜΑΘΗΤΗC      ΠΕxΑϤ ΝΑΥ xε
ΜΗ ΕΕΙ|ϢΟΟΠˋ Ν̅ΡΕϤˋΠΩϢε

(73) ΠΕxΕ ι̅c̅ xΕ ΠΩϨC | ΜΕΝ ΝΑϢΩϤˋ      Ν̅ΕΡΓΑΤΗC ΔΕ
CΟΒΚˋ      CΟΠϨ | ΔΕ Μ̅ΠxΟΕΙC ϢΙΝΑ ΕϤΝΑΝΕxˋ ΕΡΓΑΤΗC | ΕΒΟΛˋ
ΕΠΩϨϨC

66 예수가 말했다. "건축자들이 버린 돌을 내게 보여다오. 그것은 모퉁잇돌이다."

67 예수가 말했다. "모든 것을 아는 사람은 아직 자신이 모든 것을 빼앗긴 자들이라는 것을 모른다."

68 예수가 말했다. "그들이 너희를 미워하고 박해할 때 너희는 복 받았다. 그들이 결코 찾을 수 없는 한 장소가 있는데, 그곳에서 너희는 박해받지 않는다."[18]

69 예수가 말했다. "그들의 마음 안에서 박해받아 온 사람들은 복 되다. 왜냐하면 그들은 진리 안에서 아버지를 알았기 때문이 다. 배고픈 사람들은 복되다. 그들은 채워질 것이다."

70 예수가 말했다. "너희가 너희 안에 있는 것을 내올 때 그것이 너희를 구원할 것이다. 너희가 그렇지 않으면 그것이 너희를 죽 일 것이다."[19]

71 예수가 말했다. "내가 이 집을 뒤집어엎겠다. 그리고 아무도 그 것을 다시 지을 수 없을 것이다."

72 한 사람이 그에게 말했다. "내 형제들에게 내 아버지의 재산을 나와 나누도록 말해주세요." 예수가 그에게 대답했다. "누가 나 를 나누는 자로 만들었느냐?" 그는 자기 제자를 향하여 말했 다. "바로 내가 나누는 사람인가?"[20]

73 예수가 말했다. "수확할 양은 많은데, 일할 사람들은 적다. 수확 을 할 수 있는 더 많은 일꾼을 보내달라고 주인에게 기도하라."

---

18 콥트어의 문자적인 의미는 "너희가 박해받아 왔던 그 장소는 발견되지 않을 것이다"로 번역될 수 있다.
19 콥트어 본문은 "너희 안에 있는 것을 가지고 있지 않으면, 그것이 너희를 죽일 것이다"로 번역될 수 있다.
20 다른 번역자들(기요몽, 메어, 클라펜보그, 송혜경)은 "나는 나누는 자가 아니다. 그렇지 않으냐?"로 번역한다.

(74) пєхаq хє пхоєіс оүn ‖ zаz ṁпкштє ṅтхштє    мn лаау дє
zn | † тꢃшнє`

(75) пєхє ı͞с̄    оүn zаz аzєратоү | zıрṁ про    алла ṁмона-
хос нєтнабшк` | єzоүн єпма ṅꢃꢃєлєєт`

(76) пєхє ı͞с̄ хє | тмṅтєро ṁпєıшт` єстṅтшн аүршмє ‖ ṅєꢃꢃшт`
єүṅтаq` ṁмаү ṅоүфортı|он єаqzє аүмарґарıтнс    пєꢃꢃшт` | єтṁ-
маү оүсабє пє    аq† пєфортıон | єбол аqтооү наq` ṁпıмарґарı-
тнс | оүшт`    ṅтштṅ zшт`тнүтṅ ꢃꢃıнє ṅ‖са п{єq}єzо ємаqꢃꢃхṅ
єqмнн` єбол | пма ємарє хоолєс тzно єzоүн`ємаү | єоүшм` оү-
дє марє qqṅт тако

(77) пєхє | ı͞с̄ хє анок пє поүоєın паєı єтzı|хшоү тн-
роү    анок` пє птнрq`    ṅта ‖ птнрq` єı єбол ṅzнт`    аүш ṅ-
та птнрq` | пшz ꢃꢃароєı    пшz ṅоүꢃꢃє    анок` | †ṁмаү    qı ṁ-
пшнє єzраї    аүш тєтна|zє єроєı ṁмаү

(78) пєхє ı͞с̄ хє єтбє оү | атєтṅєı єбол єтсшꢃꢃє̣    єнаү єүкаꢃꢃ
‖ єqкıм є̣[бол] zıтṁ птнү аүш єнаү | єүрꢃꢃм̣[є є]ꢃꢃṅꢃꢃтнн єүzнн
zıшшб` | ṅ[ꢃꢃє ṅнєт]ṅ̅р̅ршоү мṅ нєтṁмєґı*станос    наєı єн[є]-
ꢃꢃтнн є̣[т]|с̄нн zıшоү    аүш сєн[а]ꢃꢃсⲥоүн | тмє ан

(79) пєхє оүсzıм[є] наq zṁ | пмнꢃꢃє хє нєєıатс̣ [ṅ]ꢃꢃzн ṅ|таzqı
zарок аүш ṅкı[б]є єнтаz|са[[z]]ноүꢃꢃк    пєхаq на[с] хє нє|єıатоү
ṅнєнтаzсштṁ а`|плоґос ṁпєıшт аүарєz єроq | zṅ оүмє    оүn zṅ-
zооү ґар наꢃꢃшпє ‖ ṅтєтṅхоос хє нєєıатс̄ ṅꢃꢃzн та|єı єтє ṁпсш
аүш ṅкıбє наєıємпоү|† єрштє

(80) пєхє ı͞с̄ хє пєнтаzсоүшн | пкосмос аqzє єпсш-
ма    пєнтаzzє | дє єпсшма пкосмос ṁпꢃꢃа ṁмоq` ‖ ан`

74 그 주인이 말했다. "우물가 주위에 서 있는 사람은 많지만, 아무도 그 안으로 내려가지 않는다."

75 예수가 말했다. "문가에 서 있는 사람은 많다. 그러나 오직 홀로되고 독수자(monakhos)인 사람들만 혼인 방에 들어갈 수 있다."

76 "아버지의 왕국(나라)은 팔기 위한 물품을 가지고 있었던 상인과 같다. 그리고 그 상인은 진주를 보았다. 그 상인은 지혜로웠고, 그 진주를 사기 위해 자신의 물품을 팔았다. 너희도 마찬가지로 영원한 보물을 찾아야 한다. 그곳에는 옷좀나방이 다니지 않고, 벌레가 갉아먹지 않는다."

77 예수가 말했다. "나는 모든 사람을 비추는 빛이다. 나는 모든 것이고, 모든 것이 나에게로 왔다. 나무를 쪼개 보아라, 그러면 내가 거기에 있다. 돌을 뒤집어 보아라, 그러면 거기에서 너희는 나를 찾게 될 것이다."

78 예수가 말했다. "너희는 왜 시골 지역을 돌아다니느냐? 바람에 의해 흔들리는 갈대들을 보려고 하느냐? 우아한 옷을 입은 너희 왕들과 대신들을 보려고 하느냐? 그들은 훌륭한 옷을 입고 있지만 그들은 진리를 알지 못한다." 한 여자가 군중 가운데서 그에게 말했다. "당신을 낳은 자궁과 당신을 먹인 가슴은 복되도다!" 그는 대답했다. "아버지의 말씀에 귀 기울이고 진정으로 그것을 따르는 자들은 복되도다. 왜냐하면 너희가 '한 번도 출산하지 않는 자궁과 젖먹이지 않은 가슴이 복되도다'라고 말할 날이 올 것이기 때문이다."

80 예수가 말했다. "누구든지 세상을 아는 사람은 몸을 발견하게 된다. 그러나 누구든지 그 몸을 발견한 자에게는 그 세상이 가치가 없다."

(81) πεχε ⲓ̅ⲥ̅ χε ⲡⲉⲛⲧⲁ2ⲣ̅ ⲣⲙⲙⲁⲟ ⲙⲁ|ⲣⲉⲩⲣ̅ ⲣⲣⲟ      ⲁⲩⲱ ⲡⲉⲧⲉⲩⲛ̅ⲧⲁⲩ`
ⲛ̅ⲟⲩⲇⲩⲛⲁ|ⲙⲓⲥ ⲙⲁⲣⲉⲩⲁⲣⲛⲁ

(82) ⲡⲉⲭⲉ ⲓ̅ⲥ̅ χε ⲡⲉⲧ2ⲏⲛ | ⲉⲣⲟⲉⲓ ⲉⲩ2ⲏⲛ ⲉⲧⲥⲁⲧⲉ      ⲁⲩⲱ ⲡⲉⲧⲟⲩⲏⲩ`|
ⲙ̅ⲙⲟⲉⲓ ⲩⲟⲩⲏⲩ ⲛ̅ⲧⲙⲛ̅ⲧⲉⲣⲟ

(83) ⲡⲉⲭⲉ ⲓ̅ⲥ̅ ‖ χε ⲛ2ⲓⲕⲱⲛ ⲥⲉⲟⲩⲟⲛ2 ⲉⲃⲟⲗ ⲙ̅ⲡⲣⲱ|ⲙⲉ      ⲁⲩⲱ ⲡⲟⲩⲟⲉⲓⲛ
ⲉⲧⲛ̅2ⲏⲧⲟⲩ ⲩ2ⲏⲡ` | 2ⲛ̅ ⲑⲓⲕⲱⲛ ⲙ̅ⲡⲟⲩⲟⲉⲓⲛ ⲙ̅ⲡⲉⲓⲱⲧ`      ⲩⲛⲁ|ϭⲱⲗⲡ`
ⲉⲃⲟⲗ      ⲁⲩⲱ ⲧⲉⲩϩⲓⲕⲱⲛ 2ⲏⲡ` | ⲉⲃⲟⲗ 2ⲓⲧⲛ̅ ⲡⲉⲩ`ⲟⲩⲟⲉⲓⲛ

(84) ⲡⲉⲭⲉ ⲓ̅ⲥ̅      ⲛ̅2ⲟ‖ⲟⲩ ⲉⲧⲉⲧⲛ̅ⲛⲁⲩ ⲉⲡⲉⲧⲛ̅ⲉⲓⲛⲉ ϣⲁⲣⲉⲧⲛ̅|ⲣⲁ-
ϣⲉ      2ⲟⲧⲁⲛ ⲇⲉ ⲉⲧⲉⲧⲛ̅ϣⲁⲛⲛⲁⲩ` | ⲁⲛⲉⲧⲛ̅2ⲓⲕⲱⲛ` ⲛ̅ⲧⲁ2ϣⲱⲡⲉ 2ⲓ
ⲧⲉⲧⲛⲉ|2ⲏ ⲟⲩⲧⲉ ⲙⲁⲩⲙⲟⲩ ⲟⲩⲧⲉ ⲙⲁⲩⲟⲩⲱⲛ2 | ⲉⲃⲟⲗ ⲧⲉⲧⲛⲁⲩⲓ 2ⲁ ⲟⲩⲏⲣ`

(85) ⲡⲉⲭⲉ ⲓ̅ⲥ̅ χε ‖ ⲛ̅ⲧⲁ ⲁⲇⲁⲙ ϣⲱⲡⲉ ⲉⲃⲟⲗ 2ⲛ̅ⲟⲩⲛⲟϭ | ⲛ̅ⲇⲩⲛⲁⲙⲓⲥ
ⲙⲛ̅ ⲟⲩⲛⲟϭ ⲙ̅ⲙⲛ̅ⲧⲣⲙ̅ⲙⲁ|ⲟ      ⲁⲩⲱ ⲙ̅ⲡⲉⲩϣⲱⲡⲉ ⲉ̣[ⲩⲙ̅]ⲡϣⲁ ⲙ̅ⲙⲱ|-
ⲧⲛ̅      ⲛⲉⲩⲁϩⲓⲟⲥ ⲅⲁⲣ ⲡⲉ [ⲛⲉⲩⲛⲁχⲓ] †ⲡ[ⲉ] | ⲁⲛ ⲙ̅ⲡⲙⲟⲩ

(86) ⲡⲉⲭⲉ ⲓ̅ⲥ̅ χε [ⲛⲃⲁϣⲟⲣ ⲟⲩ]*[ⲛ̅ⲧ]ⲁ̣ⲩ ⲛⲟⲩ[ⲃ]ⲏⲃ      ⲁⲩⲱ ⲛ̅2ⲁⲗⲁⲧⲉ
ⲟⲩⲛ̅ⲧⲁⲩ | ⲙ̅ⲙⲁⲩ ⲙ̅ⲡⲉⲩⲙⲁ2      ⲡϣⲏⲣⲉ ⲇⲉ ⲙ̅ⲡⲣⲱⲙⲉ | ⲙⲛ̅ⲧⲁⲩ` ⲛ̅ⲛ[ⲟ]ⲩⲙⲁ
ⲉⲣⲓⲕⲉ ⲛ̅ⲧⲉⲩ`ⲁⲡⲉ ⲛ̅ⲩ`|ⲙ̅ⲧⲟⲛ` ⲙ̣̅ⲙ̣[ⲟ]ⲩ`

(87) ⲡⲉⲭⲁⲩ ⲛ̅ϭⲓ ⲓ̅ⲥ̅ χε ⲟⲩⲧⲁⲗⲁⲓ‖ⲡⲱⲣⲟⲛ ⲡⲉ ⲡⲥⲱⲙⲁ ⲉⲧⲁϣⲉ ⲛ̅ⲟⲩⲥⲱ-
ⲙⲁ` |      ⲁⲩⲱ ⲟⲩⲧⲁ̣ⲗ̣ⲁ̣ⲓⲡⲱⲣⲟⲥ ⲧⲉ ⲧ`ⲯⲩⲭⲏ ⲉⲧⲁϣⲉ | ⲛ̅ⲛⲁⲉⲓ ⲙ̅ⲡ̣ⲥⲛⲁⲩ

(88) ⲡⲉⲭⲉ ⲓ̅ⲥ̅ χε ⲛ̅ⲁⲅⲅⲉⲗⲟⲥ | ⲛⲏⲩ ϣⲁⲣⲱⲧⲛ̅ ⲙⲛ̅ ⲛ̅ⲡⲣⲟⲫⲏⲧⲏⲥ      ⲁⲩⲱ
ⲥⲉ|ⲛⲁ† ⲛⲏⲧⲛ̅ ⲛ̅ⲛⲉⲧⲉⲩⲛ̅ⲧⲏⲧⲛ̅ⲥⲉ      ⲁⲩⲱ` ‖ ⲛ̅ⲧⲱⲧⲛ̅ 2ⲱⲧ`ⲧⲏⲩⲧⲛ̅ ⲛⲉⲧⲛ̅-
ⲧⲟⲧ`ⲧⲏⲛⲉ | ⲧⲁⲁⲩ ⲛⲁⲩ ⲛ̅ⲧⲉⲧⲛ̅χⲟⲟⲥ ⲛⲏⲧⲛ̅ χⲉ ⲁϣ ⲛ̅|2ⲟⲟⲩ ⲡⲉⲧⲟⲩⲛ̅ⲛⲏⲩ
ⲛ̅ⲥⲉⲭⲓ ⲡⲉⲧⲉ ⲡⲱⲟⲩ |

81 예수가 말했다. "누구든지 부자가 된 사람이 왕이 되게 하라. 누구든지 힘을 가진 사람이 그것을 포기하게 하라."

82 예수가 말했다. "누구든지 나와 가깝게 있는 사람이 그 불과 가깝게 있다. 누구든지 나와 멀리 떨어져 있는 사람이 그 나라와 멀리 떨어져 있다."

83 예수가 말했다. "화상이 사람들에게 보일 때 그들 안에 있는 빛은 감춰진다. 아버지의 빛의 성상 안에서 그것은 명백해지고, 그 성상은 그 빛에 의해 가려져 있다."

84 예수가 말했다. "너희가 너희와 정말로 닮은 것을 보게 되면 너희는 즐거워한다. 그러나 너희가 존재하기 전에 있었던 그리고 절대 죽지 않고, 절대 드러나지 않는 너희 성상들을 보게 되면, 얼마나 장관이겠느냐!"

85 예수가 말했다. "아담은 큰 부와 힘으로 만들어졌지만 그는 너희에게 합당하지 않았다. 만약 그가 합당했다면 그는 죽음을 몰랐을 것이다."

86 예수가 말했다. "여우들도 그들의 굴이 있고 새들도 그들의 둥지를 가지고 있다. 인자는 그의 머리를 두고 쉴 수 있는 장소를 가지고 있지 않다."

87 예수가 말했다. "다른 몸에 의지하는 몸은 비참하다. 이 두 가지에 의지하는 영혼도 비참하다."

88 예수가 말했다. "천사들과 예언자들이 너희에게 와서 너희에게 속한 것을 줄 것이다. 그리고 너희는 또한 너희가 가졌던 것을 줘야 하고, 너희 자신들에게 물을 것이다. '그들이 그들의 것을 가질 시간이 언제 올 것인가?'"

(89) ΠΕΧΕ Ι̅C̅ ΧΕ ΕΤΒΕ ΟΥ ΤΕΤΝ̅ΕΙΩΕ Μ̅ΠCΑ Ν|ΒΟΛ` Μ̅ΠΠΟΤΗ-
ΡΙΟΝ     ΤΕΤΝ̅Ρ̅ΝΟΕΙ ΑΝ ΧΕ ‖ ΠΕΝΤΑϨΤΑΜΙΟ Μ̅ΠCΑ ΝϨΟΥΝ Ν̅ΤΟϤ ΟΝ`|
ΠΕΝΤΑϤΤΑΜΙΟ Μ̅ΠCΑ ΝΒΟΛ`

(90) ΠΕΧΕ Ι̅Η̅C̅ | ΧΕ ΑΜΗΕΙΤΝ̅ ϢΑΡΟΕΙ`     ΧΕ ΟΥΧΡΗCΤΟC | ΠΕ ΠΑ-
ΝΑϨΒ`     ΑΥΩ ΤΑΜΝ̅Τ̅ΧΟΕΙC ΟΥΡΜ̅|ΡΑϢ ΤΕ     ΑΥΩ ΤΕΤΝΑϨΕ † ΑΥΑΝΑΥ-
ΠΑCΙC ΝΗ‖ΤΝ̅

(91) ΠΕΧΑΥ ΝΑϤ` ΧΕ ΧΟΟC ΕΡΟΝ ΧΕ | Ν̅ΤΚ ΝΙΜ` ϢΙΝΑ ΕΝΑΡ̅ΠΙCΤΕΥΕ
ΕΡΟΚ`     ΠΕ|ΧΑϤ ΝΑΥ ΧΕ ΤΕΤΝ̅Ρ̅ΠΙΡΑΖΕ Μ̅ΠϨΟ Ν̅ΤΠΕ | ΜΝ̅ ΠΚΑϨ     ΑΥΩ
ΠΕΤΝ̅ΠΕΤΝ̅Μ̅ΤΟ ΕΒΟΛ`| Μ̅ΠΕΤΝ̅CΟΥΩΝϤ`     ΑΥΩ ΠΕΕΙΚΑΙΡΟC ΤΕ‖Τ̅Ν̅-
CΟΟΥΝ ΑΝ Ν̅Ρ̅ΠΙΡΑΖΕ Μ̅ΜΟϤ`

(92) ΠΕΧΕ | Ι̅C̅ ΧΕ ϢΙΝΕ     ΑΥΩ ΤΕΤΝΑϬΙΝΕ     ΑΛΛΑ ΝΕ|ΤΑΤΕΤΝ̅-
ΧΝΟΥΕΙ ΕΡΟΟΥ Ν̅ΝΙϨΟΟΥ ΕΜ̅ΠΙ|ΧΟΟΥ ΝΗΤΝ̅ Μ̅ΦΟΟΥ ΕΤΜ̅ΜΑΥ ΤΕΝΟΥ |
ΕϨΝΑΪ ΕΧΟΟΥ     ΑΥΩ ΤΕΤΝ̅ϢΙΝΕ ΑΝ` Ν̅CΩ‖ΟΥ

(93) <ΠΕΧΕ Ι̅C̅ ΧΕ> Μ̅ΠΡ̅† ΠΕΤΟΥΑΑΒ Ν̅ΝΟΥϨΟΟΡ` ΧΕΚΑC | ΝΟΥΝΟ-
ΧΟΥ ΕΤΚΟΠΡΙΑ     Μ̅ΠΡ̅ΝΟΥΧΕ ΝΜ̅|ΜΑΡΓΑΡΙΤΗ[C Ν̅]ΝΕϢΑΥ ϢΙΝΑ ΧΕ
ΝΟΥΑΑϤ`|Ν̅ΛΑ[ .²½ ]

(94) [ΠΕΧ]ε Ι̅C̅     ΠΕΤϢΙΝΕ ϤΝΑϬΙΝΕ |     [ΠΕΤΤΩϨΜ̅ Ε]ϨΟΥΝ CΕ-
ΝΑΟΥΩΝ ΝΑϤ` ‖

(95) [ΠΕΧΕ Ι̅C̅ ΧΕ] ΕϢΩΠΕ ΟΥΝ̅ΤΗΤΝ̅ ϨΟΜΤ` * Μ̅ΠΡ̅† ΕΤΜΗCΕ     ΑΛ-
ΛΑ † [Μ̅ΜΟϤ] Μ̅ΠΕΤ̣[Ε]|ΤΝΑΧΙΤΟΥ ΑΝ Ν̅ΤΟΟΤϤ`

(96) Π[ΕΧ]ε Ι̅C̅ ΧΕ Τ̅ΜΝ̅|ΤΕΡΟ Μ̅ΠΕΙΩΤ` ΕCΤΝ̅ΤΩ[Ν ΑΥ]ϨΙΜΕ | ΑC-
ΧΙ Ν̅ΟΥΚΟΥΕΙ Ν̅CΑΕΙΡ ἀ[Cϩ]ọΠϤ` ϨΝ̅ ‖ ΟΥϢΩΤΕ ΑCΑΑϤ Ν̅ϨΝ̅ΝΟ[Ϭ Ν̅]ΝΟ-
ΕΙΚ`|     ΠΕΤΕΥΜ̅ ΜΑΑΧΕ Μ̅ΜΟϤ ΜΑ[ΡΕ]ϤCΩΤΜ̅`|

89 예수가 말했다. "너희는 왜 잔의 바깥을 씻느냐? 너희는 잔의 바깥을 만든 자가 잔의 안도 만들었다는 사실을 이해하지 못하느냐?"[21]

90 예수가 말했다. "내게로 와라. 나의 멍에는 좋고 내 명령은 온화하다. 그리고 너희는 내 안에서 안식을 발견할 수 있다."

91 그들이 그에게 말했다. "당신을 우리가 믿을 수 있도록 당신이 누구인지 우리에게 말해 주십시오." 그가 그들에게 대답했다. "너희는 하늘과 땅의 표면을 찾지만 너희는 너희 앞에 있는 자를 인식하지 못하고, 현 순간을 어떻게 경험할지 알지 못한다."[22]

92 예수가 말했다. "구하라, 그러면 너희는 찾을 것이다. 전에 내가 너희에게 말해주지 않은 것과 전에 너희가 나에 관해서 물었던 것들을 나는 지금 밝힐 것이다. 그러나 너희는 더 이상 묻지 않는다."

93 "거룩한 것들을 개들에게 주지 마라. 개들은 그것들을 똥처럼 취급할 것이다. 진주를 돼지들에게 던지지 마라. 돼지들은 그것을 쓰레기처럼 취급할 것이다."

94 예수가 말했다. "누구든지 찾는 사람은 찾을 것이다. 누구든지 안에서 두드리는 자에게 그것은 열릴 것이다."

95 예수가 말했다. "만약 너희가 돈을 가지고 있다면 이자를 받고 빌려주지 말아라. 차라리 그것을 너희에게 갚을 수 없는 사람에게 주어라."

96 예수가 말했다. "아버지의 나라는 한 여자가 누룩을 그 안에 숨겨 놓은 반죽 덩어리와 같다. 그것은 좋은 빵으로 변화한다. 귀 있는 사람들은 들어라!"

---

21 다른 번역자들은 "너희는 잔의 안을 만든 자가 잔의 바깥도 만들었다는 사실을 이해하지 못하느냐?"로 번역한다.

22 "너희는 카이로스의 시간을 시험할 줄을 모른다." Guillaumont, 150.

(97) ⲡⲉϫⲉ ⲓ̅ⲥ̅ ϫⲉ ⲧⲙⲛ̅ⲧⲉⲣⲟ ⲙ̅ⲡⲉ[ⲓⲱⲧ ⲉ]ⲥⲧⲛ̅|ⲧⲱⲛ ⲁⲩⲥϩⲓⲙⲉ ⲉⲥϥⲓ ϩⲁ
ⲟⲩϭⲗ̅[ⲙⲉⲉⲓ] ⲉϥ`|ⲙⲉϩ ⲛ̅ⲛⲟⲉⲓⲧ`    ⲉⲥⲙⲟⲟϣⲉ ϩ[ⲓ ⲧⲉ]ϩⲓⲏ` ‖ ⲉⲥⲟⲩⲏⲟⲩ
ⲁⲡⲙⲁⲁϫⲉ ⲙ̅ⲡϭⲁ̅ⲙ[ⲉ]ⲉⲓ ⲟⲩ|ⲱϭⲡ` ⲁⲡⲛⲟⲉⲓⲧ` ϣⲟⲩⲟ ⲛ̅ⲥⲱⲥ [ϩ]ⲓ̣ ⲧⲉ-
ϩⲓ|ⲏ    ⲛⲉⲥⲥⲟⲟⲩⲛ ⲁⲛ ⲡⲉ    ⲛⲉ ⲙ̅ⲡⲉⲥⲉⲓⲙⲉ | ⲉϩⲓⲥⲉ    ⲛ̅ⲧⲁⲣⲉⲥⲡⲱϩ ⲉ-
ϩⲟⲩⲛ ⲉⲡⲉⲥⲛⲉⲓ | ⲁⲥⲕⲁ ⲡϭⲁ̅ⲙⲉⲉⲓ ⲁⲡⲉⲥⲏⲧ` ⲁⲥϩⲉ ⲉⲣⲟϥ ⲉϥ`‖ϣⲟⲩⲉⲓⲧ`

(98) ⲡⲉϫⲉ ⲓ̅ⲥ̅    ⲧⲙⲛ̅ⲧⲉⲣⲟ ⲙ̅ⲡⲉⲓⲱⲧ` | ⲉⲥⲧⲛ̅ⲧⲱⲛ ⲉⲩⲣⲱⲙⲉ ⲉϥⲟⲩⲱϣ ⲉ-
ⲙⲟⲩⲧ | ⲟⲩⲣⲱⲙⲉ ⲙ̅ⲙⲉⲅⲓⲥⲧⲁⲛⲟⲥ    ⲁϥϣⲱⲗⲙ` ⲛ̅ⲧⲥⲏϥⲉ ϩⲙ̅ ⲡⲉϥⲏⲉⲓ
ⲁϥϫⲟⲧⲥ̅ ⲛ̅ⲧϫⲟ ϫⲉ|ⲕⲁⲁⲥ ⲉϥⲛⲁⲉⲓⲙⲉ ϫⲉ ⲧⲉϥϭⲓϫ` ⲛⲁⲧⲱⲕ` ‖ ⲉ-
ϩⲟⲩⲛ    ⲧⲟⲧⲉ ⲁϥϩⲱⲧⲃ̅ ⲙ̅ⲡⲙⲉⲅⲓⲥⲧⲁⲛⲟⲥ |

(99) ⲡⲉϫⲉ ⲙ̅ⲙⲁⲑⲏⲧⲏⲥ ⲛⲁϥ ϫⲉ ⲛⲉⲕ`ⲥⲛⲏⲩ | ⲙⲛ̅ ⲧⲉⲕⲙⲁⲁⲩ ⲥⲉⲁϩⲉⲣⲁⲧⲟⲩ
ϩⲓ ⲡⲥⲁ ⲛ|ⲃⲟⲗ    ⲡⲉϫⲁϥ ⲛⲁⲩ ϫⲉ ⲛⲉⲧⲛ̅ⲛⲉⲉⲓⲙⲁ | ⲉⲧⲣⲉ ⲙ̅ⲡⲟⲩⲱϣ ⲙ̅-
ⲡⲁⲉⲓⲱⲧ` ⲛⲁⲉⲓ ⲛⲉ ‖ ⲛⲁⲥⲛⲏⲩ ⲙⲛ̅ ⲧⲁⲙⲁⲁⲩ    ⲛ̅ⲧⲟⲟⲩ ⲡⲉ ⲉⲧⲛⲁ|ⲃⲱⲕ` ⲉ-
ϩⲟⲩⲛ ⲉⲧⲙⲛ̅ⲧⲉⲣⲟ ⲙ̅ⲡⲁⲉⲓⲱⲧ` |

(100) ⲁⲩⲧⲥⲉⲃⲉ ⲓ̅ⲥ̅ ⲁⲩⲛⲟⲩⲃ    ⲁⲩⲱ ⲡⲉϫⲁⲩ ⲛⲁϥ` | ϫⲉ ⲛⲉⲧⲏⲡ` ⲁⲕⲁⲓ-
ⲥⲁⲣ` ⲥⲉϣⲓⲧⲉ ⲙ̅ⲙⲟⲛ ⲛ̅|ⲛ̅ϣⲱⲙ`    ⲡⲉϫⲁϥ ⲛⲁⲩ ϫⲉ ϯ ⲛⲁ ⲕⲁⲓⲥⲁⲣ` ‖ ⲛ̅-
ⲕⲁⲓⲥⲁⲣ    ϯ ⲛⲁ ⲡⲛⲟⲩⲧⲉ ⲙ̅ⲡⲛⲟⲩⲧⲉ |    ⲁⲩⲱ ⲡⲉⲧⲉ ⲡⲱⲉⲓ ⲡⲉ ⲙⲁⲧⲛ̅-
ⲛⲁⲉⲓϥ |

(101) <ⲡⲉϫⲉ ⲓ̅ⲥ̅>    ⲡⲉⲧⲁⲙⲉⲥⲧⲉ ⲡⲉϥⲉ̣ⲓ̣[ⲱⲧ]` ⲁ̣ⲛ ⲙⲛ̅ ⲧⲉϥ`|ⲙⲁⲁⲩ ⲛ̅-
ⲧⲁϩⲉ ϥⲛⲁϣⲣ̅ ⲙ[ⲁⲑⲏⲧ]ⲏⲥ ⲛⲁ̣ⲉⲓ ⲁ(ⲛ) |    ⲁⲩⲱ ⲡⲉⲧⲁⲙⲣ̅ⲣⲉ ⲡⲉϥ[ⲉⲓⲱⲧ ⲁⲛ
ⲙ]ⲛ̅ ⲧⲉϥ‖ⲙⲁⲁⲩ ⲛ̅ⲧⲁϩⲉ ϥⲛⲁϣⲣ̅ ⲙ[ⲁⲑⲏⲧⲏⲥ ⲛⲁ]ⲉⲓ ⲁⲛ    ⲧⲁⲙⲁⲁⲩ ⲅⲁⲣ
ⲛ̅ⲧⲁⲥ̣[ . . . .⁸⁻⁹. . . . ]*[ . . ]ⲟⲗ    ⲧ̣ⲁ[ⲙⲁⲁ]ⲩ ⲇⲉ ⲙ̅ⲙⲉ ⲁⲥϯ ⲛⲁⲉⲓ ⲙ̅ⲡⲱⲛϩ |

97 예수가 말했다. "아버지의 나라는 밀가루 단지를 옮겼던 여자와 같다.[23] 그녀는 먼 길을 걸은 다음에 그 단지의 손잡이가 부서졌다. 밀가루는 길을 따라서 그녀 뒤에 쏟아지기 시작했다. 부주의하게도 그녀는 아무것도 눈치채지 못했다. 그녀가 도착해서 단지를 내려놓았을 때 그것이 비었음을 발견했다."

98 예수가 말했다. "아버지의 나라는 힘 있는 사람을 죽이기를 원했던 남자와 같다. 먼저 그는 집에서 그의 칼을 칼집에서 꺼냈다. 그리고 그는 자신의 힘을 시험하기 위해서 벽에다 칼을 던졌다. 그러고서 그는 그 힘 있는 사람을 죽일 수 있었다."

99 그의 제자들이 그에게 말했다. "당신의 형제들과 어머니가 밖에서 기다리고 있다." 그가 대답했다. "나의 아버지의 뜻을 행하는 사람들이 나의 형제들과 어머니이다. 그들이야말로 하느님의 나라에 들어갈 것이다."

100 그들은 예수에게 금화 하나를 보여주고 말했다. "카이사르의 부하들은 우리에게 세금을 내라고 요구한다." 그가 그들에게 대답했다. "카이사르의 것은 카이사르에게 주고, 하느님의 것은 하느님께 드리고, 나에게 속한 것은 나에게 줘라."

101 예수가 말했다. "나처럼 자기 아버지와 어머니를 미워하지 않는 사람은 나의 제자가 될 수 없다. 그리고 나처럼 자기 아버지와 어머니를 사랑하지 않는 사람은 나의 제자가 될 수 없다. 왜냐하면 나의 어머니는 나를 죽게 했지만[24] 나의 진정한 어머니는 나에게 생명을 주었기 때문이다."

---

23 다른 번역자들은 "아버지의 나라는 음식으로 가득 찬 항아리를 옮기는 여자와 같다"로 번역한다.
24 원래 콥트어에는 공백이 있다. 즉 문자적으로는 "나의 어머니는… 만들었지만"으로 번역해야 한다.

(102) ⲡⲉϫⲉ ⲓⲥ̅ [ϫⲉ ⲟ]ⲩⲟⲉⲓ ⲛⲁⲩ ⲙ̅ⲫⲁⲣⲓⲥⲁⲓⲟⲥ     ϫⲉ | ⲉⲩⲉⲓⲛⲉ̣ [ⲛ̅-
ⲛ]ⲟⲩⲟⲩϩⲟⲣ ⲉϥ`ⲛ̅ⲕⲟⲧⲕ` ϩⲓϫⲛ̅ ⲡⲟⲩ|ⲟⲛⲉϥ` ⲛ̅ϩ̣[ⲛ̅]ⲛⲉϩⲟⲟⲩ     ϫⲉ ⲟⲩⲧⲉ
ϥⲟⲩⲱⲙ ⲁⲛ ‖ ⲟⲩⲧⲉ ϥⲕ̣[ⲱ] ⲁ̣ⲛ ⲛ̅ⲛⲉϩⲟⲟⲩ ⲉⲟⲩⲱⲙ

(103) ⲡⲉϫⲉ ⲓⲥ̅ | ϫⲉ ⲟⲩⲙⲁ̣[ⲕⲁ]ⲣⲓⲟⲥ ⲡⲉ ⲡⲣⲱⲙⲉ ⲡⲁⲉⲓ ⲉⲧⲥⲟⲟⲩ(ⲛ) | ϫⲉ
ϩ̣[ⲛ̅ ⲁϣ] ⲙ̅ⲙⲉⲣⲟⲥ ⲉⲛⲗⲏⲥⲧⲏⲥ ⲛⲏⲩ ⲉϩⲟⲩ(ⲛ) | ϣⲓⲛⲁ̣ [ⲉϥ]ⲛ̣ⲁⲧⲱⲟⲩⲛ`
ⲛ̅ϥⲥⲱ⟦ϩ⟧ⲟⲩϩ ⲛ̅ⲧⲉϥ`|ⲙⲛ̅ⲧⲉ̣[ⲣⲟ] ⲛ̅ϥⲙⲟⲩⲣ ⲙ̅ⲙⲟϥ ⲉϫⲛ̅ ⲧⲉϥ`‖ϯⲡⲉ ϩ̣[ⲁ] ⲧⲉϩⲏ
ⲉⲙ`ⲡⲁⲧⲟⲩⲉⲓ ⲉϩⲟⲩⲛ

(104) ⲡⲉ|ϫⲁⲩ ⲛ̅[ⲓ̅]ⲥ̅ ϫⲉ ⲁⲙⲟⲩ ⲛ̅ⲧⲛ̅ϣⲗⲏⲗ` ⲙ̅ⲡⲟⲟⲩ | ⲁⲩⲱ ⲛ̅ⲧⲛ̅ⲣ̅-
ⲛⲏⲥⲧⲉⲩⲉ     ⲡⲉϫⲉ ⲓⲥ̅ ϫⲉ ⲟⲩ ⲅⲁⲣ` | ⲡⲉ ⲡⲛⲟⲃⲉ ⲛ̅ⲧⲁⲉⲓⲁⲁϥ` ⲏ ⲛ̅-
ⲧⲁⲩϫⲣⲟ ⲉⲣⲟⲉⲓ | ϩⲛ̅ ⲟⲩ     ⲁⲗⲗⲁ ϩⲟⲧⲁⲛ ⲉⲣϣⲁⲛ ⲡⲛⲩⲙⲫⲓⲟⲥ ⲉⲓ ‖ ⲉⲃⲟⲗ ϩⲙ̅
ⲡⲛⲩⲙⲫⲱⲛ ⲧⲟⲧⲉ ⲙⲁⲣⲟⲩⲛⲏ`|ⲥⲧⲉⲩⲉ     ⲁⲩⲱ ⲙⲁⲣⲟⲩϣⲗⲏⲗ`

(105) ⲡⲉϫⲉ ⲓⲥ̅ ϫⲉ ⲡⲉ|ⲧⲛⲁⲥⲟⲩⲱⲛ ⲡⲉⲓⲱⲧ` ⲙⲛ̅ ⲧⲙⲁⲁⲩ ⲥⲉⲛⲁⲙⲟⲩ|ⲧⲉ
ⲉⲣⲟϥ` ϫⲉ ⲡϣⲏⲣⲉ ⲙ̅ⲡⲟⲣⲛⲏ

(106) ⲡⲉϫⲉ ⲓⲥ̅ ϫⲉ | ϩⲟⲧⲁⲛ ⲉⲧⲉⲧⲛ̅ϣⲁⲣ̅ ⲡⲥⲛⲁⲩ ⲟⲩⲁ ⲧⲉⲧⲛⲁϣⲱ‖ⲡⲉ ⲛ̅-
ϣⲏⲣⲉ ⲙ̅ⲡⲣⲱⲙⲉ     ⲁⲩⲱ ⲉⲧⲉⲧⲛ̅ϣⲁⲛ`|ϫⲟⲟⲥ ϫⲉ ⲡⲧⲟⲟⲩ ⲡⲱⲱⲛⲉ ⲉⲃⲟⲗ`
ϥⲛⲁ|ⲡⲱⲱⲛⲉ

(107) ⲡⲉϫⲉ ⲓⲥ̅ ϫⲉ ⲧⲙⲛ̅ⲧⲉⲣⲟ ⲉⲥⲧⲛ̅ⲧⲱ(ⲛ) | ⲉⲩⲣⲱⲙⲉ ⲛ̅ϣⲱⲥ ⲉⲩⲛ̅ⲧⲁϥ` ⲙ̅-
ⲙⲁⲩ ⲛ̅ϣⲉ ⲛ̅ⲉⲥⲟⲟⲩ     ⲁⲟⲩⲁ ⲛ̅ϩⲏⲧⲟⲩ ⲥⲱⲣⲙ` ⲉⲡⲛⲟϭ ⲡⲉ ‖     ⲁϥⲕⲱ ⲙ̅-
ⲡⲥⲧⲉⲯⲓⲧ ⲁϥϣⲓⲛⲉ ⲛ̅ⲥⲁ ⲡⲓⲟⲩⲁ` | ϣⲁⲛⲧⲉϥϩⲉ ⲉⲣⲟϥ     ⲛ̅ⲧⲁⲣⲉϥϭⲓⲥⲉ ⲡⲉ-
ϫⲁϥ` | ⲙ̅ⲡⲉⲥⲟ⟦ⲩ⟧ⲟⲩ ϫⲉ ϯⲟⲩⲟϣⲕ` ⲡⲁⲣⲁ ⲡⲥⲧⲉⲯⲓⲧ` |

(108) ⲡⲉϫⲉ ⲓⲥ̅ ϫⲉ ⲡⲉⲧⲁⲥⲱ ⲉⲃⲟⲗ ϩⲛ̅ ⲧⲁⲧⲁⲡⲣⲟ | ϥⲛⲁϣⲱⲡⲉ ⲛ̅ⲧⲁ-
ϩⲉ     ⲁⲛⲟⲕ ϩⲱ ϯⲛⲁϣⲱⲡⲉ ‖ ⲉⲛⲧⲟϥ ⲡⲉ     ⲁⲩⲱ ⲛⲉⲑⲏⲡ` ⲛⲁ`ⲟⲩⲱⲛϩ
ⲉⲣⲟϥ` |

102 예수가 말했다. "바리새인들은 비참하다. 그들은 소의 구유 안에서 누워 있는 개와 같다. 자기도 먹을 수도 없고 그리고 소들도 먹지 못하게 한다."

103 예수가 말했다. "도둑들이 오는 밤의 시간을 아는 사람들은 복되다. 그들은 도둑들이 도착하기 전에 자신들의 허리띠를 걸치고 힘을 모아서 깨어 있을 것이다."

104 그들이 그에게 말했다. "자, 오늘 우리가 기도하고 금식하게 하소서." 예수가 대답했다. "내가 무엇을 잘못했는가? 내가 어떻게 패배하게 되었나? 신랑이 혼인 방을 떠날 때가 바로 금식하고 기도할 시간이 될 것이다."

105 예수가 말했다. "자기 아버지와 어머니를 아는 사람을 그들이 창녀의 아들이라 부를 수 있는가?"[25]

106 예수가 말했다. "너희가 둘을 하나로 만들 때 너희는 사람의 아들이 될 것이다. 그리고 너희가 '산아, 움직여라!'라고 말하면 산이 이동할 것이다."

107 예수가 말했다. "나라는 백 마리의 양을 가진 목자와 같다. 그것 중에서 가장 아름다운 한 마리가 사라졌다. 그 목자는 아흔아홉 마리의 양을 남겨두고 그 한 마리를 찾았다. 엄청난 노력 후에 그는 그 양에서 '나는 다른 아흔아홉 마리보다 너를 더 사랑한다'라고 말했다."

108 예수가 말했다. "나의 입에서 나오는 것을 마시는 사람은 나와 같이 될 것이고 나는 그와 같이 될 것이며, 그에게 감춰졌던 것이 드러날 것이다."

---

25  다른 번역자들은 "자기의 아버지와 어머니를 아는 사람은 창녀의 아들이라 불릴 것이다"라고 번역한다.

(109) ⲡⲉϫⲉ ⲓ̅ⲥ̅ ϫⲉ ⲧⲙⲛ̅ⲧⲉⲣⲟ ⲉⲥⲧⲛ̅ⲧⲱⲛ ⲉⲩⲣⲱ|ⲙⲉ ⲉⲩⲛ̅ⲧⲁϥ ⲙ̣̅ⲙ̣ⲁⲩ ϩⲛ̅ ⲧⲉϥ`ⲥⲱϣⲉ ⲛ̅ⲛⲟⲩ|ⲉϩⲟ ⲉϥϩⲏ̣[ⲡ ⲉ]ϥⲟ ⲛ̅ⲁⲧⲥⲟⲟⲩⲛ` ⲉⲣⲟϥ ⲁⲩ|ⲱ ⲙ̅[ⲙⲛ̅-ⲛⲥⲁ ⲧ]ⲣⲉϥⲙⲟⲩ ⲁϥⲕⲁⲁϥ ⲙ̅ⲡⲉϥ`||[ϣⲏⲣⲉ ⲛⲉ] ⲡ̣ϣⲏⲣⲉ ⲥⲟⲟⲩⲛ ⲁⲛ` ⲁϥϥⲓ` * ⲧⲥⲱϣⲉ ⲉⲧⲙ̅ⲙⲁⲩ ⲁϥⲧⲁⲁⲥ̣ [ⲉⲃⲟ]ⲗ ⲁⲩⲱ ⲡⲉ̣[ⲛ]||ⲧⲁϩ-ⲧⲟⲟⲩⲥ ⲁϥⲉⲓ ⲉϥⲥⲕⲁⲉⲓ ⲁ[ϥϩ]ⲉ̣ ⲁⲡⲉϩⲟ ⲁϥ|ⲁⲣⲭⲉⲓ ⲛ̅ϯ ϩⲟⲙⲧ` ⲉⲧⲙⲏⲥⲉ ⲛ̣̅[ⲛⲉ]ⲧ̣ϥ̅ⲟⲩⲟϣⲟⲩ |

(110) ⲡⲉϫⲉ ⲓ̅ⲥ̅ ϫⲉ † ⲡⲉⲛⲧⲁϩϭⲓⲛⲉ̣ ⲙ̣̅ⲡⲕⲟⲥⲙⲟⲥ || ⲛ̅ϥⲣ̅ ⲣⲙ̅ⲙⲁⲟ † ⲙⲁⲣⲉϥ-ⲁⲣⲛⲁ ⲙ̅ⲡⲕⲟⲥⲙⲟⲥ |

(111) ⲡⲉϫⲉ ⲓ̅ⲥ̅ ϫⲉ ⲙ̅ⲡⲏⲩⲉ ⲛⲁϭⲱⲗ` ⲁⲩⲱ ⲡⲕⲁϩ | ⲙ̅ⲡⲉⲧⲛ̅ⲙ̅ⲧⲟ ⲉⲃⲟⲗ` ⲁⲩⲱ ⲡⲉⲧⲟⲛϩ ⲉⲃⲟⲗ ϩⲛ̅ | ⲡⲉⲧⲟⲛϩ ϥⲛⲁⲛⲁⲩ ⲁⲛ ⲉⲙⲟⲩ ⲟⲩⲭ ϩⲟⲧⲓ ⲉⲓ̅ⲥ̅ | ϫⲱ ⲙ̅ⲙⲟⲥ ϫⲉ ⲡⲉⲧⲁϩⲉ ⲉⲣⲟϥ` ⲟⲩⲁⲁϥ ⲡⲕⲟⲥ||ⲙⲟⲥ ⲙ̅ⲡϣⲁ ⲙ̅ⲙⲟϥ` ⲁⲛ

(112) ⲡⲉϫⲉ ⲓ̅ⲥ̅ ϫⲉ ⲟⲩⲟⲉⲓ | ⲛ̅ⲧⲥⲁⲣⲝ` ⲧⲁⲉⲓ ⲉⲧⲟϣⲉ ⲛ̅ⲧⲯⲩⲭⲏ ⲟⲩⲟⲉⲓ| ⲛ̅ⲧⲯⲩⲭⲏ ⲧⲁⲉⲓ ⲉⲧⲟϣⲉ ⲛ̅ⲧⲥⲁⲣⲝ

(113) ⲡⲉϫⲁⲩ | ⲛⲁϥ ⲛ̅ϭⲓ ⲛⲉϥⲙⲁⲑⲏⲧⲏⲥ ϫⲉ ⲧⲙⲛ̅ⲧⲉⲣⲟ | ⲉⲥⲛ̅ⲛⲏⲩ ⲛ̅ⲁϣ ⲛ̅-ϩⲟⲟⲩ <ⲡⲉϫⲉ ⲓ̅ⲥ̅ ϫⲉ> ⲉⲥⲛ̅ⲛⲏⲩ ⲁⲛ ϩⲛ̅ ⲟⲩ||ϭⲱϣⲧ` ⲉⲃⲟⲗ` ⲉⲩⲛⲁ-ϫⲟⲟⲥ ⲁⲛ ϫⲉ ⲉⲓⲥϩⲏⲏ|ⲧⲉ ⲙ̅ⲡⲓⲥⲁ ⲏ ⲉⲓⲥϩⲏⲏⲧⲉ ⲧⲏ ⲁⲗⲗⲁ ⲧⲙⲛ̅ⲧⲉⲣⲟ | ⲙ̅-ⲡⲉⲓⲱⲧ` ⲉⲥⲡⲟⲣϣ` ⲉⲃⲟⲗ ϩⲓϫⲙ̅ ⲡⲕⲁϩ ⲁⲩⲱ | ⲣ̅ⲣⲱⲙⲉ ⲛⲁⲩ ⲁⲛ ⲉⲣⲟⲥ

(114) ⲡⲉϫⲉ ⲥⲓⲙⲱⲛ ⲡⲉⲧⲣⲟⲥ | ⲛⲁⲩ ϫⲉ ⲙⲁⲣⲉ ⲙⲁⲣⲓϩⲁⲙ ⲉⲓ ⲉⲃⲟⲗ ⲛ̅ϩⲏⲧⲛ̅ || ϫⲉ ⲛ̅ⲥϩⲓⲟⲙⲉ ⲙ̅ⲡϣⲁ ⲁⲛ` ⲙ̅ⲡⲱⲛϩ ⲡⲉϫⲉ ⲓ̅ⲥ̅ | ϫⲉ ⲉⲓⲥϩⲏⲏⲧⲉ ⲁⲛⲟⲕ` ϯⲛⲁⲥⲱⲕ` ⲙ̅ⲙⲟⲥ ϫⲉ|ⲕⲁⲁⲥ ⲉⲉⲓⲛⲁⲁⲥ ⲛ̅ϩⲟⲟⲩⲧ` ϣⲓⲛⲁ ⲉⲥⲛⲁϣⲱ|ⲡⲉ ϩⲱⲱⲥ ⲛ̅ⲟⲩⲡⲛ̅ⲁ̅ ⲉϥⲟⲛϩ ⲉϥⲉⲓⲛⲉ ⲙ̅|ⲙⲱⲧⲛ̅ ⲛ̅ϩⲟⲟⲩⲧ ϫⲉ ⲥϩⲓⲙⲉ ⲛⲓⲙ` ⲉⲥⲛⲁⲁⲥ || ⲛ̅ϩⲟⲟⲩⲧ` ⲥⲛⲁⲃⲱⲕ` ⲉϩⲟⲩⲛ ⲉⲧⲙⲛ̅ⲧⲉⲣⲟ | ⲛⲙ̅ⲡⲏⲩⲉ |

109 예수가 말했다. "나라는 마치 자신의 밭 안에 숨겨진 보물을 가졌던 사람과 같다. 그는 그것이 거기 있었는지 몰랐다. 그가 죽었을 때 그의 아들에게 그 밭을 남겼는데, 그 아들은 아무 것도 모르고 그 밭을 팔았다. 밭을 산 사람이 그 밭을 갈다가 그 보물을 발견했다. 그는 원하는 모든 사람에게 이자와 함께 돈을 빌려주기 시작했다."

110 예수가 말했다. "세상을 발견하고 부유하게 된 사람은 세상을 저버리게 하라."

111 예수가 말했다. "너희 앞에서 하늘과 땅이 말려 올라갈 것이다. 살아있는 자로부터 온 살아있는 사람은 두려움과 죽음을 모를 것이다. 왜냐하면 '누구든지 스스로 지식을 가진 사람을 세상은 가둘 수 없다'라고 말해지기 때문이다."

112 예수가 말했다. "영혼에 의존하는 육체는 비참하다. 육체에 의존하는 영혼은 비참하다."

113 제자들이 그에게 물었다. "그 나라는 언제 옵니까?" 예수가 대답했다. "그것을 바라보고 있다고 오지 않는다. 아무도 '보라 여기 있다, 보라 저기 있다'라고 말하지 않을 것이다. 아버지의 나라는 온 땅에 퍼져나가고, 사람들은 그것을 보지 못한다."

114 시몬 베드로가 그에게 말했다. "마리아는 우리를 떠나야 한다. 왜냐하면 여자는 생명에 합당하지 않기 때문이다." 예수가 대답했다. "이것이 내가 그녀를 인도하는 방식이다. 그래서 그녀는 남자가 된다. 그녀는 또한 너희 남자들처럼 살아있는 호흡이 될 것이다. 어떤 여자라도 자기를 남자로 만들면 하느님의 나라에 들어갈 것이다."

2부

# 도마복음 해제

# 서 문

**이것들은 살아있는 예수[1]에 의해 계시가 된 비밀의 말씀이다. 디두모스 유다 도마가 이것을 기록했다.**

(비교. 렘 36:1, 37:4; 바룩서; 고전 24:44; 계 4:9, 10:6)

몇몇 사람들은 '외경 말씀'을 문자 그대로의 의미인 '숨겨진'을 의미하는 그리스어 아포크루포스(apokruphos)로 번역한다. 그러나 이 서문은 훨씬 더 많은 것을 의미한다. 예수는 우리에게 인간과 신의 '비밀의 말씀', 즉 하느님이 인간 안에 있고 인간이 하느님 안에 있는⋯ 사랑과 존재의 비밀을 계시하기 위해 왔다. 마태복음에서 예수는 바리새인들과 위선자들처럼 우리의 공의 안에서 엄격하게 되지 말고 "은밀히 거기 계신 아버지께 기도"하라고 우리를 초대한다. 인간 존재의 깊은 곳에 거하시는 사랑의 하느님은 비밀이며, 우리가 참된 자유 안에서 행동하고 생각하고 말할 수 있는 것은 바로 이 숨겨진 깊이를 통해서이다.

살아있고 각성한 예수는 그의 말씀과 삶과 실천을 통해 모든 인간이 인식할 수 있고 알 수 있는 비밀을 드러낸다. 그는 완전하게 생명과 사랑으로 성육신한다. 이것이 그분에게 '살아계신 분'이라는 이름을 붙인 이유이다. 만약 우리가 하느님의 임재 안에 있고, 그분 안에서

---

1 끌루프는 예수를 아람어 발음에 따라 '예수아'(Yeshua)로 번역했지만, 나는 이것을 '예수'로 번역한다.

우리 자신을 살도록 허용한다면, 우리는 그 계시자와 함께 할 수 있다.

디디무스 유다 도마, '쌍둥이'(그리스어로 *didymos*)는 예수의 가장 가까운 친구로 이 말씀을 수집했다. 이 말씀이 도마에 의해 기록되었다는 것의 의미는 예수 시대의 사도 도마 자신에 의해 기록되었다는 것을 의미할 수도 있고 또는 도마의 전통을 대표하는 다른 저자를 의미할 수도 있다(후기 전승에 따르면 도마는 인도 마드라스Madras에서 죽었고 그의 무덤은 오늘날에도 그곳에서 숭배되고 있다). 그러나 우리에게 중요한 것은 말씀에 더 가까이 다가가기 위해 이 성구들을 읽는 것이다. 즉, 우리 안에 있는 살아있는 분의 비밀과 목소리를 듣는 것이다.

# 어록 1

예수가 말했다. "이 말의 해석대로 사는 사람은[2] 더 이상 죽음을 맛보지 않을 것이다."

(참조: 요 5:24, 8:51-52; 마 13:10-15)

해석학(Hermeneutics) 또는 해석의 기술은 주석 그 이상의 것을 의미한다. 해석은 종종 본문의 구조와 의미를 설명하기 위해 문맥을 재구성하는 것으로 자신을 제한한다. 그리고 더 깊은 의미를 찾는 것을 잊어버리는 것이다. 그것은 껍질의 구조와 두께를 측정하고 그 안에 아몬드를 맛보는 것을 잊는 것과 같다.

해석자들은[3] 의미를 갈망하고 단어를 통해 접근할 수 있는 샘물에서 마실 때 물 주전자의 색과 형태에 관심이 없다. 이런 의미에서 해석자가 되는 것은 예수의 어록을 해석하여 사는 것을 의미한다. 그것은 일순간이라 할지라도 그 의미와 함께 하나가 되는 것을 의미한다. 이 연합의 순간은 우리 안에서 창조되지 않은 자의 존재와 복합적인 것과 부패 되어야 하는 것을 초월하는 무언가의 맛, 즉 죽음을 초월하는 무언가의 맛을 일깨운다.

---

2 이 부분에 관한 대부분의 번역은 "해석을 찾은"인데 룰루프는 특이하게 "해석대로 사는 것"으로 번역했다.

3 *서문에서와 마찬가지로 여기에서, 저자는 프랑스어 *bérmeneute*를 특별한 의미로 사용한다. 영어 동의어인 *bermeneutist*는 학문적인 암시가 너무 강해서 나는 복음서 자체 안에서 그것을 사용하지 않았다. 그리고 나는 좀 더 문자적인 의미인 "해석자들이 된다"라는 것 대신에 "해석한다"라는 어절을 선택했다.

음악을 해석하는 방법에는 여러 가지가 있다. 예를 들어 연주자는 때때로 영감이 부족하거나 잘못 조율된 악기를 사용하여 작곡가에게 손해를 끼친다. 그러나 해석학 예술에서 최우선 순위는 질문 안에서 우리가 해석하는 낱말의 정신(spirit)을 인식하는 것이다. 이 정신은 우리가 번역하려는 텍스트에서 숨 쉬는 생명과 조화를 이루고 공명하고 있는가? 물론 우리는 또한 이런 미묘한 텍스트의 조화를 지각할 수 있는 좋은 도구와 지식 그리고 계발된 지성과 감정을 가져야 한다.

가장 위대한 음악가는 오랜 연습 끝에 자신이 해석하고 있다는 사실을 잊을 수 있는 사람이다. 그들은 작곡가를 감동하게 한 영감으로 하나가 되고, 음악은 그들을 통해 악기처럼 연주된다.

예수는 말뿐만 아니라 행동으로 사랑과 삶의 의미를 사는 해석자가 되었다. 그의 주석은 그의 가르침뿐만 아니라 그의 살과 피와 웃음과 눈물로 기록되었다. 보는 눈을 가진 자들은 그에게서 살아 있는 분을 보았다.

# 어 록 2

예수가 말했다. "찾는 사람은 찾을 때까지 계속 찾아야 한다. 그들이 찾으면 당황할 것이다. 그리고 당황하게 되면 그들은 놀라고 모든 것을 다스릴 것이다."

(참조: 마 7:7-8; 눅 11:9-10)

이 어록은 진정한 입문 과정을 구성하는 영지주의의 주요 단계를 설명한다.

첫 번째 단계는 탐색이다. 두 번째는 발견이다. 세 번째는 이 발견의 충격과 동요이다. 네 번째는 경이로움과 놀라움이다. 다섯 번째는 모든 것의 임재와 통치이다.

이 단계의 마지막은 옥시린쿠스 사본(Oxyrhynchus 654, no. 1)[4]에서 언급되며, 여기에서 만물에 대한 이 통치는 위대한 안식으로 더 자세히 묘사된다. 이것은 「빌립복음」과 알렉산드리아의 클레멘트(『스트로마타』제2권)에도 반영되어 있다.

이러한 각 단계에 관한 추가 설명은 유용할 수 있다.

---

4 *이 사본은 이집트의 옥시린쿠스에서 1898년에 발견되었는데, 콥트어 번역본보다 이른 시기에 기록된 원래 그리스어로 기록된 「도마복음」의 단편을 포함하고 있다. 많은 학자는 그리스어로 기록된 원래의 도마복음은 가장 이른 정경 복음서보다 이른 시기에 만들어졌다고 믿는다.

## 1. 추구

찾는 사람은 항상 탐색해야 한다. 진리는 찾을 수 있도록 숨겨져 있다. 예언자가 말했듯이 이 위대한 탐색의 놀이 안에서 우리가 실천하도록 초대하는 자는 '숨겨진 하느님'이다.

한 늙은 랍비는 그의 손자에게 이렇게 설명했다. "네가 친구와 숨바꼭질할 때, 만약 그가 숨었는데 네가 단순히 찾기를 그만둔다면 친구가 얼마나 실망할지 상상해 봐라."

우리가 숨겨진 하느님 찾기를 멈출 때 우리는 신적인 놀이로부터 물러나는 것이다. 그러나 이 놀이, 이 탐색은 우리 삶에 의미를 주는 것이다.

이스라엘의 전체 역사는 한 민족과 그들의 하느님 사이의 숨바꼭질 놀이의 역사가 아닌가?

따라서 입문 경로의 첫 번째 단계는 놀이, 탐구에 관한 갈증과 풍미를 재발견하는 것으로 구성한다. 그것은 우리가 발견했던 것 안에서 새롭고 끝없는 깊이를 경험하기 위해 구도자가 되고 찾은 후에도 구도자로 남아있는 것으로 이루어진다.

## 2. 찾기

어떤 의미에서 추구는 이미 찾은 것이다. 그렇지 않다면, 우리가 어떻게든 이미 알고 있는 것이 아니라면 어떻게 우리가 찾을 생각을 가질 수 있고, 어떻게 이 욕망으로 추동될 수 있겠는가? 분명히 우리는 모두 가장 어두운 밤에 항상 거기에 있었던 빛(멀리 떨어진 별에서 오는 경우에만)을 발견하는 순간을 증언하는 기회를 우리 삶에서 가지고 있다.

"당신이 나를 아직 찾지 않았다면 나를 추구하지 않았을 것이다." 따라서 탐색의 본질적인 움직임은 이미 여기에 있는 것을 향한 더 큰 개방이다. 그러나 우리는 그것을 충분히 알지 못한다. 침례자 요한은 제자들에게 "너희 중심에 너희가 인식하지 못하는 사람이 있다"라고 말했다. 우리의 핵심에는 인식되고 확인되어야 하는 존재가 있다. 추구/찾는다는 것은 항상 우리의 것이었던 선물에 점점 더 개방되는 것을 의미한다.

## 3. 두려워지고 당황케 되는 것

존재에 대한 인식은 우리를 괴롭게 하고 혼란스럽게 한다. 왜냐하면 이 차원에 대한 각성은 우리가 평범하고 소위 정상적인 세계관에 의문을 제기하도록 강요하기 때문이다.

양자물리학이 물체가 파동인 동시에 입자일 수 있음을, 동시에 존재하고 부재함을 보여주었을 때 일반 논리로는 이 현상을 다룰 수 없었기 때문에 최고의 지성을 가진 많은 사람을 아주 곤란하게 했다.

존재의 경험은 우리 현실의 관점에 대한 급진적으로 질문하는 것이다. 그것은 우리가 현실을 이해한다고 생각하는 개념적 수단에 의해 조건 지어진 관점이다. 세상을 생각하는 우리의 상습적인 방식이 그저 습관일 뿐이라는 이 발견은 문제와 혼란 없이는 일어날 수 없다. 그러나 우리가 이 문제를 우리 의식의 진화에서 필요한 단계로 받아들일수록 우리는 점점 더 경이로움과 놀라움을 향해 나아간다.


## 4. 놀라움


4세기에 살았던 니사의 그레고리우스는 이렇게 말했다. "오직 놀라움만이 우리에게 무엇인가를 말해 줄 수 있다. 사람들이 가진 개념은 하느님에 관한 우상을 만든다."5

그리스 철학의 전통은 경이로움과 놀라움을 지혜의 시작으로 여겼다.

우리 시대에 아인슈타인은 바보만이 경이로움을 느낄 수 없다고 말했다. 그리고 우리는 바보를 자신이 안다고 생각하고 탐색을 포기하는 사람으로 정의할 수 있다.

우리는 더 많이 발견할수록 더 많이 놀라고 궁금해진다. 하지만 이 둘은 일종의 낭만적인 상상이나 공상이 아니다. 아인슈타인에게 경이로움은 특정 순간에 세상이 이해 가능해진다는 사실에 있었다. 우리의 지능과 우주 사이에 마치 똑같은 의식에 의해 움직이는 것처럼 공명의 가능성이 있다는 사실에 있었다. 오직 이 경이로움을 경험한 후에 우리는 모든 것을 다스리는 신비로 들어갈 수 있다.

---

5 실제 그레고리는 "개념은 우상을 만듭니다. 경이로움만이 모든 것을 이해합니다. 사람들은 우상 때문에 서로를 죽입니다. 경이로움은 우리를 무릎 꿇게 만듭니다"라고 말했다. https://www.goodreads.com/quotes/485600-concepts-create-idols-only-won-der-comprehends-anything-people-kill-one, 2023.02.24 인용.

## 5. 모든 것을 다스림

이 단계에서 우리는 자신이 더 이상 세상과 분리되어 있지 않다고 감지한다. 그 대신에 우리는 우주가 그것 자체의 의식이 되는 것이 가능한 공간으로 인식한다. 나는 만물을 다스리는 하나이다. 산과 별을 움직이는 같은 영, 같은 숨결, 같은 에너지가 나를 움직인다. 시편 기자는 "산이 숫양처럼 뛰고 구릉이 어린 양처럼 뛴다"라고 말한다. 이러한 묘사는 현대 지질학자들을 편안하게 만든다. 아이의 정맥 안에서 급증하는 생명은 나무를 자라게 만드는 수액과 같다.

여기에서 나는 나 자신을 단지 다른 것(모든 것이 하나인) 중에서 특정한 표현으로 본다. 같은 모든 것이 하나이다. 여기, 만물의 살아 있는 상호 연결성 속에서 나는 안식의 광대함을 안다.

## 6. 휴식 중

안식일의 의미는 유대인들에게 매우 중요하다. 일하는 시간, 하는 일, 소유하는 시간 다음에 우리는 하느님 앞에서 앉아 있는, 단순히 존재하는 시간을 가져야 한다.

안식의 주제는 영지주의자들에게 마찬가지로 중요하다. 마지막으로 생각과 감정은 만물에 생명을 불어넣는 이 의식 안에서 결합하고, 우리는 진정한 안식을 찾을 수 있다. 이전에 모순되거나 반대되는 것으로 나타났던 것이 이제는 상호보완적으로 드러난다. 왜냐하면 이원성을 넘어서는 통로가 열렸기 때문이다. 세상의 모든 연못에 흩어져 있는 무수한 반사 속에서 우리는 하나의 달을 발견한다.

이 살아있는 비이원성은 입문 경로의 모든 단계에서 끝없이 추구되는 평화와 안식이다. 그러나 이 영적인 길은 우리에게 문제와 혼란에 대하여 두려움이나 혐오를 품지 않고 탐색을 온전히 실천할 것을 요구한다. 그래서 우리는 이 경이로움과 안식에서 우리의 고향을 찾을 수 있다.

# 어 록 3

예수가 말했다. "너를 안내하는 사람이 '봐라, 나라는 하늘에 있다'라고 말한다면 하늘의 새들이 너희보다 가까이 있다. 그들이 '봐라, 나라는 바다에 있다'라고 말한다면, 물고기는 이미 그것을 알고 있다. 나라는 이미 너희 안에 있고, 너희 밖에 있다. 너희가 너희 자신을 알 때, 너희는 알려질 것이고, 너희가 살아 계신 아버지의 자녀라는 것을 알게 될 것이다. 그러나 너희가 너희 자신을 모르면 너희는 덧없는 삶을 살고, 너희는 덧없음이 될 것이다."

(참조: 마 24:26-27; 막 13:5-7; 눅 17:21; 신 30:11-14; 롬 10:6-8)

나라의 의미를 정의하기 전에 "나를 지배하는 것은 무엇인가? 그것은 나의 과거, 나의 무의식, 나의 환경, 아니면 어떤 생각이나 열정인가?"라는 질문을 하는 것이 좋다.

'나'라는 우리의 모든 능력에 스며드는 우리 안에 있는 성령의 통치이다. 그것은 더 이상 우리를 기억, 두려움, 욕망으로 지배하는 자아(ego)가 아니다. 그것은 우리 안에 있는 살아있는 자의 통치의 시작이다.

이 어록은 우리에게 이 나라가 우리 안에 있는 하느님의 영의 임재임을 말해준다. 이 나라를 극단적으로 외면에서만 구해서도 안 되고, 극단적으로 내면에서만 구해서도 안 된다. 이것은 우리의 평범한 의식의 풍토를 형성하는 이원론에서 벗어나도록 우리를 초대한다.

이 풍토는 반대, 적대, 배제 중 하나이다. 예를 들면 우리는 "교회밖에는 구원이 없다"와 같은 문구가 만들어내는 피해를 알고 있다. 교회라는 용어를 단순히 제도적인 의미로 이해하면 그것은 교회 안에도 있고 교회 밖에도 있다. 즉, 인류 대부분이 구원에서 제외된다는 의미이다. 그러나 어거스틴은 다음과 같이 말했을 때 그러한 이원론적 언어의 방해를 감지했다. "많은 사람이 교회 안에 있다고 주장하지만 실제로는 교회 밖에 있다. 그들은 그리스도의 사랑과 삶을 실천하지 않기 때문이다. 겉으로는 명백하게 교회 밖에 있지만, 실제로는 교회 안에 있는 사람들이 많이 있다. 그들은 그리스도의 삶과 사랑을 실천하기 때문이다."

또한 모든 외부는 또 다른 관점에서 내부이다. 우리 밖에 있는 모든 것은 '우리'라는 더 넓은 공간 안에 있다. 집은 도시 안에 있고, 집 자체는 국가 안에 있다. 따라서 모든 내부는 우리의 호흡, 우리의 생각(타인의 말과 생각에 따라 형성됨), 우리의 가장 친밀한 욕망(인간은 타자의 욕망의 욕망이다)을 포함하여 외부 현실에 의해 형성된다.

우리는 「도마복음」에서 비이원론적 언어의 지혜를 보기 시작한다. 이것이 단순히 "나라는 너희 안에 있다"라고만 했다면 내면의 경험과 명상에 일방적인 특권을 부여한 것이 되었을 것이다. 일방적인 특권은 우리 주변에서 일어나는 일을 무시하기 위해 세상을 피하도록 격려했을 것이다. 그렇다면 행복은 영적일 뿐이며 우리는 육신의 절반과 분리되어 있었을 것이다. 세상, 타인, 물질 자체는 우리 내면 주위를 배회하는 유혹과 위협으로 축소되었을 것이다.

만일 「도마복음」이 "나라는 너희 밖에 있다"라고 말하였더라면, 우리는 어떤 대가를 치르더라도 세상을 변화시키고 다른 사람들을 개종시키라는 격려를 받았을 것이고, 침묵 속에 앉아서 마음속으로 살아 계신 분의 노래를 듣는 것은 이기심이 되었을 것이다.

이 복음은 외부 대 내부의 조현병에 대한 치료법이다. 왜냐하면 이것은 이 두 가지가 모두 포함되어 있다고 알려 주기 때문이다. 외부와 내부 현실이 나라 안에서 함께 오기 때문에 반대가 없다. 이것은 사물을 보는 우리의 방식을 변화시킬 수 있다. 이제부터 우리는 우리가 마주치는 모든 것의 외면과 내면을 모두 볼 수 있다. 첫째, 존재의 현존(Presence of Being)도 거기에 있으므로 우리는 외피, 형태, 우리 주변 환경의 세부 사항을 존중한다. 우리는 더 이상 '단순한 외모'에 눈을 감지 않는다. 그러나 우리는 또한 우리 자신이 그것들에 갇히는 것을 허용하지 않는다. 우리는 존재하는 모든 것의 내적 차원, 보이는 것 안에 보이지 않는 것의 내적 깊이, 우리가 듣는 말속에 있는 의미 있는 침묵, 우리가 만지는 모든 것에서 만질 수 없는 것을 느끼려고 노력한다. 이러한 태도는 일상생활에서 특별한 종류의 각성을 길러준다. "우리의 금욕주의는 우리의 포기이며, 우리의 기적은 우리의 일용할 양식이다"라고 영지주의자들은 말한다.

우리가 훌륭한 음악을 듣고 어떤 종류의 침묵이 우리 안에 자리 잡으면, 침묵과 소리는 대립하거나 모순되지 않는다. 반대로 그들은 서로의 융합을 기뻐한다. 이것은 완전한 임재의 나라를 한 번 흘끗 보는 것이다.

내면의 관심을 가지고 사랑으로 누군가를 만지는 것은 감각적이면서도 보이지 않는 차원의 존재에 열려 있다. 어거스틴이 말했듯이 "육체에 속한 사람은 영적인 것에서도 육욕적이다. 영적인 사람은 육체 안에 있어서도 영적이다." 다른 사람을 우리 자신처럼, 그들이 우리 안에 있는 것처럼 사랑하는 것, 그러나 다른 사람을 우리 자신으로 축소하지 않는 것, 이것이 진정한 관계의 조건이다.

사랑은 타자성과 정체성, 일치와 차이에 대한 존중이다. 타자성과 외부 대상만이 실재라면 진정한 소통은 가능하지 않다. 우리는 분리와 궁극적인 소통 불가능 안에서 고립될 것이다. 그리고 유일한 실재가 정체성-동일성이라는 현실이라면 어떤 관계도 가능하지 않고, 오직 일종의 융합 혼합물만 가능하다. 차이, 다름은 관계를 가능하게 하는 바로 그 공간이다. 내가 당신이 아니라면 어떻게 당신을 사랑하고 이 사랑 안에서 나를 뛰어넘을 수 있겠는가?

그래서 우리는 나라가 임하는 것을 위해 일하는 것이 두 개의 운동을 암시한다는 것을 본다. 하나는 물질을 영성화하면서 모든 것의 내면을 향하는 운동이고 또 다른 하나는 성령을 드러내면서 사물의 외향을 향하여 우리의 공간, 시간, 사회 및 상황 내에서 성령을 완전히 구현하는 운동이다. 나라는 우리 위에도, 아래에도, 오른쪽이나 왼쪽에도, 안팎에도 없다…. 이것은 동시에 높이와 깊이, 너비와 두께, 내부와 외부이다. 이것은 존재하는 것과 우리라는 존재의 총체이다.

영지주의자는 자신의 어떤 부분도 배제하지 않는 온전한 인간이다. 진정한 자기 지식은 영혼에 관한 지식이나 가죽 주머니에 싸인 '작은 나'에 관한 지식에 국한될 수 없다. 자기 지식은 우리 존재의 모든 차원에 관한 의식이다.

이 의식 안에서, 이 어록의 두 번째 부분이 우리에게 말하듯이, 우리는 우리 또한 알려져 있음을 발견한다. 우리의 가장 친밀한 핵심 속에서 바로 우리 자신의 모든 것의 통합 운동 안에서 우리는 우리의 근거가 되는 타인을 발견한다. 다시 말하지만 우리는 내면의 궁극적인 깊이에서 형이상학적 외부를 발견한다.

따라서 우리 자신을 안다는 것은 우리가 알려져 있다는 것을 발견하는 것이다. 참된 지식의 모든 행위 안에서 우리를 통해 소통하고 우리에게 그 빛에 참여하게 하는 지성이 관여한다는 것을 발견하는 것이다.

사랑한다는 것은 우리가 사랑받고 있다는 것을 발견하는 것이다. 모든 사랑의 행위에는 우리에게 주어지고 우리에게 그 생명에 참여를 제공하는 사랑에 관한 참여가 있다. 이것이 사도 요한이 의미하는 것이다. 즉, "하느님은 사랑이십니다. 사랑 안에 있는 사람은 하느님 안에 있고 하느님도 그 사람 안에 있다"[6]라고 말한다. 개든 꽃이든 진정으로 사랑할 수 있다는 것은 언제나 은총이다. 지옥은 사랑의 부재, 사랑할 힘의 상실이다.

우리 자신을 아는 것, 우리가 알려져 있다는 것을 아는 것은 또한 살아 계신 분의 자녀, 불의 불꽃, 바람의 자녀로 다시 태어난 우리 자신을 발견하는 것이다. 우리 자신을 모른다는 것은 우리 자신의 결핍으로 떨어지는 것, 헛된 삶을 사는 것, 유리잔 위의 살랑거림에서 나오는 안개처럼 일어나고 사라지는 것, 덧없음이 되는 것이다.

---

6 요한일서 4:16.

# 어 록 4

예수는 말했다. "나이 많은 사람이 생명의 장소에 관해서 태어난 지 7일밖에 되지 않은 유아에게 묻는 것을 주저하지 않는다면 그 사람은 살 것이다. 처음 된 많은 자들이 자신들을 꼴찌가 되게 하고, 그들은 하나가 될 것이다."

(참조: 마 19:30, 20:16; 막 10:31; 눅 13:30; 요 17:20-23)


우리는 아주 오래된 존재이다. 과학자들은 우리가 세포 수준에서 수십억 살이고, 우리 뇌의 오래된 부분은 인류의 시작을 기억한다고 말한다. 여기서 「도마복음」은 나이 많은 사람들이 어린아이에게 물어야 한다는 사실을 상기시킨다. 왜냐하면 참된 진리는 더 많은 정보를 축적하는 것이 아니라 새롭고 참신한 방식으로 보는 것, 즉 마음의 순수함으로 구성되기 때문이다.

어린아이는 삶의 장소에 가깝고, 아직 이원성에 의해 제한되지 않고, 아직 어머니와 세상과 분리되지 않는다. 따라서 우리는 처음에 대해 아이에게 효과적으로 질문할 수 있다.

연로한 사람들은 그들의 끝이 시작과 같을 것이라고 느낀다. 우리가 태어나기 전에 우리의 얼굴은 어땠는가? 이것은 다음과 같은 질문과 같다. "죽은 후에 우리의 얼굴은 어떻게 될까?" 유아는 여전히 영원의 얼굴, 고요한 근원의 어떤 것을 간직하고 있다. 그것은 아직 완전히 하나의 성 또는 다른 성이 아니며, 태초의 남녀 양성구유자의 신화를 상기시킨다. 그러면 우리는 생후 7일 된 유아가 영의 일곱

가지 선물을 받고 그 자체로 시작과 끝이라는 반대의 결합을 깨달은 입문자를 상징한다는 것을 느끼기 시작한다. 7일은 또한 조건 없는 상태로 돌아가는 데 허용된 시간을 상징한다. 이것이 남자아이가 성과 종교와 사회에 처음으로 소속되었다는 표식을 얻는 때인 할례 의식을 위해 여덟째 날을 선택한 이유이다.

그러나 우리의 나이가 얼마이든 기억의 무게가 얼마나 무겁든, 이 복음은 우리 안에 있는 '신성한 아이'(Divine Child), 우리의 조건 없는 핵심을 기억하도록 우리를 초대한다. 이 아이를 살게 함으로써 우리는 그 근원의 참신하고 즐거운 눈으로 세상을 본다.

**많은 첫 번째 사람이 자신을 마지막 사람으로 만들 것이다….**

위 구절은 '쓸모 없는'(즉, 사용되지 않는) 기술을 주창한 노자의 가르침과 유사하다. 이 기술의 대가들은 아무것도 아는 척하지 않는다. 그들은 단순하게 보고 있는 그대로의 조용한 증인이 되는 것에 만족한다. 진정한 영지(gnosis)[7]는 주로 광대한 제거로 구성되며, 우리 자신을 방해물에서 해방한다. 우리는 헛된 단어와 개념을 제거하여 마음이 맑은 거울처럼, 아이의 모습처럼, 아무도 헤엄치지 않는 넓은 수면에서 길을 잃은 잊힌 호수처럼(그 물은 잔물결 없이 달을 완벽하게 반사하는) 된다.

---

7 그노시스는 '지식'을 뜻하는 그리스어이다. 단순한 지식이 아니라 영적인 지식을 의미하기 때문에 여기서는 '영지'로 번역한다.

# 어 록 5

예수가 말했다. "너희 앞에 있는 것을 인식하라, 그러면, 너희에게 숨겨진 것이 드러날 것이다. 감춰진 것 중에서 숨겨진 것은 없다."

(참조: 마 4:22, 10:26; 눅 8:17, 12:2)


마태(마티아스)의 정경 전통에 관해 말하면서 알렉산드리아의 클레멘트 "당신 앞에 있는 것들을 감복하세요!"라고 말했다(*Stromata* II, IX:45).

그노시스(영지)는 우리가 세상을 해석하고 이해하기 위한 시스템이나 또 다른 이데올로기가 아니다. 반대로 그것은 다른 것을 찾는 것이 아니라 우리가 우리 앞에서 이미 보고 있는 것에 눈을 뜨는 것을 의미한다. 천국, 왕국, 하느님은 내가 있는 곳에 있다. 마이스터 에크하르트(Meister Eckhart)가 말했듯이 "내가 신을 보는 눈은 신이 나를 보는 눈이다: 하나의 눈, 하나의 시각, 하나의 지식, 하나의 사랑." 사물은 그 자체로 숨겨져 있지 않고 열려 있다. 그것들을 숨기고 있는 장막은 우리 자신의 시각 습관에 있고, 너무 투박하고, 현실에 관한 기억과 가정으로 가득 차서 우리 앞에 있는 것을 왜곡한다.

우리는 바울의 이야기를 알고 있다. 그날 그의 눈에서 비늘이 벗겨지고 그가 박해하던 바로 그 사람들에게서 살아 계신 그리스도를 보았다. 그리고 비잔틴 전통이 가르치는 것처럼 타보르산에서 변화된 것은 그리스도가 아니라 마침내 그분을 진정으로 볼 수 있었던 제자들의 눈이었다.

영지(Gnosis)는 우리 앞에 있는 것을 실제로 보기 위한 오랜 시간에 걸친 인식 작업과 관심의 순수성 작업이다. 이러한 관심의 결과는 우리가 보는 것과 사랑하는 것이 된다는 것이다. 이것이 모든 존재에서 가장 진실한 것을 인식하기 위해 깊이 들여다보는 것이 중요한 이유이다. 표면보다 더 깊은 내부의 얼굴을 보면 웃고 찌푸린다. 교부 전통에 따르면 '인류는 자유로운 거울'이다. 우리가 혼돈을 보면 우리는 혼돈을 반사한다. 우리가 빛을 보면 우리는 빛을 반사한다.

「빌립복음」에서 나온 또한 나그함마디 문서에서 발견되는 이 말씀을 고려하라. 이 주제는 나중에 더 발전한다.

누구든지 영원한 실재를 보고 그와 같이 되지 않는 것은 불가능하다.

진리는 세상의 진리처럼 실현되지 않는다:

태양을 바라보는 사람은 태양처럼 되지 않는다.

하늘이나 땅이나 존재하는 모든 것을 보는 사람은 그들이 본 대로 되지 않는다.

하지만 이 다른 공간에서 무언가를 보면 당신은 그것이 된다.

당신이 숨을 안다면, 당신은 숨이다.

그리스도를 알면 그리스도가 된다.

당신이 아버지를 본다면 당신은 아버지이다.[8]

---

8 *Jean-Yves Leloup, *The Gospel of Philip* (Rochester, Vt.: Inner Traditions, 2004)를 참조하라. 또한 아드바티아(Advatia) 전통에서 유래한 매우 유명한 산스크리트 잠언인 "너는 그것이다"(*Tat Tvam asi*)도 참조하라.

# 어록 6

예수의 제자들이 예수에게 물었다. "우리가 금식해야 하나요? 어떻게 우리는 기도해야 하나요? 어떻게 우리는 자선해야 하나요? 우리가 따라야 할 음식 규례는 무엇인가요?" 예수가 말했다. "거짓말하지 말아라. 너희의 사랑에 반대되는 것을 하지 말아라. 너희는 하늘 아래에서 벌거벗고 있다. 너희가 숨긴 것은 드러날 것이고, 무엇이든지 감춰진 것은 밝혀질 것이다."

(참조: 마 6:2, 7, 16; 눅 6:31; 롬 7:15; 고후 5:10; 엡 4:25; 골 3:9; 야 3:14; 갈 4:10)

제자들의 이러한 질문은 종교적 금욕주의의 세 가지 고전적인 의무인 기도, 금식, 구제에 관한 것이다. 진지한 구도자라면 누구든지 이 주제에 관해 "내가 무엇을 해야 하나?"라는 질문을 했을 것이다. 예수는 이것이 올바른 질문이 아니라고 말하는 것 같다. 이것이나 저것을 하기 전에 우리는 먼저 존재해야 한다. 중요한 것은 우리가 일하는 것이 아니라 우리가 그것을 일하게 하는 정신, 즉 우리 존재의 자질과 성실성이다. 이것은 우리가 우리의 공로와 행위로 의롭게 된다고 가정하는 우리의 경향에 대한 경고이다.

모든 전통의 현자들이 비난하는 일종의 '영적 유물론'이 존재한다. 자아(ego)는 참으로 매우 영리한 원숭이이다. 자아는 자신을 먹고 부풀리고 자신의 허영심을 확인하는 방식으로 금식, 기도, 자선을 이용할 수 있다.

이것이 정경 복음서뿐만 아니라 「도마복음」에서 바리새인이라는 용어의 사용이 의미하는 것이다. 속은 무언가 썩어 있으면서 남들 눈에는 의롭게 보이려는 욕망이다. 정경 복음서에서 예수는 이 사이비 영성을 훨씬 더 심하게 반대하는 것 같다: "너희는 잔과 접시의 겉은 깨끗이 하지만, 그 안은 탐욕과 방종으로 가득 채우기 때문이다"(마 23:25).

그러나 「도마복음」에서 예수는 제자들에게 거짓말을 그만두라고 권고하는 선에서 만족한다. 즉, 당신의 오래된 이야기를 하는 것을 멈추고, 순수하고, 건전하고 거룩한 것에 맞춰서 하는 연극을 그만두라. 당신 자신이 되고, 가식을 멈추고, 존재와 겉모습 사이의 분리를 느끼지 마라.

**당신의 사랑에 반대되는 일을 하지 마라.**

다시 말해서 다른 사람들이 당신에게 해주기를 원하지 않는 일을 그들에게 하지 마라. 이것이 율법과 선지자를 요약한 것이다.

**당신은 하늘 앞에서 벌거벗고 있다.**

우리는 우리 자신에게 영원히 거짓말을 할 수 없다. 조만간 우리의 본질이 드러날 날이 올 것이다. 우리의 모든 비밀 의제가 한낮의 빛 가운데 드러난다. 사실 그날은 축복받는 날이 될 것이다! 우리의 무능함을 드러내는 십자가형의 명료성 속에서 우리의 벌거벗음과 본질적인 존재가 마침내 나타날 수 있다. 자아(ego)는 영적 변장을 벗었다.

마침내 벌거벗은 그 자아가 드러난다.

한편 이 예수의 말씀은 우리의 행동은 '존재'(Presence)의 사랑과 속성을 통해서만 가치가 있음을 상기시킨다.9 우리가 사랑 없이 하는 모든 것은 시간 낭비이다. 우리가 사랑으로 하는 모든 것은 영원을 재발견한 '영원성'(Eternity)이다. 바울 사도가 어떤 곳에서 "모든 것이 사라질 것이다⋯. 오직 사랑만이 절대 없어지지 않을 것이다"라고 말했듯이⋯.10

9 를루프가 첫 글자를 대문자로 사용한 'Presence'를 '존재'로 번역한다. 많은 경우 를루프는 특정한 낱말을 대문자나 기울임체로 표시하나(Being, *be* 등) 우리말로 번역하기가 쉽지 않다.
10 고린도전서 13:8-13의 내용을 의미하는 것 같다.

# 어록 7

예수는 말했다. "사람에 의해서 잡아 먹힌 사자는 행복하다. 왜냐하면 사자는 인간이 되기 때문이다. 사자에 의해서 잡아 먹힌 사람은 불행하다. 왜냐하면 사람은 사자가 되기 때문이다."[11]

(참조: 출 22:30; 벧전 5:8; 계 4:7)

사람이 먹을 수는 있지만, 사람을 먹어서는 안 되는 이 사자를 우리 안에 있는 생명력인 리비도(libido)의 상징으로 해석하는 사람들도 있을 것이다. 리비도를 '먹는다'라는 것은 리비도를 길들이고 조절하여 그것이 인간화되고, 궁극적으로 사랑의 힘으로 변모하는 것을 의미한다. 반면에 우리가 그것에 의해 '먹힐' 때, 즉 조종당할 때 우리는 이 리비도에 의해 조건 지어지고 노예가 된다.

영지주의 사상에서 사자는 우리의 관심과 진정한 정체성을 집어 삼키면서 우리를 사냥하는 자아(ego) 또는 정신적 활동을 의미한다.

참된 자신에 통합된 '작은 나'는 참된 자리를 찾았기 때문에 다행이다. 불행한 사람은 에고(크리슈나무르티가 말한 '기억의 묶음')에 너무 사로잡혀 자기를 잊어버린 사람이다. 그런 다음 인간은 사자가 된다(자기중심적). 가면을 쓴 자아(ego-persona)는 눈에 보이는 모든 것을 선택하고 삼켜 버린다.

---

11 기요몽과 송혜경은 "그 사자는 사람이 될 것이다"라고 번역한다. Guillaumont, 5; 송혜경, 309.

# 어 록 8

예수는 말했다. "그 사람은 바다로 그물을 던지는 좋은 어부와 같다. 그가 그물을 끌어 올릴 때, 그는 수많은 작은 물고기를 발견한다. 그들 가운데 아주 크고 좋은 물고기 한 마리가 있다. 그 어부는 주저 없이 그 좋은 것만 취하고 나머지 작은 물고기들은 바닷속으로 던진다. 들을 귀 있는 자들은 들어라!"

(참조: 마 4:9, 5:13, 8:32, 11:15, 13:9, 13:45-50; 눅 4:9, 5:10; 요 25:8; 롬 3:28)


우리의 지성은 우리가 무수한 것을 '포착'하는 데 사용하는 잘 짜인 그물과 같다. 작은 물고기는 예술과 과학에 대한 전문 지식을 상징한다. 큰 물고기는 '존재'에 관한 지식이다.

조만간 영지주의의 오솔길에서 모든 작은 물고기를 버려야 하는 순간이 온다. 우리는 방대한 양의 정보를 버려야 한다. 그 자체로는 나쁘지는 않지만, 종종 우리의 주의를 산만하게 하고 어떤 경우에도 본질적인 것에 관해 아무것도 가르쳐 주지 못하기 때문이다. 우리가 우리 자신을 모르고, 모든 것이 알려지는 것을 우리가 알지 못한다면, 우리가 모든 우주의 본성을 안다고 해서 무슨 소용이 있겠는가? 큰 물고기를 지키는 것은 우리의 자기 지식, '존재'에 관한 지식을 심화하는 것이다. 그것은 다양성 가운데 '하나'의 '현존'을 유지하는 것이다.

# 어록 9

예수는 말했다. "어느 날 씨뿌리는 사람이 나가서 씨 한 줌을 심었다. 그중 몇 개는 길에 떨어졌고, 새들이 그것들을 먹었다. 몇 개는 가시덤불 사이에 떨어져서 그들의 성장이 저지되었고, 벌레들이 그 씨들을 먹었다. 몇몇은 돌들 사이에 떨어져서 뿌리를 내리지 못했다. 다른 씨들은 비옥한 땅에 떨어졌고, 열매들은 하늘을 향해 자랐다. 그 씨들은 단위당 예순 및 백 스무 말(소레)을 생산했다."[12]

(참조: 창 26; 출 9:8; 신 28:39; 마 13:3-9; 막 4:3-9; 눅 8:58; 행 12:23)

이 말씀은 씨를 받는 땅의 중요성을 상기시킨다. 우리 각자에게 심어진 신성한 씨의 성장은 우리가 그것을 어떻게 받아들이느냐에 달려 있다. 그 말씀은 그것을 듣는 귀에 따라 다르다. 신성한 씨앗, 즉 창조 암호(code)는 모두에게 똑같다. 열매의 다양성은 씨가 자라는 땅의 유형에 따라 다르다.

길은 모든 방해 요소가 있는 인간의 전형적이고 평범한 길을 상징한다. 창조의 씨앗이 흩어지고 산만해진 의식에 받아들여지면, 그것은 자라고 번성할 수 없다. 그것은 우리의 심연에 뿌리를 깊이 내릴 수 없다. 이것이 바로 복음이 살롱 대화의 주제나 소비재 또는 오락의 한 형태로 축소되는 방식이다. 복음은 새들에게 던져진 한 줌의 씨앗

---

12 콥트어 소테(sote)가 무게 또는 부피 단위이나 그 분량은 정확하지 않다. 송혜경, 309, 각주 14번을 참조하라.

과 같다.

씨앗이 가시덤불 사이에 떨어졌을 때, 그것은 일방적으로 분석적이고 비판적인 의식에 받아들여진다. 그래서 그 의식은 많은 현대인의 마음이 가지는 특징이 되는데 그것은 삶의 자발성을 질식시키고 저해한다. 여기서도 역시 창조적인 암호는 자체를 표현하고 구체화할 수 없다. 「도마복음」이 말하는 자기-지식은 성찰의 어떤 형태, 결국 우리를 메마르고 억제하게 만드는 끝없는 자기 분석 과정이 아니다. 그것은 마이스터 에크하르트가 말했듯이 "왜?"라는 질문 없이 비(非)판단적인 주의를 기울이는 상태이다.

가시덤불 속에 살면서 자라는 모든 것을 닥치는 대로 먹어 버리는 벌레가 있는 곳에 우리의 자기도취증(나르시시즘)이 있다. 자기의 반영된 이미지 주위를 끊임없이 돌고 있는 의식은 로고스(Logos)의 본질적인 움직임을 그 전개 과정에서 차단한다.

씨가 뿌리를 내리지 못하는 바위는 종종 성경에서 마음의 강퍅함을 상징한다. 닫힌 마음 또는 '돌로 된 마음'은 창조적인 암호(code)에 둔감하다. 우리는 종종 두려움 때문에 마음이 강퍅해진다. 신체 자체가 더욱 경직되어 방어 자세를 취한다. 시간이 지남에 따라 이것은 근육에 이상한 종류의 갑옷을 만든다. 그러나 우리는 그러한 완고함을 강함으로 결코 혼동해서는 안 된다. 새우 껍질과 같은 외부의 단단함은 내부의 연약함이나 부드러움을 숨긴다. 내면의 힘이 있는 사람, 즉 '중추'가 있는 사람은 세상을 향해서 단단한 겉면을 보일 필요가 없다. 반대로 그들은 자신들이 취약하고 예민하다는 것까지도 보여줄 수 있는 자신감이 있다. 그들은 두려움 없이 창조적인 암호를 받아들여서 씨앗을 위한 좋은 토양을 제공한다.

좋은 땅도 갈아엎고 경작해야 하는데, 이는 우리 자신의 마음에도 해당한다. 이 주제는 「도마복음」에서 반복된다. 우리 자신에 대한 이 작업은 금욕적인 수행을 통해서든 삶의 고난을 통해서든 마음을 덜 강퍅하게 만들고, 덜 자기중심적이며, 덜 산만하게 만든다. 이것은 바위와 가시덤불을 치우는 일이 포함된 긴 노동이다. 그러면 마음은 본질적인 것에 열리며, 하느님의 말씀과 우리의 혈관을 순환하는 창조적인 암호를 듣고 묵상할 수 있게 된다. 그때 '깨어남'의 열매가 나타나기 시작한다.

# 어 록 10

예수는 말했다. "나는 세상에 불을 뿌렸다. 그리고 지금 나는 그것을
불타오르게 한다."

(참조: 눅 12:49)

오순절 날에 성령이 불꽃같이 제자들 위에 강림했다. 그 불꽃은
불을 붙였고 성령의 '존재'에 의해 비쳤다. 불타는 떨기나무처럼 그들
은 소멸하지 않고 불에 탔다.[13] 이 불꽃은 예수 그리스도가 가르치고
계시한 의식적인 사랑을 상징한다. 지성과 마음의 이러한 결합은
우리를 사랑스럽고 빛나게 한다. 이 불은 우리의 평범함의 잿더미
아래에서 타오르면서 신성한 숨결인 르아흐(Ruah)[14]를 기다리는 숨
겨진 빛으로, 불꽃으로 터져 나온다.

누가복음에서 예수는 이 불이 붙는 것을 보고 싶은 간절함을 표현
한다. 그러나 「도마복음」에서는 예수가 불을 보존하고 돌보고 있는
것처럼 보인다. 그 불은 마치 제어되어야 하는 힘이 넘치고 제멋대로
인 말과 같아서 예수는 그것을 길들여야만 하는 것과 같다.

사실상 복음의 전체가 어거스틴의 다음과 같은 문구로 요약될
수 있다. "사랑하라. 그리고서 당신이 원하는 대로 행하라." 그러나
이 말은 정화되지 않은 마음이 들으면 위험할 수 있다. 그런 마음은

---

13 출애굽기 3:2 "여호와의 사자가 떨기나무 가운데로부터 나오는 불꽃 안에서 그에게 나타나시니
라 그가 보니 떨기나무에 불이 붙었으나 그 떨기나무가 사라지지 아니하는지라".
14 **'르아흐'(Ruah)는 히브리어로 '영' 또는 '숨'이라는 뜻이 있다.

이 말을 온갖 종류의 자기 탐닉과 방종에 사용할 것이기 때문이다. 그러면 그리스도가 뿌린 사랑과 자유의 그 불은 위험한 것이 될 수 있다.

우리 인간은 이 무한한 자유를 가지고 있다. 그 누구도, 그 어떤 법도 우리를 사랑하는 것을 막을 수 없다. 이것은 아마도 가장 잘 포함되고 보존되어 우리 자신에게 깊이 뿌리를 내리도록 허용되는 진리이다. 그런 다음 우리는 그것이 살아서 활동하도록 할 수 있다. 먼저 우리의 모든 세포에서, 그다음에는 우리의 행동에서 말이다. 그러면 그 불은 세상을 불타는 덤불처럼 만들어 '현존'(Presence)으로 가득 차게 될 궁극적인 날까지 우리로부터 시작하여 우리 주변 사람들에게 퍼질 수 있다.

# 어 록 11

예수는 말했다. "이 하늘은 사라질 것이다. 그리고 하늘 위에 있는 것도
또한 사라질 것이다. 죽은 자들은 생명이 없으나 살아있는 자들은 죽음
이 없다. 너희가 죽은 것을 먹을 날에, 너희는 그것을 살게 했다. 너희가
빛 가운데 있을 때, 너희는 무엇을 할 것인가? 너희가 하나였을 때,
너희는 둘을 창조했다. 그러나 지금 너희가 둘이면, 너희는 무엇을 할
것인가?"

(참조: 마 5:18, 19:16, 24:25; 눅 3:10, 16:17, 16:21-33; 막 13:31; 요
2:17; 고전 7:31; 창 2:14-17)

모든 것은 지나간다. 모든 물질 세계와 천상 세계는 사라져야 한다.
만들어진 모든 것은 분해되고, 시작이 있는 모든 것은 끝이 있어야
한다. 무상함을 무자비하게 일깨워서 예수는 우리에게 사라지지 않는
것, 참으로 살아 있고 죽을 수 없는 것, 즉 창조되지 않은 것을 찾도록
초대한다. 그것은 합성되지 않고 또한 분해될 수 없다. 그러나 영지주
의자의 임무 중 하나는 필멸의 것을 없애 버려서 그것이 진정으로
살아 있게 만들고, 그 자체로 생명이 없는 것—즉, 우리의 몸, 세계,
물질—이 '존재'가 현현하는 바로 그 장소가 되도록 하는 것이다.
    "깨끗한 자에게는 모든 것이 깨끗하다"라는 격언이 있다. 그리고
프에크(H.-Ch. Puech)가 지적했듯이,[15] 일부 영지주의 전통은 음식과

---

15 **Puech, *Le Manichéisme* (Paris: Édition du Musee Guimet, 1949), 191-192.

같은 물질에 포함된 빛의 불꽃을 자유롭게 하는 작용을 한다. 그러나 빛은 어둠을 흡수하고 삶은 또한 죽음을 통합해야 한다.

빛 안에서 재결합된 '모든 것', 우리가 바구니 아래 숨겨져 있던 등불을 가져다가 그 등경 위에 놓고 빛을 발하도록 하는 것 외에 무엇을 할 수 있겠는가?

위 예수 어록의 두 번째 부분은 우리가 '단일성'(Unity)에서 왔고, 이중성을 가져온 것은 우리라는 사실을 상기시킨다. 이 이중성은 그 자체가 잘못된 것은 아니다. 그것은 우리의 개인화 과정의 한 단계 이다. 우리는 어린 아기와 어머니 사이의 획일적인 단일성에 머물 수 없다. 이중성 또는 분리를 통과하는 것은 성장과 성숙의 필수 단계 중 하나이다. 그러나 둘이 된 우리는 '하나'를 재발견해야 한다. 우리가 발견하는 '단일성'은 더 이상 획일적인 융합이 아니라 '일치'(Union)와 통합이다. 그러면 우리의 실존적 존재는 본질적 '존재'로 투명해질 것이다.

# 어 록 12

제자들이 예수에게 말했다. "우리는 당신이 우리를 떠날 것을 압니다.
그러면 우리 중에 누가 가장 크게 됩니까?" 예수가 그들에게 말했다.
"바로 그 순간에 너희가 너희 자신을 발견하면, 의로운 야고보[16]에게
가라. 하늘과 땅에 관한 모든 문제가 바로 그의 영역이다."

(참조: 마 18:1; 막 9:34; 눅 9:46; 요 1:3; 행 1:11; 고전 8:6; 히 2:10)

초기 그리스도인들 사이에서 예수의 형제 야고보의 높은 지위는
잘 알려져 있다. 심지어 마태 전통이 베드로에게 부여한 역할은 원래
야고보에게 속한 것 같다. 어쨌든 도마 전통이 야고보를 예수의 공적
대표자로 지명하는 것은 분명하다.

유대 사회에서는 세상이 누구(토라, 모세, 아브라함 또는 메시아[17])를
위해 창조되었는지에 관한 오랜 논쟁이 있었다. 바빌로니아 탈무드에
서 세상은 모세와 아론을 위해 함께 만들어진 것으로 간주되었다.
아론이 모세-여호수아와 관계를 맺었던 것처럼 야고보는 예수와
같은 관계를 맺었을 가능성이 있다(Epiphanius, Panarion 29:3-4).[18]

---

16 **예수의 형제 야고보를 의미한다.

17 **G. L. Ginzberg, *The Legends of the Jews*, vol. 5, reprint edition (Baltimore: Johns
Hopkins University Press, 1998), 67.

18 *이 주제는 '여호수아'라는 이름을 통해서 더 강화된다. '여호수아'라는 이 이름은 히브리 기원을
가진 이방인들이 예수를 부를 때 사용된다. 또한 이 이름은 다양한 이방 음역인 요수아에서
왔다. 또한 예수아는 아람어를 사용하는 유대인들이 종종 여호수아를 줄여서 부른 이름이었다.

**하늘과 땅에 관한 모든 것이 그의 영역이다.**

이것은 역설적인 의미로 읽힐 수 있다. "만약 당신이 내면의 주인을 따를 수 없다면 그리고 아직 외적인 주인이 필요하다면 지도자 야고보에게 가라. 그는 모든 것을 돌볼 것이다. 교회를 세우거나 조직화한 공동체를 세우는 것이 그의 영역이다."

# 어록 13

예수가 그의 제자들에게 말했다. "너희에게 나는 무엇이냐? 무엇과 나를 비교할 수 있느냐?" 시몬 베드로가 "당신의 의로운 천사와 같습니다"라고 말했다. 도마는 "내 입은 당신이 누구와 같은지 절대 말할 수 없습니다"라고 말했다. 예수는 그들에게 말했다. "나는 더 이상 너의 스승이 아니다. 왜냐하면 너희들은 내가 솟아난 똑같이 끓어오르는 근원에 의해서 정신없이 술 취했기 때문이다." 그리고서 그는 도마를 옆에 데리고 가서 세 마디 말을 했다… 도마가 동료들에게 돌아오자, 그들은 그에게 물었다. "예수가 너에게 무엇을 말씀했느냐?" 도마가 대답했다. "내가 만약 예수가 나에게 말한 그것 중에서 하나라도 너희에게 말한다면, 너희는 돌을 들어 나에게 던질 것이다. 그리고 그 돌들로부터 불이 나와, 너희를 태울 것이다."

(참조: 마 3:12, 16:13-20; 막 8:27-30; 눅 3:17, 9:18-21; 요 8:58, 10:6; 레 9:24; 민 16:35; 삿 9:15)

"너희에게 있어, 나는 누구인가?" 예수의 이 질문은 공관복음서에서도 나온다. 여기서 베드로가 예수에게서 본 것은 메시아가 아니라 천사, 즉 '신의 사자'이다. 따라서 우리는 우리의 의식 수준에 따라 예수를 인식한다. 어떤 사람들에게 그는 엘리야이다. 다른 사람들에게는 그는 현명한 철학자이다(그리고 그 당시에 이것은 메신저나 예언자처럼 단순히 말씀을 전한 사람이 아니라 말씀을 실천하고 구현한 사람을 의미했다). 수 세기 후에 코란은 예수를 '성인으로 봉인'하려고 했다.

그러나 그의 '존재'의 신비에 가장 가까운 사람은 도마이다. 자기-지식을 통해 그는 숨겨진 하느님(*Deus absconditus*)의 이미지에서 숨겨진 인간(*homo absconditus*)의 깊이를 측정했다. 그는 자신 안에서 '형언할 수 없는 것', '알 수 없는 것'을 경험하고 인식했으며, 따라서 '타자' 안에서 그것을 인식할 수 있다.

**도마는 "스승님, 당신이 어떤 분이신지 내 입으로는 결코 말할 수 없습니다"라고 말했다.**

여기에서 도마는 하느님의 이름을 짓거나 특징을 설명하는 것을 거부하는 부정(apophatic)신학 전통으로 알려진 것을 예증한다. 토마스 아퀴나스(Thomas Aquinas)가 말했듯이 "신에 관해서는 우리는 신이 아닌 특질만 말할 수 있을 뿐, 신이 가진 특질은 말할 수 없다." 따라서 그에 관한 부정적인 용어의 전통적 사용의 예는 다음과 같다: 무한자, 창조되지 않은 자, 명명할 수 없는 자, 말로 표현할 수 없는 자 등.

**나는 더 이상 너의 스승이 아니다. 왜냐하면 너희들은 내가 솟아난 똑같이 끓어오르는 근원에 의해서 정신없이 술 취했기 때문이다.**

이 대답에서 예수는 도마를 그들의 공통 기원인 아버지를 경험한 사람으로 인정한다. 나중에 그는 막달라 마리아에게 "내 아버지가 너의 아버지"라고 말한다. 이제부터 도마는 예수의 형제 또는 쌍둥이로 간주할 수 있다.

그런 다음 예수는 그를 따로 데려가서 '세 가지 말씀'을 말한다. 우리는 그 말씀이 무엇인지 끝없이 추측할 수 있다. 아마도 그것은 '하나 됨'을 깨뜨리는 것이 아니라 오히려 내적 풍성의 계시를 보여주는 삼위일체의 계시였을 것이다(확실히 삼위일체로서의 하느님의 의미는 샤토브리앙Chateaubriand이 말한 것처럼 '숭고한 독신자'를 의미하지 않는다). 하느님은 사랑하는 자, 사랑받는 자, 사랑으로 '하나'이자 '셋'이다. 하느님은 관계이다. 나아센네스(Naasenes)에 따르면, 이 세 가지 폭발적인 낱말은 카울라카우(Kaulakau), 사울라사우(Saulasau), 제사르(Zesar)였다.[19] '피스티스 소피아'(Pistis Sophia)에서 예수는 세 낱말을 외치는데, 같은 단어가 세 번 반복된다. 즉, 그 낱말은 'IAW'인데 "야-후-와"(yah-HOO-wah)로 발음된다. '아이'(I) 또는 '이오타'(iota)는 모든 것이 그에게서 나오는 것을 나타내고, '알파'(A)는 모든 것이 그에게 돌아가야 하는 것을 의미하며, '오메가'(W)는 모든 완성의 완성이 그 안에 있음을 의미하기 때문이다.

그러나 이러한 추측에서 우리가 간과하는 것은 구어의 뿌리가 소리, 즉 특정 진동에 있다는 것이다. 입문자들이 서로에게 말을 할 때 허리에 있는 활력 중심에서 심장 중심으로, 머리에 있는 지성 또는 지적 중심으로 삼중의 진동이 있다는 것이다. 입문자들이 그들의 존재의 모든 수준에서 그들의 '공명'이 완벽하다는 것을 확인할 수 있는 것은 오직 이 소통에서만 가능하다. 이것이 무엇이든 도마는 여기에서 그가 예수와 공유하는 특별한 친밀함에 관해 말한다. 다른

---

19 *나아세네스는 히폴리투스가 저술한 『이단에 대한 반론』 v. 8.4에 나오는 영지주의 종파이다. 이 낱말들은 히브리어의 언어 놀이의 일종이다. 다른 관점은 이 세 낱말이 출애굽기 3:14에서 하느님이 모세에게 말한 것이라는 것이다.

제자들은 질투심 때문에 돌을 던질 수 있다. 따라서 사랑의 불은 질투의 불로 변질할 수 있다. 그러면 그 불은 따뜻하게 하고 빛을 비추는 대신 태우고 파괴한다.

# 어록 14

예수가 그들에게 말했다. "만약 너희가 금식하면 너희는 잘못을 저지른 것이 될 것이다. 만일 너희가 기도하면 너희는 올바르지 못할 것이다. 너희가 자선을 베풀면 너희 마음이 부패할 것이다. 너희가 어떤 땅에 들어가 시골길을 걸을 때 만약 그들이 당신을 환영하면 그들이 너희에게 제공하는 모든 그것을 먹어라. 너희는 그들의 병을 고칠 수 있다. 너희 입으로 들어가는 것이 너희를 더럽게 하는 것이 아니라, 너희 입에서 나오는 것이 너희를 더럽게 한다."

(참조: 마 6:2, 7, 16, 17, 10:11-14; 막 7:15; 눅 10:8-11; 요 3:18; 행 9:13; 골 10:27)

「도마복음」은 특정한 종교적 실천을 알고 있지만, 단지 그것을 지키는 것만으로 충분하다고 생각하여 그것에 자만할 위험에 처한 사람들에게 전달된다.

우리가 금식할 때 의롭다고 느낀다면 그것은 우리를 자유롭게 하는 대신에 우리의 자아를 우쭐하게 할 것이다. 진정한 금식은 우리가 하느님의 임재에 흡수될 때 저절로 찾아온다. 그러면 우리는 먹는 것을 잊는다. 이것이 예수가 먹지도 않은 것을 제자들이 알고 놀랐을 때의 상태였다. 그는 그들에게 이렇게 말한다.

"내게는 먹을 것이 있다…. 내 음식은 내 아버지의 뜻을 행하는 것이다…. 썩을 양식을 위하여 일하지 말고 영생의 양식을 위하여서 하라"(요 4:32

참조).[20]

너희가 자선을 베풀 때 의롭다고 느끼면 너희 마음에 해를 끼치는 것이다. 너희는 인정받거나 분명한 자각을 만들기 위해 베풀고 있다. 그러나 우리는 여기서 더 나아가야 한다. 그래서 "오른손이 하는 것을 왼손이 모르게" 해야 한다.

너희 형제가 배고프고 너희에게 음식이 있다면 그것을 나누는 것보다 더 자연스러운 것은 무엇인가? 이것은 '자선에 대한 기부'가 아니라 사랑의 자발성을 재발견하는 것이다.

기도도 마찬가지이다. 존 케시안(Jean Cassien)은 "당신이 기도하는 자신을 보면서 기도하는 한 당신은 진정하게 기도하는 것이 아니다"라고 말했다. 기도는 또한 장미의 향기나 새의 노랫소리처럼 되도록 마음의 단순한 움직임으로 점점 더 자발적으로 되어야 한다.

예수는 그 자체로는 좋지만 '바리새주의' 또는 '영적 나르시시즘'의 고리가 될 수 있는 실천에 대해 우리에게 경고하고 있다. 우리는 성령의 '임재'가 우리를 점점 더 단순하고 점점 더 자발적으로 되도록 허락해야 한다. 죄책감을 느끼고 다른 사람들도 죄책감을 느끼게 만드는 복잡한 사람들을 양산하는 종교는 거짓 종교가 될 큰 위험에 있다. 그것은 더 이상 '살아 계신 분'의 활력과 우리를 '다시 연결'(re-ligio의 원래 의미)하지 않는다. 대신 그것은 우리를 그것으로부터 분리한다.

이 예수의 어록은 단순함의 태도로 우리를 격려한다. 우리가 환대 받았을 때 우리는 우리 앞에 있는 것을 먹어야 한다. 우리의 입으로

---

20 실제로 요한복음 4:32-34 그리고 6:27에서 온 내용이다.

들어가는 것이 우리를 더럽게 만드는 것이 아니라 우리의 입에서 나오는 것이 우리를 더럽게 만든다. 일반적으로 예수는 우리를 더럽히고 부정하게 만드는 것은 다른 사람을 더럽히는 우리의 행위(쓸데없는 말과 성급한 판단처럼)라고 강조한다. 우리의 마음과 생각을 부패시키고 우리의 숨결을 매스껍게 만드는 것은 중상 비방과 비난이다. 우리의 마음이 충분히 이러한 금식하고 구제하고 기도하는 일에 집중하지 않고 마음에 미움과 원한을 품고 있다면 이러한 실천이 무슨 소용이 있겠는가?

**너희는 그들의 병을 고칠 수 있다.**

이것은 이 어록의 똑같이 중요한 구절이다. 그리스어 테라페인(therapein)은 단순히 몸을 치유하는 것 이상을 의미한다. 알렉산드리아의 필로(Philo of Alexandria)가 언급한 치료사들은 실제로 치유자 이상이었다. 그들은 또한 교도자들(initiators)이었다. 따라서 우리는 이것을 다음과 같이 읽을 수 있다. "당신은 아프거나 고통당하는 사람들을 고칠 수 있고, 당신은 또한 그들에게 고통과 삶의 의미를 가르칠 수 있다."

질병 자체는 더 깊은 유일한 불안, '존재'에 관한 망각 증상일 수 있다. 그렇다면 치료사의 역할은 고통받는 사람들에게 육체적, 정신적, 영적 온전함이라는 의미에서 건강을 회복할 기회를 주는 것이다.

「도마복음」은 우리에게 모든 인간에게는 치유의 능력이 있음을 상기시켜 준다. 우리 각자 안에 치료사가 있다. 바로 이 '살아있으신 자'는 우리 존재의 모든 차원에서 우리에게 풍요로운 삶을 원한다.

중요한 것은 태도이며, '생명'이 우리 안에서 그리고 우리를 통해 행동하도록 허용하는 개방성이다.

# 어 록 15

**예수가 말했다. "너희가 자궁에서 태어나지 아니한 자를 보거든, 너희는 엎드려 경배하라. 왜냐하면 이는 너희 아버지이기 때문이다."**

(참조: 마 11:11; 막 3:11; 눅 7:28; 요 3:9; 고전 14:25; 골 3:4; 살후 1:10)

이 어록은 우리 안에 있는 '태어나지 않은 것', 즉 여자, 육체, 이성 또는 감정으로부터 나오지 않은 것을 발견하도록 우리를 초대한다. 이것은 태어나지 않고 창조되지 않은 우리의 진정한 기원에 대한 우리의 관심을 이끈다. 우리의 진정한 '아버지'가 있다. 우리가 그것을 발견했을 때, 우리는 창조되지 않은 '존재'와 '사랑'의 신성한 심연 앞에서 우리 자신을 부복하고 그것을 예배할 수밖에 없다.

# 어록 16

예수가 말했다. "사람들은 내가 세상에 평화를 주러 왔다고 생각할지 모른다. 그들은 내가 땅에 분쟁을 뿌리러 온 줄을 알지 못한다. 즉, 내가 불과 칼과 전쟁을 주러 온 줄 모른다. 집에 다섯이 있으면 셋이 둘에게 반대할 것이고, 둘은 셋에게 맞설 것이다. 아버지는 아들에게, 아들은 아버지에게 대항하고, 아버지는 아들에게 대항할 것이다. 그리고 그들은 설 것이고, 그들은 홀로 있고 독신(monakhos)이 될 것이다."

(참조: 마 10:34-36; 눅 12:49, 51-53)


그리스도가 우리에게 주는 '평화'는 어떤 종류의 행복감도 아니고 진정제도 아니다. 그것은 유리한 외부 환경에 의존하지 않는 본질적인 '존재의 평화'이다. 그 무엇도, 그 누구도 우리로부터 빼앗을 수 없는 이 '평화'를 발견하기 위해서는 기꺼이 불, 칼, 전쟁, 즉 정화와 분별 그리고 우리의 잘못된 안전감에서 우리를 흔들 수 있는 전쟁(polemos)을 겪어야 한다(폴레모스는 그리스어로 '전쟁'이라는 뜻이 있다).

어느 날 뉴맨(Newman) 추기경은 은이 용광로에서 녹여질 때 시험되는 것처럼 하느님이 영혼을 시험한다고 말하는 성경 구절에 대해 의문을 품기 시작했다. 그는 은 대장간을 방문하여 장인에게 은에 불순물이 없는지를 어떻게 알 수 있는지 물었다. 대장장이가 다음과 같이 대답했다. "나는 내 얼굴이 은에 반사되어 나온 모습을 볼 때 그 은이 불순물이 없는 상태로 준비가 되었다는 것을 안다."

우리가 그러한 불의 시련을 겪을 때 '아버지'의 모습이(아들로서)

우리에게 비치는지 알아보기 위해 우리에게 기대어 계시는 아버지의 이 은유를 기억하는 것이 도움이 될 수 있다(어록 44번에 나오는 '아들' 참조).

칼날이나 칼은 바울의 편지에 언급되었듯이 구별을 대표한다. 칼은 우리를 올가미에 걸리게 하고 소외시키는 것을 잘라낼 수 있게 해준다. 이것은 일종의 갈등(polemos)을 초래하지 않을 수 없으며, 때때로 우리 각자가 자율성을 얻기 위해 가족과의 대립으로 이어질 수 있다. 탯줄이 잘리는 것처럼 우리는 진정으로 우리 자신이 되기 위해 때때로 우리의 가장 정당한 애착의 살을 잘라야 한다. 예수가 우리에게 불과 칼과 싸움을 가져다주러 왔다고 말할 때 그는 또한 우리 자신의 해방 도구를 제공하고 있다. 그는 우리가 그토록 애착하고 있지만 환상이 없는 벌거벗은 현실에 도달하는 것을 방해하는 잘못된 동일시나 자아상에서 벗어나는 방법을 가르치고 있다.

해방하는 시련을 겪은 모든 사람은 누구나 '홀로' 서고, '단순화할' 수 있다. 여기에서 우리는 번역하기 어려운 한 단어에 관해 두 단어를 사용했다. '모나코스'(Monakbos)는 종종 '수도사'로 잘못 번역된다. 이 낱말은 반드시 독신을 의미한다고 번역할 필요는 없다. 그것은 하나(monos)를 향해, 그들의 모든 측면(몸, 혼, 영)의 통합을 향해 나아가는 사람들을 말하며, 그래서 '아들'처럼 '발생적'이 되고, 하나의 전체 강이 '아버지'를 향해 흐른다(요한복음 서문의 '로고스 프로스 톤 테온'을 참조).[21]

이 통일은 우리 삶의 홀로 있음과 단순화를 통해 일어난다. 영지주

---

[21] "로고스 프로스 톤 테온"에 관한 더 자세한 설명은 다음을 참조하라. 조재형, 188.

의적 방식으로 우리는 사랑이나 우정의 부족 때문이 아니라, 군중이 선호하는 곳이 아니기 때문에 산 정상에 홀로 있는 우리 자신을 발견하게 된다. 진리의 어떤 깊이에서 우리는 우리 자신과 하느님을 대면하게 된다. 이 홀로 있음은 타인과의 분리가 아니다. 오히려 이 홀로 있음은 다른 사람들과 더 깊은 만남을 허용하며, 그들 자신의 본질적인 고독 속에서 그들을 만나게 한다.

영지주의자들은 군중을 좋아하지 않는다. 사교적이고 외향적인 삶은 그들을 위한 것이 아니다. 그러나 그들이 대중을 피하도록 강요하는 것은 자존심이 아니라 피상성을 거부하는 것이다. 가장 깊고 친밀한 만남은 진정으로 고독한 사람들 사이의 만남이라는 것도 잘 알려져 있다.

지속되는 고독은 또한 우리를 자아 너머의 상태로 인도하는데, 고독에서는 우리의 존재를 확인하기 위해 다른 사람의 사상, 다른 사람의 의견에 의존할 수 없기 때문이다(이 확인이 즐거움이 되든지, 불쾌함이 되는지는 문제가 되지 않는다). 이것이 바로 많은 사람이 고독을 두려워하는 이유이다.

그러나 혼자 있는 것만으로는 충분하지 않다. 우리는 또한 '단순'해지도록 부름을 받았다. 이 단어의 어원학적 의미는 "주름 없는, 접힘 없는, 소용돌이 없는"이다. 즉, 우리 자신에게 돌아가지 않는다는 의미이다. 불과 검의 모든 작업은 우리의 가장 은밀한 주름까지 풀어 원래의 단순함 또는 진정한 정체성을 재발견하는 것이다. 이것은 환상의 찌꺼기에서 해방된 순수한 은(銀), 즉 순수한 '나'이다. 이것은 마이스터 에크하르트가 말하는 '신의 아들'인 '고귀한 사람'이다.

# 어 록 17

예수가 말했다. "나는 아무 눈도 보지 못했고, 아무 귀도 듣지 못하고,
아무 손도 닿지 않았고, 어떤 인간의 마음도 이해하지 않았던 것을 너희
에게 줄 것이다."

(참조: 마 4:9; 눅 1:77; 요 7:39; 행 7:23; 고전 2:9; 사 64:3; 렘 3:16)


여기서 예수가 제공하는 것은 생각하거나 느끼거나 볼 수 있거나
상상할 수 있는 것이 아니다. 따라서 그는 창조되지 않은 '존재'의
초월성을 확정한다. "나는 하느님을 안다"라고 말하는 것은 주제넘은
억측이고 거짓일 뿐이다. 자신을 알리면서도 하느님은 여전히 알
수 없는 상태로 남아 있다.

여기에서 「도마복음」은 접근할 수 없는 하느님의 특성과 그분의
'존재'에 참여하는 실재성을 동시에 긍정하는 헤시키즘(Hesychism)과
같은 전통의 원천임을 보여준다. 이것으로부터 14세기 그리스정교회
성인인 그레고리 팔라마스(Gregory Palamas)는 에너지와 본질을 구별
했다. 우리는 결코 태양의 핵심을 경험할 수 없지만, 그 광선 속에서
우리 자신을 따뜻하게 할 수 있다. 이것은 또한 신성과의 합일의 역설
이다. 그것은 융합도 아니고 분리도 아니다.

# 어 록 18

제자들이 예수에게 물었다. "우리의 끝이 어떻게 될지 말해주시오."
예수가 대답하였다. "너희가 시작에 관해 무엇을 안다고, 이제 끝을
찾고 있느냐? 시작이 있는 곳에 끝도 있을 것이다. 시작에 거하는 자들
은 복이 있나니, 그들은 끝을 알고 죽음을 맛보지 않을 것이다."

(참조: 마 24:3-6; 요 20:15; 벧전 4:17)

어떤 질문들은 헛되다. 우리가 진정으로 어디에서 왔는지도 모르
면서 왜 우리가 어디로 가고 있으며, 우리가 어떻게 될 것인지를 알고
자 하는가? 오늘의 우리는 어제 우리의 결과이다. 우리가 내일 무엇이
될지는 오늘 우리의 결과일 것이다.

기원과 끝에 관한 질문은 우리를 바로 현재로 되돌립니다. 왜냐하
면 우리가 시작과 끝에 도달할 수 있는 것은 바로 지금 여기, 바로
'오늘'이기 때문이다.

헤라클리투스(Heraclitus)는 원 안에서 시작과 끝이 만난다고 강조
했다. 원의 모든 지점은 시작 또는 끝으로 간주할 수 있다. 모든 현재
순간은 가장 깊은 곳에서 알파와 오메가를 드러낸다. 종말에 관해
질문하는 대신 우리는 모든 생명과 생각과 움직임과 존재가 태어나는
영원히 존재하는 '근원'에 주의를 기울이는 것이 더 나을 것이다.

# 어록 19

예수가 말했다. "존재하기 이전에 있는 사람은 복이 있다. 너희가 내 제자가 되어 내 말을 들으면, 이 돌들이 너희를 섬길 것이다. 낙원에는 여름에서 겨울로 변하지 않는 다섯 그루의 나무가 있다. 그것들의 잎사귀는 떨어지지 않는다. 그것들을 아는 사람은 죽음을 맛보지 않을 것이다." (참조: 요 5:24, 8:58; 마 3:9; 막 1:13; 눅 3:8; 약 1:11; 벧전 24; 계 2:7; 사 40:7; 슥 14:8)

존재하기 전에 우리는 어떻게 있을 수 있는가? 그러나 '존재한다' 라는 말의 어원조차 존재가 본질보다 부차적이며, 본질을 표현하고 현시한다는 것을 보여준다. 우리는 또한 이 어록을 예수의 유명한 말씀과 연관시킬 수 있다. 즉, 예수는 "아브라함이 나기 전부터 내가 있느니라"라고 말했고, 이 말이 시발이 되어 그는 십자가에 처형당하는 계기가 되었다.[22] 이것은 역사적인 아브라함을 포함하는 시공간 연속체에 들어가기 전의 어떤 존재 이전에 "나는 존재한다"를 의미한다. 그리고 이것은 '창조되지 않은 신성한 이름'을 불러일으킨다.

마이스터 에크하르트는 예수의 이 말씀을 다음과 같이 풀이한다. "내가 태어나기 전부터 모든 영원한 것을 위하여 '나는 있다'." 아직 시공간에 있는 동안 영원 속에서 자신의 '존재'를 의식하는 사람들은

---

22 요한복음 8:56에서 예수는 이 말을 하였고, 유대 지도자들은 이 말을 듣고 돌을 들어 예수를 죽이려고 했고, 예수를 십자가에 처형시키는 근거로 삼았다.

복이 있다. 그들은 이 세상에 있지만 세상에 속하지 않으며, 심지어 돌들도 그들을 섬길 것이기 때문이다.

당신이 존재하는 모든 것의 창조되지 않은 원리와 조화를 이루고 있을 때, 그러면 실제로 모든 것이 당신을 '섬기'는 것처럼 보인다. 거기에는 자연의 모든 요소로부터 오는 진정한 도움이 있다. 이것이 낙원에 관한 영지주의적 견해이다.

카프카(Kafka)는 "낙원은 아직 여기 있고, 낙원에서 쫓겨난 것은 우리다"라고 말했다. 그것을 회복하기 위해서 우리는 "여름에서 겨울까지 변하지 않는 다섯 그루의 나무"를 알아야 한다.

「빌립복음」에 따르면 이 다섯 그루의 나무가 다섯 가지 성례이다. 진 도레스(Jean Doresse)는 마니교의 시편(Manichean psaltery)을 인용한 후 중국 마니교에 관한 샤반 펠리오(Chavannes Pelliot)의 논문을 언급한다. 그 논문은 '빛의 사자'가 귀중한 나무 다섯 그루를 심는 것에 관한 긴 구절을 다루고 있다. 이 나무들은 '생각의 나무', '감정의 나무', '성찰의 나무', '지성의 나무' 그리고 '이성의 나무'이다. 또 다른 사람들은 오리게네스와 교부 전통에 의해 발전된 오감의 상징을 그 나무들에서 볼 수 있다.

그러나 가장 중요한 사실은 우리는 소리 속의 침묵 노래를 들을 수 있는 귀가 있고, 보이는 것을 통해 보이지 않는 것을 볼 수 있는 눈을 가지고 있다는 것이다. 이것이 '낙원'의 감각이다. 일부 사람들은 영지주의자들이 '오감의 적용'이라고 알려진 관례가 있다고 생각한다. 이 관례는 체계적으로 감각 기관을 물체에 집중시켜 궁극적으로 우리를 '신성한 감각'으로 인도한다. 이것은 더 큰 묵시(*apokalupsis*는 베일을 벗기는 것을 의미함) 또는 인간 소우주에 있는 '존재'의 계시에 관한 전주곡이다.

# 어 록 20

제자들이 예수에게 물었다. "천국은 무엇과 같은지 우리에게 말씀해 주세요." 예수는 그들에게 대답했다. "천국은 모든 씨앗 중에서 가장 작은 겨자씨 한 알 같다. 그것이 잘 갈린 땅에 떨어지면, 그것은 큰 나무가 되어 하늘의 새들이 쉬러 올 것이다."

(참조: 마 13:31-32; 막 4:30-32; 눅 13:18-19)


가장 작은 씨앗이 가장 큰 나무를 생기게 할 수 있다. 한 인간이 깨어나고 새로운 인류가 태어날 수 있다.

이것은 모든 시작의 원리이고, 특별히 인류 시작의 원리이다. 눈에 띄지 않는, 크기가 아주 작은 것에 성장을 위한 비밀 암호 정보가 들어 있다. 참나무는 이미 도토리 안에 들어 있는 것이다.

그러나 이 「도마복음」에서 이미 지적한 바와 같이 땅은 좋아야 하고 잘 갈려야 한다. 그렇지 않으면 우리 각자에게 심어진 '신성한 생명'(*sperma theou*)의 씨앗은 자랄 수 없을 것이고, 우리 하늘의 새들이 깃들 수 있는 큰 나무로 만들지 못할 것이다.

# 어 록 21

마리아가 예수에게 물었다. "당신의 제자들은 무엇과 같습니까?" 그가 대답했다. "그들은 자신의 것이 아닌 밭에 들어갔던 어린아이들과 같다. 주인들이 돌아와서 '우리의 밭을 돌려주시오'라고 말할 때, 그들은 옷을 벗고, 주인들 앞에서 자신들이 벌거벗었다는 것을 보게 되고, 그 밭을 주인들에게 맡긴다."

"이것이 내가 말하는 이유이다. 만약 도둑이 온다는 것을 집주인이 알면, 그는 깨어 있어 도둑이 그의 왕국 안으로 침입하거나 그의 물품을 가져가는 것을 허락하지 않을 것이다. 그러므로 너희는 세상을 향하여 경계해야 한다. 큰 힘으로 너희 자신을 강하게 만들어라. 그렇지 않으면 강도들이 너희에게 가는 길을 찾을 것이다. 너희가 계산하는 이익은 그들에 의해 발견될 것이다. 너희 중에 현명한 사람이 있기를 바란다…. 열매가 익으면, 바로 그는 올 것이고, 그의 낫으로 그것을 수확할 것이다. 귀 있는 자들은 들으라!"

(참조: 마 11:16; 눅 7:32; 고후 5:3)

여기서 막달라 마리아는 예수에게 제자들의 발전 단계에 관해 묻는 입문자 역할을 한다. 예수가 그녀에게 털어놓은 것은 가장 가까운 제자들에게 적용되는 것이 아니라 그를 일정 거리에서 따르는 사람들에게 적용된다. 예수는 "그들은 어린아이와 같다"라고 대답한다. 그들은 아직 그리스도의 옷으로 입혀지지 않았다. 여기서 그들의 벌거벗음은 단순한 순수함이 아니다. 그것은 또한 성령(*Pneuma*),

즉 영(Spirit)의 현현이 없는 것이다.

예수는 경계의 중요성을 재확인한다. 영적 스승만이 영지의 영역을 차지할 수 있는 것은 아니다. 그것은 또한 성급한 판단, 갈망, 비뚤어진 생각과 같은 강도와 침략자들에 의해 점령될 수 있다. 참된 지식을 막거나 파괴할 수 있는 마음의 질병이 있다.

경계와 관심을 통해 이 아이들은 성숙하고 현명해질 수 있다. 그러면 그때 그들이 약속된 열매를 거두게 될 것이다. 그들은 더 이상 지식 분야에서 벌거벗은 이방인들이 되지 않을 것이다. 그들은 '주인'과 함께 주인이 되고, '아들'과 함께 아들딸이 되는 것이다.

# 어 록 22

예수는 젖을 먹고 있는 아기들을 보았다. 그는 자기 제자들에게 말했다.
"이 젖먹이들은 왕국(하늘나라)에 들어가는 사람들과 같다." 제자들은
그에게 이렇게 물었다. "그럼 우리가 어린 아기가 되어야 왕국(하늘나
라)에 들어갈 수 있는가요?" 예수가 그들에게 대답했다. "너희가 둘을
하나로 만들 때, 안을 바깥처럼 만들고, 높은 것을 낮은 것으로 만들
때, 너희가 남자와 여자를 유일한 '하나'(a single One)로 만들어 남자는
남자가 아니고 여자는 여자가 아닐 때, 너희가 너희 눈 안에서 눈을,
손안에서 손을, 발 안에서 발을 형상 안에 형상을 하고 있을 때, 그러면
너희는 그 왕국 안으로 들어갈 것이다."

(참조: 마 18:1-3; 막 9:36; 눅 9:47-48; 요 17:11; 롬 12:4-5; 고전 12:24;
갈 3:28; 엡 2:14-18; 출 21:24; 레 24:20)

여기에서 예수는 어머니의 젖에서 직접 젖을 받는 어린아이와
같은 왕국의 사람들에 대해 말씀한다. 그러나 이때 그들은 그들의
생명의 젖 줄기에 가장 가까이 있는 완전한 수용성의 상태에 있다.
나중에 요한복음은 예수의 머리가 기대야 하는 아버지의 가슴에 관해
말하고, 훨씬 후에 요한 자신도 예수의 가슴에 머리를 기댄다.[23]

---

23 *를루프는 「빌립복음」에 관한 그의 주석에서 다음과 같이 언급한다. 즉, "예수는 자주 젊은
   청년이 그의 머리를 예수의 가슴에 기대는 것으로 묘사되었지만, 이것은 실제로 여성과의
   관계에서 보여지는 친밀성의 자세로 그를 그릴 수 없다." Jean-Yves Leloup, *The Gospel
   of Philip* (Rochester, Vt.: Inner Traditions, 2004).

어떤 경우든지 이 모든 이미지는 안식의 태도와 명상하는 삶을 위해서 수용성이 필요하다는 것을 상징한다. 제자들은 왕국에 들어가기 위해서는 유아처럼 되는 것만으로도 충분하다는 결론을 내린다. 그러나 예수는 그들에게 유아는 또한 비이원성의 상징이며, 우리 안에 유치한 행동이나 태도를 품고 문자 그대로 어린아이처럼 되려고 시도하는 것은 기만적임을 상기시켜 주었다. 오히려 우리는 우리 존재의 모든 차원, 즉 높고 낮음, 남성적, 여성적 등을 통합하기 위해 노력해야 한다.

이것은 단순히 판에 박힌 진부한 문구가 아니라, 우리 스스로가 실행해야 할 권고이다. 높은 것은 반드시 낮은 것과 접촉해야 한다. 많은 사람이 그들의 머리는 구름 가운데서 가지고 있지만, 그들의 꿈은 종종 그들의 육체적 욕망과 충돌한다. 심지어는 높은 것과 낮은 것이 완전히 분리되기도 한다. 영지주의자의 일은 하늘과 땅의 통합, 육체와 영의 대립이 없는 것이다. 여기에는 남성과 여성, 아니마와 아니무스의 통합도 포함된다. 우리는 우리 자신 안에서 남자와 여자의 결혼을 현실화해야 한다. 그렇지 않으면 우리는 내면에서 느끼는 부족함을 치유하기 위해 항상 외부를 찾게 될 것이다. 이것은 우리가 온전하고 분할되지 않은 실현된 존재로서 우리 자신을 발견하는 것을 방해한다.

남녀 양성구유자(androgyne)라는 주제는 영지주의 문헌에서 자주 반복된다. 그것은 엄격함과 부드러움, 지성과 감정, 강함과 부드러움과 같은 남성과 여성 양극성의 통합을 상징한다. 그러나 이것은 그 자체로 닫힌 어떤 완전함이 아니다. 오히려 그 반대로 이것은 결핍이 아닌 온전함으로 다른 사람을 사랑하는 우리의 능력을 깨닫게 해준다.

그러면 우리의 사랑은 단순한 목마름이 아니라 넘치는 샘물이 되기도 한다.

"그리스도 안에는 남자도 여자도 없다"[24]라고 사도 바울은 말했다. 실제로 우리 사회는 파편화된 개인들만 있다. 그들의 관계는 남성과 여성 사이가 아니라 둘 사이의 동물적 매력에 의해 결정된다. 이러한 관계는 짝짓기라는 흐름에 우주 전체를 끌어들이는 음양의 고리를 연상시킨다.

이 재발견된 단일성 안에서 모든 것은 변형되어 나타난다.

'당신의 눈에는 눈이 있을 것이다.' 그래서 그 눈은 마침내 보게 될 것이다.
'당신의 손안에는 손이 가고 있을 것이다.' 그래서 이제 당신은 진정으로 주고받을 수 있을 것이다.
'당신의 발에 당신은 발을 가질 것이다.' 그래서 이제 당신의 발은 길을 알게 될 것이다.

모든 것이 하느님의 형상과 모양으로 새롭게 된다. 참으로 당신은 하느님의 초상(icon)이 될 것이다. 위대한 비잔틴 신비주의자인 '새로운 신학자' 시몬(Simon)은 신비(성찬례를 언급하는 그의 방식)와 교감한 후에 이렇게 말했다. "그러므로 나는 그의 발이고, 손이고, 그의 시각이다. 나는 그의 이미지이고 그의 현존이다…." 그리하여 그는 정교회 교부들이 '신성한 박애'라고 부른 것이 자신에게 스며드는 것을 느꼈다. 더 이상 한 존재의 고통을 수동적으로 받아들일 수 없었던 그는

---

24 "유대 사람도 그리스 사람도 없으며, 종도 자유인도 없으며, 남자와 여자가 없습니다. 여러분 모두가 그리스도 예수 안에서 하나이기 때문입니다"(갈 3:28).

온 세상을 위해 기도했고, 비참한 젊은 여성과 아버지 없는 그녀의 아이를 돌보았다.

이 어록과 신약성서 외경 문헌에는 이 어록과 평행한 많은 본문이 있다. 예를 들어 아그라폰(Agraphon)[25]은 다음과 같이 기록하고 있다.[26]

누군가가 왕국이 언제 오느냐고 묻자 주님은 친히 이렇게 대답한다. "둘이 '하나'가 될 때, 바깥이 안쪽 면과 같고, 남성도 여성도 아니고, 여성과 같은 남성이 될 때, 이제 각자가 서로에게 진실을 말할 때, 위선 없이 두 몸과 하나의 독특한 영혼이 있을 때 그 둘은 '하나'이다."

유사하게 나아세네스(Naasenes)는 "위에 남자도 여자도 없으며 오직 새로운 피조물, 새로운 인간 남녀 양성구유자(안드로진)"가 있다고 말했다.[27]

영지주의 탐구에 관한 인간의 강렬한 열망이 드러난 「도마행전」[28]에 나와 있는 아래의 구절을 인용하여 우리의 결론을 내려보자.

"나의 모든 시간이 한 시간처럼 되기를 바란다. 밤도 낮도, 빛도 어둠도, 선인도 악인도, 부자도 가난한 자도, 남자도 여자도, 자유인도 포로도 없는 곳에서, 당신을 믿는 사람들에게 생명을 주는 '살아 계신 분'을

---

25 **A. Resch, *Neutestamentlichen Apokryphen*.
26 '아그라폰'은 정경 복음서에서 발견되지 않으나 여러 고대 문헌에 나오는 예수의 말씀을 지칭한다.
27 **Hippolytus, *Elenchos* V, 7, 13-15를 참조하라.
28 *이 구절은 129-145에 나온다. 「도마행전」은 「도마복음」보다 훨씬 후대에 기록되었고, 「도마복음」과는 다른 자료를 사용하고 있다.

묵상하기 위해 나는 더 빨리 이 세상을 떠날 수 있기를 바란다. 나는 안쪽이었던 것을 내가 바깥으로 만들고, 바깥이었던 것을 안쪽으로 만들 것이다. 이는 그의 풍성함이 내 안에서 온전히 이루어지게 하려 함이라. 나는 내 뒤에 있는 것을 돌아보는 것을 그쳤고, 앞을 향하여, 앞으로 나아갈 것들 속으로 나아갔다…."

# 어록 23

예수가 말했다. "내가 천명에서 너희 중에서 하나를, 만 명에서 너희 중에서 둘을 선택할 것이다. 그리고 그들은 혼자이고 단순한[monakhos] 하나로 설 것이다."

이레네우스와 에피파니우스(Ephiphanius)는 이 어록이 바실리데스파 영지주의에서 기인했다고 본다. 두 사람은 이 어록을 영지주의가 이끄는 '엘리트주의'의 한 예로 제시한다. 똑같은 논리로 우리는 "부름을 받은 사람은 많으나, 뽑힌 사람은 적다"(마태복음)[29]라는 말을 영혼 예정 교리의 한 예로 비난받을 수 있다고 말할 수 있다.

또 다른 대답은 우리가 모두 창조되었기 때문에, 즉 존재하도록 '부름'을 받았기 때문에 우리가 모두 선택되었다는 것이다.

이것은 우리를 선택하는 창조적인 '지능'에 대한 우리 자신의 반응이다. 천 명 중 한 명이 응답하고, 만 명 중 두 명이 응답하는 것은 그들을 '카팍스 데이'(capax Dei)로 만든다. '카팍스 데이'는 가톨릭 전통에서 성모 마리아에게 주어진 이름 중 하나인 '신의 순수한 능력'을 의미한다. 은혜에 저항하지 않는 이 소수의 사람은 '아들'에게 하나의 특별한 반응을 하는 구성원들이다. 이들은 처음과 같이 '아버지를 향하여' 단순화되고 소용돌이 없이 일어난다. 이것은 요한복음의 서문에서 언급된 시작을 상기시킨다.

---

29 마 22:14.

# 어록 24

제자들이 물었다. "우리가 찾을 수 있도록 당신이 머무는 곳을 우리에게 알려주십시오." 그는 그들에게 이렇게 말했다. "귀 있는 자들은 들으라! 빛의 사람들 안에 빛이 있고, 그들은 그 빛을 온 세상에 비춘다. 만약 그들이 비추지 않으면, 바로 어둠이다!"

(참조: 마 6:22-23; 눅 11:1, 33-36; 요 1:9, 7:34-36, 12, 36, 38)


요한복음에서 빛에 관한 주제는 특별히 중요하다. "말씀은 이 세상에 오는 모든 사람을 비추는 빛이다." 이것은 그리스도교인이나 영지주의자뿐만 아니라 '모든' 사람을 비추는 빛을 의미한다. 예수는 자신이 빛의 화신이라고 선언한다. "나는 세상의 빛이다. 나를 따르는 자는 어둠에 다니지 아니하고 생명의 빛을 얻으리라."

'빛의 사람'이라는 이 주제는 모든 위대한 전통에 나타난다. 그것은 헨리 코빈(Henry Corbin)에 의해 우리 시대에서 가장 심오하게 연구되었다.[30]

예수가 거하시는 '장소', 그의 발자취 안에서 걷는 모든 사람이 거하는 곳은 빛이다. 빛은 공간을 채우고 그 자체로는 보이지 않지만 모든 것이 보여지게 만든다. 빛 속에 있다는 것은 빛이 드러내는 대상에 더 이상 최면에 걸리는 것이 아니라, 빛을 담고 있는 무한한 공간을 통해 대상을 보는 것이다.

---

30 **Henry Corbin, *The Man of Light in Iranian Sufism* (Boulder, Colo.: Shambhala, 1978).

마태복음에서 예수는 이렇게 말한다. "눈은 몸의 등불이다. 그러므로 네 눈이 성하면 네 온몸이 밝을 것이요, 네 눈이 성하지 못하면[31] 네 온몸이 어두울 것이다."[32] 그러므로 빛을 인식하기 위한 필요조건은 보는 것의 순수성과 단순성이다.

우리 각자의 내부에서 깨어나 우리의 그림자를 뚫고 우리 안에 있는 빛을 밝히는 것이 아니라면 명료한 관심이란 무엇을 의미할 수 있겠는가? 그러한 관심을 접한 사람들은 복되다! 그것은 그들에게 그들이 먼지이며, 먼지로 돌아갈 것임을 보여줄 뿐만 아니라 그들이 '빛'이며 '빛'으로 돌아갈 것을 보여준다.

---

31 *"눈이 성하지 못하면"이라는 뜻은 그 눈이 흐리거나 왜곡된 상을 보여준다는 것이다.
32 마 6:22-23.

# 어 록 25

예수가 말했다. **"너희 형제자매를 너희 영혼처럼 사랑하라. 즉, 너희 눈동자를 보호하듯 그들을 보호하라."**

(참조: 레 19:18; 신 32:10; 잠 7:2; 마 5:43-44, 19:19, 22:39; 막 12:31-33; 요 2:10, 3:10, 4:21; 롬 13:9; 갈 5:14; 약 2:8, 3:10, 4:21)

요한의 첫째 편지는 빛과 사랑의 주제 사이의 연결에 관한 좋은 예이다. 즉, "누구든지 빛 가운데 있다고 하면서, 이웃을 미워하면, 여전히 어둠 속에 있는 사람이다. 누구든지 이웃을 사랑하면 빛 가운데 거하며, 그들은 타락하지 않는다. 그러나 이웃을 미워하는 사람은 어둠 속에 있다. 그들이 어둠 속을 다니며 어디로 가는지 알지 못하나니 이는 어둠이 그들의 눈을 멀게 하였음이라."[33]

따라서 사랑과 빛, '영지'(gnosis)와 '아가페'는 분리될 수 없다. 증오는 우리를 눈멀게 하고 불행하게 만든다. 요한이 다른 곳에서 말한 것처럼 "사랑하지 않는 사람은 죽음에 거한다." 요한이 어느 곳에서 말했듯이, "누구든지 사랑하지 않는 자는 죽음에 거한다." 그들은 이미 지옥에서 '타자'를 향한 갈망 없이 그들 자신에게 갇혀 살고 있다. 이것은 분명히 심리적 자폐증보다 훨씬 더 고통스러운 영적 자폐증이다. 사랑하는 사람에게는 모든 것이 더 생생하게 존재한다. '타자'는 빛 속에서 보며, 따라서 우리 동료 인간은 우리 눈의 눈동자처럼,

---

33 저자는 요한일서 2:9-11의 내용을 의역해서 사용하고 있다. 특히 '형제'를 '이웃'으로 바꿨다.

우리 자신을 보고 알 수 있게 해주는 거울처럼 소중한 존재로 드러날 수 있다.

그러나 우리 자신을 내어주지 않고는 우리 존재의 '동공'의 궁극적인 깊이에 도달할 수 없다는 것도 사실이다. 이 개방성은 '빛'과 함께하는 우리의 조화가 몰입되고 다시 태어나는 블랙홀과 같다.

# 어록 26

예수가 말했다. "형제의 눈 속에 있는 은을 보지만, 너희는 너희 눈 안에 있는 통나무를 보지 못한다. 너희가 너희 눈에서 통나무를 빼면, 너희는 너희 형제의 눈 안에 있는 은을 제거할 수 있을 정도로 아주 명확하게 볼 수 있다."

(참조: 마 7:3-5; 눅 6:41-42)

이 어록에서 예수는 다시 한번 그의 치료적 차원을 명시한다. 그는 투영과 전이의 메커니즘을 드러낸다.

우리가 다른 사람들을 가장 가혹하게 비판하는 것은 종종 우리 자신 안에 스스로가 싫어하지만 인정하기를 두려워하는 무엇의 투사이다. 다른 사람에게서 가장 용납할 수 없는 결점은 바로 우리 자신의 결점이다.

어떤 대화를 들으면서 우리는 그들이 언급하고 있는 사람보다 말하는 그들에 관해 더 많이 알 수 있다. 예를 들어 우리는 누군가가 "그녀는 똑똑하다"라고 말하는 것을 듣지만 실제로 말해지고 있는 것은 "그녀는 나처럼 생각한다"이다. 우리는 그 반대도 들을 수도 있다. 어떤 사람은 "나처럼 생각하지 않기" 때문에 '바보'이다.

다른 사람을 판단하는 것은 우리 자신을 판단하는 것이다. 타인의 눈 속에 보이는 은(silver)은 우리 자신의 억압된 통나무일 뿐이다. 우리 안에서 끊임없이 일어나는 자발적인 판단에 주의를 기울인다면, 우리 자신과 우리 자체의 무의식에 관해 더 많은 것을 배울 수 있다.

이 무의식에 더 많은 빛이 비칠 때 우리는 다른 사람들을 더 분명하게 볼 수 있다. 우리는 그들이 필요로 하는 것이 판단 받는 것이 아니라 사랑받는 것임을 안다. 그리고 이 조건 없는 사랑은 빛을 향한 그들 자신의 변화를 촉발할 수 있다.

# 어 록 27

예수가 말했다. "너희가 세상으로부터 금식[34]하지 아니하면 너희는 그 왕국을 찾지 못할 것이다. 너희가 안식일을 안식일로 지키지 아니하면 너희는 아버지를 알지 못할 것이다."

(참조: 마 5:8-20, 6:33, 18:3; 눅 12:31, 13:5, 18:17; 요 3:5, 6:46, 14:9)


세상에 거하되 세상에 속하지 말라. 이것은 복음서에서 강력하게 반복되는 주제이다.

세상으로부터 금식하는 것은 세상과 관련된 우리의 자유를 나타내는 것이다. 실제 도시의 윤곽선(skyline)을 보려면 도시를 떠나야 한다. 진정한 인간의 삶을 위해서는 휴식의 시간이 필요하다. 이것이 '안식일'의 깊은 의미이며 문자 그대로 '멈춤'을 의미한다(현대 이스라엘인들은 노동 파업에 대한 단어가 필요했을 때 안식일의 파생어인 '체비타chevita'라는 단어를 사용한다).

유대 민족에게 안식일의 중요성은 잘 알려져 있다. 매주 개인은 행동을 멈추고, 그래서 세상과 인간의 삶을 생산의 혹독하고 기계적인 손아귀에서 빼낸다. 사람들은 여유 있는 시간을 가질 수 있고, 하느님 앞에 앉을 수 있다.

안식일은 인간이 평등해지는 날이기도 하다. 그들의 사회적, 전문적 역할을 내려놓고, 소박한 인간이 되는 날이다. 모든 구성원이 하느

---

34 '금식하다'라는 콥트어는 그리스어 '네스튜네오'를 빌려서 사용한 것이다.

님의 후손인 그들의 우주적 가족은 그들도 모든 피조물과의 친족 관계가 되는 이 똑같은 움직임을 발견할 수 있게 한다.

안식일을 우리의 삶으로 가져오는 것은 멈추고 다시 돌아가는 시간을 도입하는 것이다. 심지어 우리의 동요 상태 속에서도 우리의 본질적인 존재에게 돌아가는 것이다. 이것은 "내 행동의 진정한 동기는 무엇인가?", "생각하는 사람은 누구인가?", "나는 누구인가?"라는 위대한 질문을 하는 시간을 갖는 것이다.

안식일은 또한 시간이 정지될 때, 우리의 소용돌이치는 정신 장치를 멈추는 순간이다…. 그러면 순수하고 단순하게 존재하는 '나'의 메아리로서 인간의 가슴에서부터 타오르게 하는 불꽃이 가능하다.

# 어록 28

예수가 말했다. "나는 세상 한가운데 서 있었다. 그리고 나 자신을 육체 가운데 그들에게 보여주었다. 나는 모두 술 취해 있는 그들을 발견했다. 그들 중의 단 한 명도 목마르지 않았다. 나의 영혼은 인간 자녀들의 심적으로 눈먼 자들이 되어서 그들을 위하여 신음하였다. 그들은 보지 못한다. 그들은 세상에 발가벗고 왔고, 그들은 발가벗고 세상을 떠날 것이다. 바로 이 순간, 그들은 술 취해 있다. 그들이 마신 포도주를 토할 때, 그들은 자신들에게 돌아갈 것이다."

(참조: 마 11:17; 눅 7:32; 요 4:13-15, 6:35; 딤전 3:66; 살전 5:7; 고후 6:1; 갈 2:2; 빌 2:16)


영지주의 문헌에서 '술 취한' 사람의 주제는 '빛의 사람'의 주제와 대립한다. 여기에서 술 취함은 '신성한 취함'과 반대된다. 왜냐하면 이것은 외모의 세계에 의해서 술에 취하고, 더럽혀지고, 불투명해진 마음과 가슴의 상태이기 때문이다.

여기에서의 목표는 자기만족과 우둔함과 완고하고 모호한 사고 과정을 영속시키는 중독에서 벗어나는 것이다. 이를 위해서 우리는 '실재'를 약화하는 모든 쓸모없는 개념인 '주어진 진실'을 버려야 한다. 그때야 우리는 존재하는 분의 빛나고 붙잡을 수 없는 '하나'의 '존재'인 '나'에 관한 진실을 발견할 수 있다. 또는 아레오파기테(Areopagite) 학파가 말하는 것처럼 '존재'보다 무한한 것이 더 많다.[35]

우리는 알몸으로 세상에 왔고, 알몸으로 세상을 떠날 것이다. 이 사실에 압도당하지 않고 최소한의 명료함을 유지하기 위해서 이것을 참조하는 것이 중요하다. 우리 자신에게 '존재'를 부여한 것은 우리가 아니다. 우리 자신에 의해 우리는 '순수한 전무'이다. 이 냉혹한 진실을 마주함에서 오는 명석함은 우리가 포도주를 토해내고 자아의 환상과 팽창에서 벗어나도록 도와줄 것이다. 그러면 우리는 새로운 마음과 새로운 마음으로 우리의 본성을 재발견할 수 있다.

「진리의 복음」(22:13-19)은 다음과 같이 덧붙인다. "'그노시스'(지식)를 가진 사람은 자신이 어디서 와서 어디로 가는지 안다. 그들은 술에 취한 후에 그리고 정신이 들어서 자기 자신에게로 돌아와 자기에게 합당한 것을 되찾는 사람들이다."

---

35 아레오파기테는 사도행전 17:34와 관련된 인물로, 바울이 아레오파고 광장에서 설교할 때 기독교로 개종한 아레오파고 재판정의 판사였다고 한다.
https://en.wikipedia.org/wiki/Dionysius_the_Areopagite, 2023.03.30 접근.

# 어 록 29

예수가 말했다. "만약 육체가 영으로 인해 존재하게 된다면, 그것은 놀라움이다. 그러나 만약 영이 육체 때문에 존재하게 된다면, 그것은 놀라움 중의 놀라움이다. 그러나 놀라움 중에서 가장 큰 놀라움은 어떻게 이 '존재'(this Being)가 이 '아무것도 아닌 것'(nothingness)에 거할 수 있는가?"[36]

(참조: 마 21:42; 막 12:11; 요 1:14; 딤전 3:16; 롬 8:13; 골 5:3)

세상은 마음과 물질에 관한 두 가지 주요 관점인 심령주의적 관점과 유물론적 관점으로 나누어져 있는 것 같다.

심령주의자에게 물질은 위임되고 얼어붙은 정신의 형태이다. 정신은 서로 다른 주파수에서 진동하는 근본적인 현실이며, 그중 가장 느린 주파수 중 하나는 물질 현상을 생성한다.

반대로 유물론자들에게 정신과 마음은 점점 더 복잡해지는 물질의 산물에 불과하다. 오직 우연과 필연성만이 시냅스(synapse)의 행동과 우리를 구성하는 입자의 춤을 지배한다.

질문을 구성하는 데는 두 가지 상반된 방식이 있다. "어떻게 물질이 정신에서 발생하나?" 그리고 "정신은 물질에서 어떻게 발생하나?" 어느 쪽이든 이것은 놀라움 중의 놀라움이다! 이러한 각각의 접근

---

36 다른 번역자들(메어, 기요몽, 클라펜보그, 송혜경)은 '이 존재'를 '부요함'으로, '아무것도 아닌 것'을 '가난함'으로 번역했다. Guillaumont, 21; Kloppenborg et al., 137; 송혜경, 323.

방식에는 고유한 이유와 논리가 있다. 그러나 논리와 이유는 불충분하다. 이 논리가 말하듯이 진정한 경이로움은 아무것도 없는 것이 아니라 무언가가 있다는 것이다!

예수는 이유를 묻지 않는다. 왜냐하면 그것은 설명의 수준으로 내려가기 때문이다. 그는 단순히 주목하고, 경탄하고, 존경하며, 물질과 정신이 대립하는 것이 아니라 함께 포용하는 비이원적 시각으로 우리를 이끈다. '물질'과 '정신'은 공허한 말, 단순한 심적 개념이 아닐까? 순전히 경이로운 순간에 우리는 미묘하고 총체적인 극성이 상호 보완적으로 드러나는 하나의 '실재'에 더 가까워질까?

정말 흥미로운 질문은 "존재하는 '존재'가 어떻게 무(無)에 거주하는 것인가?"이다. 어떤 사람은 이것을 "어떻게 부유함이 가난함에 살 수 있단 말인가?"라고 의역했다. 우리 안에는 창조되지 않은 것과 창조된 것, 신성과 인성이 모두 포함되어 있다. 하나는 어디에서 시작하고 다른 하나는 끝나는가?

질문은 "왜?"가 아니라 "어떻게?"이다. "나와 아버지는 하나이다"[37]라는 말처럼 우리는 어떻게 그 둘이 하나가 되도록 살 수 있는가? 분리도 혼동도 없이 예수 그리스도 안에서 나타난 하느님과 인간의 이 연합을 우리가 어떻게 깨달을 수 있겠는가? 창조된 것과 창조되지 않은 것의 신인 양성(theanthropic)을 갖춘 결혼의 결과를 우리는 어떻게 온전히 살 수 있는가?

---

37 요한복음 10:30.

# 어 록 30

예수는 말했다. "세 신들이 있는 곳에서 그들은 신들이다. 둘 또는 하나가 있는 곳에서 나는 그들과 함께 있다."[38]

(참조: 마 18:20; 요 5:7-8, 10:34)

마태복음은 예수가 이 어록을 상기시키는 말씀을 전한다: "두세 사람이 내 이름으로 모여 있는 자리, 거기에 내가 그들 가운데 있다." 사랑이 있는 곳에 하느님이 있다. 둘 또는 셋이 그들의 근원인 '하나' 안에 함께 있는 곳에서 모든 것의 총체적인 상호 연결성의 '신비'가 그들에게 드러난다. 모든 것을 하나로 묶는 판토크라토르(Pantokrator)[39]가 존재한다.

이집트의 은둔 승려들은 이 가르침을 다른 방식으로 이해했다. 그들에게 '둘 또는 셋'은 몸, 영혼(또는 마음), 정신을 의미한다. 우리 존재의 이 세 가지 수준이 각각 고유한 의식 방식을 가지고 모두 통일되어 함께 존재할 때 그리스도가 진정으로 현존한다.

이것은 사실 헤시카스트(Hesychast) 기도 체계의 주요 목적 중 하나이다. 깊은 호흡과 그 '이름'의 기도를 통해 인간 존재의 다양한 구성

---

38 마태복음 18:20의 구절과 비슷하다. "두세 사람이 내 이름으로 모여 있는 자리, 거기에 내가 그들 가운데 있다." 마빈 메이어는 뒤 구절을 "나는 바로 그 하나와 함께 있다"로 번역했다. Meyer, 143; 다른 번역도 "나는 그와 함께 있다"로 번역하고 있다. Guillaumont, 21과 송혜경, 323을 참조하라.

39 그리스어 'Παντοκράτωρ'로서 '모든 것의 지배자'라는 뜻이 있다.
https://en.wikipedia.org/wiki/Christ_Pantocrator, 2023.03.31 접근.

요소가 결합하여 성령의 빛이 우리에게 내려와 우리 존재를 변화시킬
수 있다.

# 어 록 31

예수가 말했다. "아무도 그 자신의 마을에서 예언자가 아니다. 아무도 자기 고향에서 의사가 아니다."[40]

(참조: 마 13:57; 막 6:4; 눅 4:23-24; 요 4:44)

선지자들이 자기 고향에서 거의 받아들이지 않는 이유는 무엇인가? 의심할 여지 없이 고향 사람들이 그를 안다고 '생각하기' 때문이다. 선지자들의 목소리는 그가 말하기 전에 이미 분류되고 판단된다. 선지자들이 다른 곳에서 왔다면 더 참신했을 것이고, 사람들이 그들의 말을 진지한 관심으로 대하는 데 더 효과적이었을 것이다.

결국 이것이 최선일 것이다. 예언자와 치유자가 그들의 목소리나 손을 통해 전달되는 은혜가 그들이나 그들의 혈통이나 측근에게서 오는 것이 아니라 하느님에게서 온다는 것을 기억하게 하는 데 도움이 될 수 있다. 그리고 하느님은 나귀 턱뼈로 예언하시고, 진흙 덩어리로 고치실 수도 있다.

이러한 겸손과 사랑의 태도는 진정한 영지주의자의 특징이다. 만두키아 우파니샤드(Mandukya Upanishad)가 말했듯이, "비이원성을 깨달은 후, 당신은 평범한 존재인 것처럼 이 세상에서 살아라." 이에 샹카라(Shankara)는 다음과 같이 덧붙인다. "… 다른 사람들이

---

40 이 부분은 "예언자 자신의 마을에서 받아들여지지 않는다. 의사는 자신을 아는 사람들을 고칠 수 없다"로 번역하는 것이 원문에 더 가깝다. Kloppenborg et al., 137.

당신이 누구인지, 당신이 무엇이 되었는지 의심조차 하지 않을 정도까지 그렇게 살아라."

# 어 록 32

예수가 말했다. "높은 산에 건설된 강한 도시는 파괴될 수 없고, 숨겨질 수 없다."

(참조: 사 2:2; 마 5:14, 7:24-25; 눅 6:47-49; 계 14:8, 21:10)

우리는 모래 위에 지은 집이 무너지는 것과 반석 위에 지은 집이 폭풍을 이긴다는 비유를 알고 있다. 기초는 중요하다. 우리는 그 집들이 충분히 뿌리를 내리고 있는지, 어떤 기반에 있는지 자문해 보아야 한다.

우리는 우리 삶의 기반이 탄탄하다는 것을 알아야 한다. 그것은 우리의 서로 다른 존재 방식을 조직하고 조화시키려는 노력을 상징하는 강한 도시와 같다. 높은 산 위에 세워진 도시는 강도와 견고함뿐만 아니라 평원을 가로지르는 횃불이 만들어내는 가시성도 제공한다.

하느님의 사랑 안에서 삶을 찾은 사람들은 아무것도 두려워할 것이 없다. 그들의 집은 바로 생명력의 근원 위에 세워진다. 어떤 것도 그것을 파괴할 수 없고, 어떤 것도 그것을 압도할 수 없다.

**그 빛이 어둠 속에서 비치니, 어둠이 그 빛을 이기지 못하였다(요 1:5).**

# 어록 33

예수가 말했다. "너희 귀로 듣는 것을 다른 사람의 귀에 말하고, 지붕 꼭대기에서 그것을 선포하라. 어떤 사람도 등불을 켜서 바구니 아래나 다른 곳에 숨겨두지 않는다. 오히려 그것을 등경 위에 놓아서 들어가고 나가는 사람들이 그 빛을 보게 한다."

(참조: 마 5:15, 10:23-27; 눅 8:16, 11:33, 12:3; 요 10:9)

당신은 장미에서 향수를 훔칠 수 없다. 장미는 그 향기를 들이마시는 자를 원망하지 않는다. 빛의 사명은 빛을 발하는 것이지만, 영지주의자의 관심사는 빛나고자 하는 욕망이 아니라 빛이 '되고자' 하는 욕망이다.

말씀을 전달하기 위해서는 먼저 말씀을 구체화해야 한다. 태양은 변함없이 그 빛을 자유롭게 제공한다. 인간은 완전한 개종자가 아니다. 그들은 진정으로 받은 것을 단순히 전달할 뿐이다. 그들은 덕이 있어서가 아니라 그렇게 하는 것이 그들의 천성이기 때문에 자신을 바친다. "그는 내가 사랑하는 것처럼 사랑하지 않고, 에메랄드가 초록색인 것처럼 사랑한다. 왜냐하면 그는 '내가 사랑하기' 때문이다."

유혹은 이 램프를 바구니 아래에 숨기는 것이다. 평범한 마음은 이 빛을 자신의 한계 내에서 이해할 수 있는 것으로 줄이고 싶어 한다. 그러나 이 빛은 언제까지나 숨겨져 있을 수 없다. 심지어는 몸도 투명한 빛의 횃불이 되기를 갈망한다. 그리고 이 사랑으로 변화된 사로프의 성 세라핌(St. Seraphim of Sarov)과 다른 인간들의

전통에 따르면 외부는 내부와 같고, 모든 것이 빛이 되도록 할
수 있다.

# 어록 34

예수가 말했다. "소경이 다른 소경을 인도하면, 둘 다 구덩이에 빠진다."

(참조: 마 15:14; 눅 6:39; 요 9:39-41)

우리는 완전하게 보지 않고는 누군가를 인도할 수 없다. 만약 우리가 깨어나지 않는다면, 우리는 다른 사람과 잠만 같이 자게 될 것이고, 우리는 둘 다 함께 구덩이에 빠질 것이다.

침례자 요한이 말했듯이 "사람은 받은 것만 줄 수 있다."[41] 그 이상도 그 이하도 아니다.

당신들은 그들이 말하는 것에 관한 경험이 없는 사람들의 인도를 받지 않게 하라. 우리는 직관적으로 열심히 '좋은 조언'을 제공하는 사람들을 조심해야 한다는 것을 안다. 인도의 현자 니사가다타(Nisargadatta)가 말했듯이, "다른 사람에게 좋은 것이 무엇인지 아는 사람은 위험한 사람이다."

당신은 당신의 믿음을 입증할 수 있지만 그것을 다른 사람에게 접붙이지 마라. 이것이 빛나는 진실로 보일 때 그것은 그 자체로 깨어나는 힘이 된다. 당신이 말할 수 있는 것은 "내 안에 살아 있는 것이 당신 안에도 살아 있다"라는 것뿐이다.

진정한 스승은 '빛'에 관해 유창하게 말하는 사람이 아니라 우리가 직접 눈으로 볼 수 있도록 도와주는 사람이다. 옛 속담에 이르기를

---

41 이 구절이 어디에서 왔는지 저자는 알려주지 않고 있다. 이 구절은 정경 복음서에는 없다.

"사람에게 생선을 주면 하루는 굶주리지 않을 것이다. 그 사람에게 고기 잡는 법을 가르쳐주면, 그는 다시는 절대로 배고프지 않을 것이다."

# 어 록 3 5

예수가 말했다. "강한 사람의 손을 묶지 않고는 아무도 강한 사람의
집을 점령할 수 없다. 그러면 모든 것은 뒤집을 수 있다."

(참조: 마 12:29; 막 3:27; 눅 11:21-22)


「도마복음」은 진정한 힘은 자신이 누구인지 아는 사람에게 있다
고 가르친다. 가장 강한 사람은 자신을 위한 하느님의 계획을 성취할
자리를 찾은 사람이다. 영지주의자들에게 약하다는 것은 자신이 누구
인지 모른 채 본질적 존재에 무지한 상태를 의미한다. 인간 존재의
진정한 힘은 그들의 성채이자 해방자이시며, 그들의 유일하고 진정한
안전과 자유의 원천이신 하느님과의 연합에 있다. 어떤 것도 그들의
심연 속에서 그들을 정복할 수 없다. 그러나 그들은 자신을 표현하고
주는 것으로부터 차단될 수 있다. 사랑의 손은 묶일 수 있고, 모든
것이 전복될 수 있다.

사랑의 사명은 베푸는 것이다. 이것이 막히면 그 사람의 힘은 약해
질 수 있다. 그러나 이 길에는 가만히 서 있지 않다. 계속 전진하지
않는 사람은 후퇴한다. 사랑의 불은 장애물을 만났을 때 더욱 뜨거워
진다. 다른 선택은 죽어서 재가 되는 것뿐이다.

그래서 사랑의 손은 묶일 수 있지만, 그 마음의 광채는 절대로
꺼지지 않는다. 손이 잘린 사람들도 여전히 마음에서 그것을 직접
전달한다. 그들의 일을 성취하기 위해 다른 손들이 들릴 것이다.

# 어록 36

예수가 말했다. "아침부터 저녁까지 또는 저녁부터 아침까지 입어야
할 옷을 가지는 것에 관해서 걱정하지 말아라."

(참조: 마 6:25-33; 눅 12:22-31; 출 27:21; 레 24:3; 민 9:21)

이것은 복음서에서 반복되는 주요 주제이다. 걱정하지 마라! 먹을
것과 입을 것과 "그들이 우리를 재판장에 데려갈 때 우리가 무슨 말을
할까" 걱정하지 마라. 먼저 당신 안에 있는 성령의 통치인 나라를
구하라. 그래야만 모든 것이 믿음을 넘어 주어지고 해결되는 진정한
명확성이 올 것이다.

일반적으로 걱정과 염려는 두려움에 근거한다. 그것들은 내면의
평화와 자신감이 부족하다는 신호이다. 숭고한 명분에 관해서도 걱정
스럽게 염려하는 것은 또한 교만의 증상이다. 우리는 자신을 너무
심각하게 여긴다. 우리는 궁극적으로 우리에게 일어날 일을 통제할
수 있다고 믿는다. 그러나 진실은 오직 '한 분'만이 일하신다는 것이다.
"'그' 안에서 우리는 우리의 '생명'과 '움직임'과 '존재'를 가진다."

교황 요한 23세가 여러 가지 합당한 이유로 교회의 상태에 관해
깊은 고민을 하던 어느 저녁에 관한 일화를 떠올리는 것은 흥미롭다.
그리스도가 그에게 나타나 말했다. "요한아, 이 교회를 인도하는 자가
너냐, 나냐? 이 배를 조종하는 사람은 너냐, 아니면 나냐? … 단지
최선을 다하고 걱정하지 마라."

걱정을 버린다는 것은 무관심하거나 무책임해지는 것을 의미하지

않는다. 우리는 우리가 할 수 있는 최선을 다하고 있지만 이제 우리 행동의 결과가 우리에게 달려 있지 않다는 것을 알고 있다. 바가바드 기타(Bhagavad Gita)가 말하듯이, "당신은 행동할 권리가 있지만 행동의 결과에 관한 권리는 없다."

로욜라의 이그나티우스(Ignatius of Loyola)는 이렇게 말한다. "모든 일에서 모든 것이 너희 행동에만 달린 것처럼 행동하라. 그리고 모든 일에서 당신이 하는 모든 일의 결과가 오직 하느님께만 달린 것처럼 행동하라."

걱정을 버리는 것도 '현재'를 사는 것이다. "아침부터 저녁까지, 저녁부터 아침까지 걱정하지 마라." 마태복음 6장 34절에서 예수는 "한 날의 괴로움은 그날에 겪는 것으로 족하다"라고 말한다. 그리고 누가복음 12장 25절에 보면 "너희 중에 누가 염려함으로 그 키를 한 자라도 더할 수 있느냐"라고 말한다.[42]

사랑은 자연스럽게 '현재'에 산다. "나는 사랑할 것이다"라고 생각하는 사람들은 그들이 사랑하지 않는다는 것을 의미한다.

'현재'에 산다는 것은 매 순간 '현존'의 비밀을 드러낸다. 이것은 엄청난 주의력과 영혼의 높은 자질을 요구하지만, 그것은 행복의 가장 큰 원천이다. 우리의 에너지는 어제와 내일로 분산되는 것을 멈춘다. 우리는 '(우리) 앞에 있는 것'과 함께 강렬하게 살기 시작한다(어록 5). 그러면 우리는 우리의 정체성을 잃지 않으면서 한 형태에서 다른 형태로, 한 벌의 옷에서 다른 옷으로 넘어가는 '삶'의 자발성에서

---

42 저자는 이 부분에서 누가복음 6:27로 잘못 인용하고 있다. Jean-Yves Leloup, *The Gospel of Thomas: The Gnostic Wisdom of Jesus*, trans. Joseph Rowe (Rochester: Inner Traditions, 2005), 119.

더 이상 분리되지 않는다.

　따라서 우리의 옷에 대해 걱정하지 않는다는 것은 삶이 우리에게 어떤 형태를 취할 것인지에 관해 걱정하지 않는다는 것을 의미한다. 우리의 금욕주의는 현재 순간에 충실하고 진실해지는 데 있다.

# 어 록 37

그의 제자들이 물었다. "당신이 우리에게 나타날 때가 언제인가? 우리의 눈으로 보게 될 날은 언제인가?" 예수가 대답했다. "옷들을 짓밟는 갓 태어난 아기들처럼 너희가 벌거벗는 날, 그때 너희는 살아있는 분 (Living One)의 아들을 보게 될 것이고, 너희는 더 이상 두려움이 없을 것이다."

(참조: 창 2:25, 3:7; 마 14:26-27, 16:16, 18:3; 막 6:10-15, 48-50; 요 3:3, 6:14-22; 히 4:13; 요일 3:2)

여기서 옷은 우리가 본질적인 존재를 가리는 모든 가정과 속임을 상징한다. 그것들은 역할과 상황에 관한 우리의 모든 동일시, 우리의 벌거벗음을 잊게 하는 모든 사상을 나타낸다.

이 복음은 '살아 계신 분'을 볼 수 있게 해주는 순수함을 우리가 재발견할 수 있도록 벌거벗고, 아무것도 아닌 채로, 갓난아이처럼 옷도 편견도 없는 텅 빈 상태로 우리를 초대한다. 우리가 과거와 미래를 현재에 투사하는 것을 중단할 때 어떻게 여전히 두려워할 수 있겠는가?

벌거벗음의 또 다른 의미는 '신성한 포옹'을 위한 준비이다. 벌거벗는다는 것은 우리를 기다리고 있는 사랑 안에서 믿음의 행위를 요청한다. 따라서 프리스킬리안(Priscillian)은 기도할 때 옷을 모두 벗었다.[43]

---

43 "'신성한 포옹'에 관해서는 다음을 참조하라. Leloup, *The Gospel of Philip* (Rochester, Vt.:

「도마행전」에서 인류는 다음과 같이 말하는 젊은 아내로 상징된다: "이제부터 나는 나 자신을 감추지 않을 것이다. 왜냐하면 수치의 거울을 나로부터 제거되었다…. 더 이상 부끄럽거나 두렵지 않을 것이다." 관음증의 부자연스러운 시선이 아니라면 이 수치의 거울은 무엇인가?

『리베 그라둠』(Liber Graduum, col. 341:1)[44]에서 아담과 이브는 젖먹이 아기처럼 벌거벗은 채 부끄러움 없이 나타난다. 이것은 다시 벌거벗고 순수해지기 위한 초대로 보인다.

그러나 어떤 형태의 영지주의에서는 벌거벗음이 육체와 동일시하지 않음을 의미한다는 것까지 더 나아간다. 벌거벗는다는 것은 우리의 본질이 창조되지 않았으며 시공간 안에서 존재를 향한 모든 병리학적 애착이 일종의 우상숭배임을 기억하는 것이다. "나는 이 땅의 몸을 버리겠다! 나는 우주와 다섯 별의 모습을 버리고 집정관이 내 안에 가둔 함정을 부수고 파라클레토스(보혜사 성령)[45]를 기억하며 찬란하게 빛날 것이다! … 당신은 연약함의 옷을 벗었다. 잔인하고 속이는 교만을 짓밟았다…. 나는 이 육신의 의복의 허영을 무너뜨렸다"(마니교 시편).

어록 37의 가장 아름다운 메아리 중 하나는 현대 작가 자크 라카리에르(Jacques Lacarrière)의 『공허의 수라트』(Surat of Emptiness)에 실린 시이다.[46]

---

Inner Traditions, 2004). 프리스킬리안 또는 프리스킬란은 4세기에 스페인과 남부 가울 (Gaul) 지역에 존재했던 그리스도교 영지주의 집단이었다.
44 *이 책은 4세기의 시리아 그리스도인들이 사용했다.
45 마니교에서는 '파라클레토스'가 마니 자신이고, 예수가 선포한 하느님의 나라를 마니가 실현했다고 주장한다.

배움을 취소하라. 당신의 출생 조건을 해제하라.
당신의 이름을 잊고 알몸으로 가라.

당신의 마지막 유해를 털어내라. 당신의 기억을 파괴하라.
당신의 가면을 녹여라.

당신의 의무를 찢어라. 당신의 확신을 해체하라.
의심의 여지를 끊어라. 당신의 존재에 관한 통제력을 놓아라.

당신의 샘물을 세례하지 마라. 당신 도로의 지도를 만들지 마라.
당신의 욕망을 잘라내라. 당신의 열정을 제거하라.

예언자들을 탈신성화한다. 미래를 믿지 마라.
과거를 뒤집어라. 시간을 좌절시켜라.

부조리의 매듭을 풀어라. 망상을 빼앗아라.
신성한 것을 해제하라. 현기증에서 깨어나라.

자기애를 닦아 없애라. 길리앗(Gilead)을 배달하라.
몰록(Moloch)을 퇴위시키고, 레비아탄을 폐하라.

혈통의 신비화를 제거하라. 원숭이를 해부하라.

---

46 *Jacques Lacarrière, *Sourates* (Paris: Albin Michel, 1997)에서 번역했다.

조상과 의절하라.

당신 영혼의 부담을 덜어줘라. 당신의 실패가 실패하지 않게 하라.
당신의 절망 마법을 풀어라. 당신의 희망 족쇄를 끊어라.

당신의 광기를 전달하라. 당신의 두려움을 완화하라.
당신의 마음을 방해한다. 당신의 죽음에 실망하라.

당신의 기반을 훼손한다. 당신의 획득물을 허물어라.
배우지 말고 알몸이 되어라.

# 어 록 38

예수가 말했다. "내가 지금 너희에게 하는 말을 너희는 종종 듣기를 원했다. 그 말을 너희에게 해줄 사람은 아무도 없다. 그리고 너희가 나를 찾을 때, 너희는 나를 발견하지 못할 날이 올 것이다."

(참조: 마 9:15, 13:17, 23:29; 막 2:20; 눅 5:35, 10:24; 요 7:33-34, 8:21, 13:33, 16:16)

이 어록의 시작은 『요한행전』 안에서 울려 퍼진다. 십자가에 못 박히는 순간 '구세주'는 감람산의 환상 가운데 요한에게 나타나서 빛의 십자가를 드러낼 것이라고 말한다. "… 요한아, 누가 내게서 이런 말을 들어야 할 것이니, 내게는 들을 사람이 필요하다."

마니교 시편에 따르면, '구세주'는 열한 제자가 나중에 그들을 부르신 분이 그리스도라는 것을 인식할 수 있도록 이 어록을 전달했다. 막달라 마리아는 또한 예수의 다음 말씀을 상기시켰다. "나 자신에 관해 내가 너에게 감람산에서 보여줬던 것을 기억하라. 나는 말할 무엇인가를 가지고 있으나 말할 사람이 아무도 없다."

어록은 계속해서 그들이 예수를 찾을지라도 찾지 못할 날에 관해 말한다. 그러나 왜 죽은 자들 가운데서 '살아있는 자'인 그리스도를 찾는가? 지금이 적기이다. 날마다 구원의 날이며 매 순간이 '만남'의 시간이다. 내일은 너무 늦을 것이다. 내일까지 사랑과 기쁨을 미루지 마라. 하느님의 나라는 지금 여기에 있다. 현재가 아니면 어디에서 '살아 계신 자'를 찾겠는가?

안젤루스 실레지우스(Angelus Silesius)가 말했듯이, "그리스도가 오늘 내 안에서 태어나지 않는다면 오래전에 베들레헴에서 태어났다는 것이 무슨 상관이 있겠는가?" 내 마음이 오늘 그분을 영접할 수 있도록 열려 있지 않다면 내일 그리스도가 오신다는 것이 무슨 상관인가?"

# 어 록 39

예수가 말했다. "바리새인들과 서기관들이 지식[47]의 열쇠들을 받았고, 그것들을 숨겼다. 그들은 들어가지 않았고, 그곳에 들어가기를 원하는 사람들을 막았다. 너희는 뱀처럼 기민하고 비둘기처럼 순박해라."

(참조: 마 10:16, 23:13; 눅 11:52)

비록 예수는 모든 복음서에서 고통당하는 자들을 대할 때 온화함과 긍휼의 화신으로 나타나지만, 다른 사람들을 인도하고 가르치지만, 자신들이 설교한 것을 실천하지 않는 자들 앞에서는 우레와 같은 엄격함을 표방한다. 지금은 다른 이름으로 불리고 있지만, 서기관과 바리새인의 위선은 오늘날에도 여전히 우리에게 많이 있다. 이들은 열쇠를 받았던 것으로 추정되는 사람들이다. 그들은 거룩한 책의 글자와 말씀을 배웠고, 모든 사람이 참여하도록 초대받은 하느님의 사랑의 좋은 소식을 들었다. 그들은 왜 그것을 배신하나?

이에 대해 좀 더 알아보기 위해 도스토옙스키(Dostoyevsky)의 『카라마조프가의 형제들』에 나오는 '대심문관'에 관한 장으로 넘어가겠다. 그러한 위선자들의 마음을 지배하는 것은 대심문관이 아닌가? 그리고 그는 우리 각자에게도 존재하지 않는가? 이것이 그가 그리스도에게 말하는 방식이다. "당신은 사람들에게 너무 큰 자유를 드러냈

---

47 여기에서 '지식'은 콥트어(그리스어에서 가져온)로 '그노시스'이다. 영지주의에서 중요한 '그노시스'의 열쇠를 바리새인들과 서기관들이 가지고 있다는 사실이 흥미롭다.

다. 그것은 그들을 불행하게 만든다. 왜냐하면 그들은 그 자유로 무엇을 해야 할지 모르기 때문이다. 그러나 우리는 그들에게 옳고 그른 것을 가르쳤다. 우리는 그들에게 무엇을 해야 할지 말했다…. 그들은 덜 자유롭지만, 더 행복하다."

'대심문관'에서 우리는 인간이 행복하기를 원하지만, 인간이 참여하는 자유가 없는 모든 권위주의 시스템의 목소리를 인식한다. 따라서 서기관들과 바리새인들에게 지식의 열쇠를 줬지만, 그들은 그것을 사용해서 모든 사람을 위해서 문을 열려고 하지 않는다. 그 대신 그들은 자신을 위한 '말씀'의 보물을 저장하려고 한다. 심지어 더 나쁘게, 그들은 거룩한 성경을 천박한 수준의 해석으로 축소하려고 한다. 이 사람들은 참으로 '말씀'의 '의미대로 사는 것'과는 거리가 멀다. 기껏해야 그들은 말씀에 생명을 불어넣어 주는 '영'이 없는 글자만 제공할 뿐이다.

일찍이 오리게네스 시대에 우리는 성경의 영적 의미를 더 이상 전달하지 않고 해석학적 사명에 실패한 사제들에 대한 불만을 발견한다. "그들은 견과를 아이들에게 나눠주듯이 말씀을 나눠주지만, 껍데기를 까지 않아서 아이들은 이로 그것을 부순다. 그래서 그 아이들은 메시지의 핵심인 아몬드를 결코 맛보지 못한다."

오늘날 우리는 '입문'의 의미, 즉 '통과의례'를 잊어버렸다. 진정한 해석학 기술은 '말씀의 영'에 접근할 수 있도록 의식의 한 수준에서 다른 수준으로 가는 '통로'를 제공하는 것이다.

정통 그리스도교의 초기 창시자들은 성경 해석의 세 가지 일반적인 수준을 구분했다.

1. 역사와 관련된 물리적 수준

2. 윤리와 관련된 혼의 수준

3. 존재론과 관련된 영의 수준


입문이란 과정의 어떤 부분도 부정하거나 소홀히 하지 않고 위의 이 모든 수준을 통과하는 것을 의미한다. 예를 들면 우리는 아가서를 양치기와 양치기 소녀 사이의 에로틱한 로맨스 이야기로 읽을 수도 있고, 하느님과 이스라엘 사이 또는 그리스도와 교회 사이의 사랑에 관한 상징적인 이야기로 읽을 수도 있다. 아가서에 관한 또 다른 해석은 니사의 성 그레고리(St. Gregory of Nyssa)와 십자가의 성 요한(St. John of the Cross)의 해석이다. 그들에 의하면 아가서는 창조된 것과 창조되지 않은 것의 신비로운 결합에 관한 하느님과 영혼 사이의 사랑 이야기이다.

이 예는 성경 의미의 모든 수준을 존중하는 해석학적 접근 방식을 보여준다. 불행하게도 이것은 나사렛 예수 시대에 거의 행해지지 않았던 것처럼 오늘날에도 거의 행해지지 않는다. 그때까지 토라는 그들 자신과 세상에서 가장 해롭고 파괴적인 것으로부터 인간을 구할 수 있는 자유의 법 대신에 제한적이고 죄의식을 만드는 규칙과 법의 체계가 되었다.

예수는 또한 서기관들과 바리새인들이 말씀을 섬기는 대신에 말씀이 그들을 위해 봉사하게 만든 것을 책망한다. 참으로 개인의 힘을 얻고 다른 사람을 지배하기 위해 경전을 사용하는 것이 가능하다. 이는 확실히 가장 위험하고 왜곡된 힘이다. 범죄자들은 하느님의 이름으로 말하는 척하면서 안내자로 위장하여 조작하여 새로운 회원들의 마음을 움직인다. 이 능력은 '말씀'의 참된 능력, 곧 더 큰 사랑과 섬김의 능력과는 아무 상관이 없다.

거룩한 문서들로 전달되는 지식은 이 어록의 다음 말에서 알 수 있듯이 주의력과 단순성 중 하나이다. 즉, "뱀처럼 기민하고 비둘기처럼 순박해라." 영지주의자는 특별한 지식을 가진 사람이 아니라 맑고 열린 마음을 가진 단순한 인간이며, 자기 관심이나 자기 중요도가 없으며, 자기 앞에 있는 것에 주의를 기울이는 사람이다. 예수가 가르친 영지(그노시스)는 존재하는 것에 대한 명상적 태도, 비이원적이고 비합리적이며 투영과 판단에서 자유로운 태도를 발전시키는 것이다. 영지는 단순히 사물을 있는 그대로 보는 것이다.

예수가 말하는 뱀과 비둘기의 이미지에는 놀라운 아름다움이 있다. 뱀은 땅 위를 기어 다니지만, 비둘기는 하늘을 난다. 따라서 우리는 하늘을 향한 우리의 추력과 접촉을 잃지 않고, 지구에 우리 자신을 접지하라는 지시를 받는다. 이 두 가지 동물적 특질을 모두 유지하는 것은 반대되는 것, 즉 땅과 하늘의 결합을 실현하는 것이다.

# 어 록 40

예수가 말했다. "아버지로부터 멀리 떨어져 심긴 포도나무는 생명력이
없다. 그것은 뿌리로부터 찢길 것이고 멸망할 것이다."
(참조: 잠 12:3-12, 15:6; 사 5:1-6; 렘 2:21, 17:5; 겔 19:10-14; 단 4:14;
마 3:10, 7:19, 15:31, 21:29; 막 11:13-14; 눅 13:6-9; 요 15:1, 2, 5, 6;
골 2:7)

이 어록은 우리에게 뿌리와 땅으로의 접지의 중요성을 상기시켜
준다. '아버지' 안에 근거를 둔다는 것은 모든 존재의 참된 기원에
뿌리를 둔다는 뜻이다. '아버지'로부터 떨어져 심어지는 것은 근원으
로부터 끊어지는 결과를 낳는다. 가장 순수한 물도 그 근원에서 끊어
지면 곧 정체될 것이다. 그것은 요한복음에서 언급된 포도나무에서
잘린 가지와 같은 운명을 겪는다.

포도나무와 그 가지의 비유는 또한 믿음의 공동체가 하나로 모일
때 나타나는 연합의 강한 이미지를 제공한다. 이러한 일치의 진정한
본질은 포도나무와 가지를 통해 흐르는 수액처럼 내부에 있다. 이
일치는 서로 다른 가지처럼 서로 다른 종교적 전통이 만날 때처럼
외부에서 결코 일어날 수 없다. 가지를 함께 접붙이면 가지가 손상되
거나 분리가 훨씬 더 명백해지는 인위적인 방식으로 연결된다. 그러나
아마도 이 서로 다른 가지들은 그들이 전에 본 적이 없는 더 큰 줄기에서
궁극적으로 나오는 공통 수액의 침묵 속에서, 즉 내면의 본성에서
연합을 발견할 수 있을 것이다.

# 어 록 41

예수가 말했다. "손에 무엇을 가지고 있는 사람마다 더 주어질 것이다. 아무것도 가진 것이 없는 자마다, 심지어는 그들이 가진 적은 것조차도 빼앗길 것이다."

(참조: 마 13:12, 25:29; 막 4:25; 눅 8:18, 19:26)

이 어록의 내용은 정경 복음서에서 달란트의 비유를 따라 잘 알려져 있다. 언뜻 보기에 이 결론은 터무니없이 부당해 보일 수 있다. 가진 사람은 더 많이 받게 되고, 가지지 못한 사람은 가진 것마저 잃게 된다.

그러나 이것은 모든 복음서 안에서 우리의 은사를 소홀히 하거나 낭비하지 않고 열매를 맺으라는 요구의 긴급성을 표현하는 것으로 보아야 한다. 이 비유는 우리가 더 많이 줄수록 더 많이 받는다는 근본적인 법칙에 근거한다.

따라서 "무언가를 손에 쥐고 있다"라는 의미는 물질적 부와 관련이 없으며, 대신 우리 자신을 줄 수 있는 능력과 관련이 있다. 그것은 또한 사랑과 자기 지식(또는 영지)을 갖는 것을 의미한다. 이 영지가 없다면 우리는 세상을 이해할 가능성이 전혀 없을 것이다. 이 사랑이 없으면 인생은 그 재미와 흥미를 잃게 된다. 더 이상 우리를 놀라게 하거나 우리에게 아무것도 드러내지 않는다. 우리가 알고 있다고 생각했던 것, 우리가 가지고 있다고 생각했던 권력과 소유물은 조만간 재로 변한다. 우리가 사랑을 줄 수 없다면 우리가 가진 작은 것조차 빼앗길 것이다.

# 어 록  4 2

예수가 말했다. "지나가거라."

(참조: 요 13:1; 고전 4-11, 7:31; 히 11:9, 29:37)

그리스도교 전통은 유월절 또는 부활절이라는 주제에 큰 의미를 부여한다. 히브리어 페사크(*pesakh*)는 '통로'를 의미한다. 더 깊은 의미는 우리가 모두 여기에서 일시적인 승객이자 순례자라는 것이다. 지구는 다리이고, 우리는 다리 위에 집을 짓지 않는다. 우리는 지나가야 한다. 시간이 흐르고, 모든 것이 지나가는 것 같다. 지나가지 못하는 것은 무엇인가?

우리 자신을 통행인으로 보는 것은 정신이 건강하다는 신호이다. 왜냐하면 우리는 현실과 더 밀접하게 접촉하고 있기 때문이다. 우리의 고통이 지나가리라는 것을 아는 것만으로도 우리는 더 견딜 수 있다. 그리고 우리의 가장 소중한 기쁨도 지나가리라는 것을 아는 것은 우리에게 그것으로부터 자유를 준다. 그래서 우리는 그 기쁨이 사라져도 그렇게 슬퍼하지 않는다.

어느 날 밤 자신이 아주 특별한 반지를 소유하는 꿈을 꾼 왕의 이야기가 있다. 그가 기분이 좋지 않아서 반지를 볼 때마다 큰 평온과 평정이 그를 가득 채웠다. 열정과 흥분으로 흥분한 자신을 발견할 때마다 그는 반지를 바라보았고 큰 평온이 그에게 찾아왔다. 그는 열정 속에서도 평화로워졌다. 다음 날 아침에 깨어난 그는 신하들에게 반지에 관해 자세히 설명하였고, 그들에게 반지나 그런 반지를 만들 수 있는 사람을 찾기 위해 왕국을 수색하라고 명령했다.

오랜 수색 끝에 장관들은 마침내 한 노파의 손가락에서 그런 반지를 발견했다. 그녀의 평온함을 제외하고는 이 노파에게는 특별한 것이 없었다. 그녀는 기꺼이 그녀의 반지를 왕에게 주기로 동의했고, 왕이 그것을 그의 손가락에 끼우자마자 작동하기 시작했다. 며칠 만에 그는 조울증 경향이 치유되었고 변화하는 기분으로 인한 노예 생활이 끝났다. 웃음과 눈물의 극단 너머에서 그는 진정한 미소의 깊은 깊이와 아름다움을 발견했다.

어느 날 그는 반지의 안쪽 표면을 자세히 살펴보았고 거기에 작은 글자가 새겨져 있는 것을 처음으로 발견했다. 거기에는 "이 또한 지나가리라"라고 쓰여 있었다.

병원 침대에 누워있든 가장 큰 행복을 경험하고 있든 이 진리를 기억하는 것은 우리에게 큰 도움이 될 것이다.

고통의 원인은 삶의 모든 것의 끊임없이 변화하는 흐름인 무상함에 대한 우리의 저항이다. 지나가야 할 것은 지나가게 하라. 항상 살아 있는 것을 곰곰이 생각하라.

또한 예수가 가르치신 것처럼 통행인이 된다는 것은 그림자에서 빛으로, 이 세상에서 '아버지'에게로 저편 해안을 향해 움직이는 것이다. 그것은 항상 지나가는 것에서 지나가지 않은 것으로, 탄생과 죽음을 넘어 생명으로 깨어나서 우리 자신의 저편 해안에서 부활하여 움직인다. 사람들은 성 베르나르도가 항상 예루살렘을 순례하는 것처럼 매우 경계하며 끊임없이 여행하는 사람의 모습을 가졌다고 말했다. 지나가는 사람은 모든 것을 처음이자 마지막으로 본다. 그들은 절대로 뒤돌아보지 않고 매 순간을 '영원한 지금'이 통과하는 바로 그 장소로

음미한다.

다리의 이미지는 무굴 황제 아크바(Akbar)가 건설한 고대 도시 파테푸르시크리(Fateh-pur-Sikri)의 관문에 아랍 문자로 새겨진 이 어록의 메아리에서 나온 것이다. 그것은 다음과 같이 말한다.

예언자 이사[예수], 그에게 평화가 있기를 그리고 이렇게 말했다.
세상은 다리이다.
그것은 넘어가라.
그러나 거기에 당신의 집을 짓지 마라.

알-가잘리(Al-Ghazali, 1059~1111)를 비롯한 많은 이슬람교도 작가들은 이 말씀을 예수의 것으로 간주한다.

# 어 록 43

제자들이 그에게 물었다. "이러한 것들을 우리에게 말하는 당신은 누구십니까?" 예수가 대답했다. "내가 너희에게 말하는 것으로부터 너희는 나를 알 수 없느냐? 아니면 너희는 저 유대인들처럼 되었다. 그들이 나무를 사랑하면, 그들은 열매를 경멸한다. 그들이 열매를 사랑하면, 그들은 나무를 경멸한다."[48]

(참조: 마 11:2; 요 8:25, 14:8; 눅 6:43-44)

요한복음에서 바리새인들이 예수에게 그가 누구냐고 물으면, 예수는 그가 하는 말들이 항상 자기가 누구인지 말했다고 대답한다.

사실 예수의 가르침은 바리새인들의 가르침과 그리 멀지 않다. 결정적인 차이점은 그들은 자기들이 가르치는 것을 실행하지 않지만, 예수는 그가 가르치는 것으로 '그는 존재한다'라는 것이다. 그는 말과 행동 사이에 이원론이 없어서 투명하다.

예수의 말을 듣고, 경청하고, 묵상하는 것은 그의 '존재'의 신비에 접근하는 방법이다. 그의 말에 담긴 창조적인 의미와 그의 행동을 알리는 창조적인 의미는 '하나'이다.

이 어록의 끝은 열매와 나무도 하나이며 사과는 올리브나무에서 자라지 않는다는 것을 우리에게 상기시킨다. 예수의 말씀은 토라의 열매요, '율법'과 선지자의 말씀 성취이다. 그는 이스라엘 나무의 익은

---

48 다른 번역자들(메어, 기요몽, 클라펜보그, 송혜경)은 '경멸한다' 대신 '미워한다'로 번역한다.

열매이다. 그러나 유대교 바리새인들은 열매와 '이방인'(나중에 그리스도교인)을 경멸한다. 바리새인들은 나무를 멸시한다.

유대교와 그리스도교가 더 이상 대립하지 않는 날은 나무가 그 열매를 자랑스러워하고 열매가 뿌리까지 내려오는 사랑으로 나무를 품는 날이 될 것이다. 낙원의 이 맑은 빛 속에서 둘은 '하나'임이 드러나고, 사람들은 '생명 나무'의 의미를 알게 될 것이다.

# 어 록 44

예수가 말했다. "아버지에 대하여 신성 모독하는 사람은 누구든지 용서를 받을 것이고, 아들에 대해서 신성 모독하는 자도 용서받을 것이다. 그러나 성령에 대해서 신성 모독하는 자는 땅에서나 하늘에서나 용서받지 못할 것이다."

(참조: 마 6:10, 12:31-32; 막 3:28-29; 눅 12:10)

우리는 창조의 근원이신 '하나'를 향한 창조의 다양성과 변화를 꿰뚫어 볼 수 있게 해주는 통찰력으로부터 차단될 수 있다. 이것은 '아버지'를 알아보지 못하는 부정이다. 또는 심장 중심부가 차단되어 인간의 아름다움을 볼 수 없거나 인간에게 나타날 수 있는 신성한 동정에 경외감을 느끼지 못할 수도 있다. 이것은 '아들'을 알아보지 못하는 부인이다. 그러나 우리 생명의 근원이 되는 그 '성령', 바로 '숨결'로부터 단절되는 것은 훨씬 더 심각한 일이다. 이것은 우리의 가장 친밀한 존재를 부정하는 것이다.

이 어록은 삼위일체의 단일성으로서의 하느님의 모습을 상기시킨다. '아버지'는 '초월', '타자', '저 너머'를 상징한다. '아들'[49]은 내재성, 모든 것을 그들의 운명을 향해 재촉하는 '존재'의 '현존'을 상징한다.

---

49 *여기에서 저자는 전통적으로 하느님의 여성적 측면으로 간주하는 '내재성'을 가리키기 위해 남성 명사인 '아들'을 사용하고 있다. 사실 이 두 개는 모순되지 않는다. 왜냐하면 그리스도는 남성형이면서 여성형이다. 여기에서 '아들'은 문자적인 그리스도교 교리에서의 의미를 가지지 않는다.

성령은 초월과 내재 사이의 연결 고리이다.

성령의 자유로운 흐름이 부족한 사회 속에서 우리는 하느님이 외부에 있고 접근할 수 없는 일방적인 초월의 종교에 갇힌 사람들을 종종 본다. 시인 자크 프레베르(Jacques Prévert)가 역설적으로 썼듯이 신성모독은 "하늘에 계신 우리 아버지여, 당신이 계신 곳에 그대로 계십시오"라고 말하는 것이 된다.

그러나 성령의 부족은 또한 아들에 대한 일방적인 헌신으로 이어질 수 있으며, 이는 정말로 문제가 있다. 여기서 인류는 인류 자신의 신이 된다. 이것은 초월적 차원을 향한 개방성이 결여된 휴머니즘으로 이어질 수 있다.

성령은 우리로 하여금 모든 경험을 넘어선 초월성과 모든 경험 안에 있는 내재성과 접촉하게 한다. 성령을 모독하는 것은 이 둘 사이의 연결 가능성을 부인하는 것이며, 아버지와 아들의 '단일성'을 부인하는 것이다.

그러나 성령을 모독하는 것이 왜 용서받을 수 없는 것인가? 초기 교회의 창시자들은 이렇게 표현했다. "하느님은 한 가지를 제외하고 모든 것을 하실 수 있다. 그 한 가지는 바로 억지로 인간이 하느님을 사랑하게 할 수 없는 것이다. 그러므로 하느님조차도 그들 자신과의 가장 친밀한 연결을 파괴하고 다른 해안으로 가는 그들의 유일한 다리를 계속해서 불태우는 사람들의 완고함을 이겨낼 수 없다.

성령을 거부하는 것은 인간과 신 사이의 모든 교통 가능성을 거부하는 것이다. 이것은 이 교제가 영원히 제공하는 은총을 거부하고 우리 자신을 분리된 자아의 환상 속에 가두는 것이다. 만약 지옥이 존재한다면 그것은 오직 하느님은 '사랑'이시고, 인간은 자유롭기 때문이다. 이 자유에는 '사랑'을 거절할 힘이 포함되어 있다. 사랑은 강제로 문을 열 수 없고, 그 사랑은 여전히 '사랑'이 될 수 없다.

.

# 어 록 4 5

예수가 말했다. "포도는 가시덤불에서 수확되지 않고, 엉겅퀴에서 거둬들여지지 않는다. 왜냐하면 그것들은 열매를 내지 않기 때문이다. 좋은 사람은 마음의 깊은 곳에서 좋은 것을 제공한다."

(참조: 마 7:16-18, 12:33-35; 눅 6:43-45; 갈 5:19-23)

"너희는 그 열매를 보고 그들을 알아야 한다."[50] 이것이 그리스도가 복음서 전반에 걸쳐 가르치는 분별력이다.

갈라디아서에서 바울은 성령의 열매와 육신의 열매를 대조함으로써 이 어록의 주제에 관해 자세히 설명한다. 여기서 '육신'은 요한복음에서 '세상'이 이해되는 것처럼 이해되어야 한다. 즉, 육신은 인간 자신의 자연적 필요를 넘어서 필요를 인정하지 않고, 자신의 법 외에는 법이 없다고 생각하여 은혜의 개념을 거부하는 제한된 삶의 방식으로 이해해야 한다. 이와 대조적으로 바울은 "여러분이 성령의 인도하심을 따라 살아가면, 율법 아래에 있는 것이 아닙니다"라고 말한다.

우리는 모두 영혼 없는 성관계, 방종, 물질주의, 우상숭배, 방탕, 권력 추구, 오염, 불화, 논쟁, 시기, 증오, 폭력, 전쟁과 같은 이 '육체'의 열매, 즉 이 빈약한 존재 방식에 너무 익숙하다…. 그러나 성령의 열매는 사랑, 기쁨, 평화, 평정, 친절, 확신, 타인에 대한 봉사, 자기 절제이다. 어떤 법이 어찌 이러한 열매들 위에 있을 수 있겠는가?

---

50 마태복음 7:16.

따라서 열매는 나무의 본성을 드러내고, 개인의 행동과 말은 그 마음의 비밀, 그 안에 거하는 영의 본성을 드러낸다.

# 어록 46

예수가 말했다. "아담에서부터 침례자 요한까지 여자에게서 난 사람 중에서 침례자 요한보다 높은 사람은 없다. 그러므로 그의 눈은 파괴되지 않을 것이다.[51] 그러나 나는 말한다. 너희 중에 작은 자가 되는 사람은 왕국(하늘나라)을 알게 될 것이고, 그 사람은 요한보다 높아질 것이다."

(참조: 마 11:11, 13:11; 눅 7:28, 10:11; 롬 5:14)

침례자 요한은 '전통'에서 중요한 역할을 한다. 그는 '신랑'의 '친구'로서 '선구자'의 원형이다. 그리스도교 전통에서 그는 '그리스도의 오심을 위해서 길을 닦는 사람'으로 불리는 길을 준비하는 사람이다… 즉, 높은 곳을 낮추고, 험한 길을 곧게 하며, 우묵한 곳을 메우고, '주'를 위해 곧은 길을 예비하는 사람이다. 또 다른 차원에서 이 선구자의 일은 우리를 보다 균형 잡히고 평화로운 개인으로 만드는 것이다. 요한은 우리의 오만을 줄이고, 우리 마음의 구불구불하고 뒤틀린 곳을 바로잡을 수 있는 금욕주의의 노련한 작업을 형상화하고 상징한다. 그것은 우리의 우울하거나 절망적인 경향에서 우리를 해방할 수 있는 일이며, 우리의 진정한 본성을 재발견하도록 도와주며, 은혜가 우리 안에서 성육화되고 빛을 발하도록 한다.

이 '선구자'의 원형은 다른 사람들에게는 다른 얼굴을 보일 수 있다.

---

51 메어는 "그의 눈은 외면되지 않을 것이다"라고 번역하는 것이 가장 무난하다고 주장한다. Meyer, 145.

일부는 철학이나 과학 연구를 통해 창조되지 않은 '빛' 또는 그리스도와의 만남으로 인도될 수 있다. 다른 사람들에게는 예술, 시, 신성한 경전 또는 사랑에 빠지는 것일 수 있다. 우리는 모두 그러한 깨달음의 전조를 경험했다. 그러나 우리는 그 안에 무한정 머물 수는 없다. 복음서에서 침례자 요한이 그리스도 자신인지 궁금해하는 사람들에 관해 이야기할 때, 그것은 어떤 형태의 예술, 과학, 심리 치료 또는 관계가 우리의 최고의 진리, 즉 우리의 구원이 될 수 있는지 궁금해하는 것과 유사하다…. 그리고 이것은 똑같은 실수이다. 우리가 산꼭대기에 이르더라도 하늘은 여전히 우리보다 훨씬 위에 있다. 왜냐하면 그것은 다른 성질에 속한다. 우리의 경험, 지식 또는 업적의 정점에서 우리는 다른 본성, '알려지지 않은'(Unknown) 것과 관련하여 보면 여전히 훨씬 낮다. 왜냐하면 그것은 다른 질서와 함께하는, '창조되지' 않는 의식이다.

'왕국'에서 가장 작은 자라도 요한보다 위대하다. 그리고 아직 "그의 눈은 파괴되지 않을 것이다." 이것은 그의 환상이 어디까지나 사실이며 따라야 한다는 것을 의미한다. 그러나 이것은 이 새로운 차원에 완벽히 도달하지는 않는다. 침례자 요한도 "그는 흥하여야 하겠고 나는 쇠하여야 하리라"라고 말했다.

일단 '존재'의 이 새로운 의식이 우리 안에서 깨어나면 '자아'는 증가하도록 허용되어야 하고, '에고'는 감소하도록 허용되어야 한다. 융(Jung)에 따르면 이것이 개체화 과정의 근본 법칙이다.

이것이 바로 바울이 우리 안에 그리스도를 위한 더 많은 공간을 남겨두어 "이제 사는 것은 내가 아닙니다. 그리스도께서 내 안에서 살고 계십니다"[52]라고 말한 의미이다. 그러나 이것은 우리가 우리의 삶에 더 많은 빛과 평화가 계속해서 들어오도록 허용하는 일상적인 과정을 통해 성취된다.

---

52 갈라디아서 2:20.

# 어 록 47

예수가 말했다. "한 사람이 두 마리 말에 올라탈 수 없고, 두 개의 활을
구부릴 수 없다. 한 종이 두 명의 주인을 섬길 수 없다. 즉, 그는 한
주인을 존경하고 다른 주인은 업신여기게 될 것이다. 오래된 포도주를
마시고 나서 새 포도주를 원하는 사람은 아무도 없다. 새 포도주는 오래
된 포도 부대를 찢으므로 그것에 들어갈 수 없다. 묵은 포도주는 새
포도 부대를 상하게 하므로 그것에 맞지 않는다. 낡은 옷조각은 찢어지
므로 새로운 옷감에 대고 꿰매지지 않는다."

(참조: 마 6:24, 9:17; 막 2:21; 눅 5:36-38, 16:13)

이 어록에 관한 일반적인 해석은 단순히 우리가 두 주인을 섬길
수 없다는 것이다. 우리는 둘 중 하나를 선택해야 한다.

정경 복음서에서 이것은 하느님과 돈 사이의 선택으로 더 구체적
으로 명시되어 있다. 이것은 당신이 돈을 사랑하면 하느님을 미워하
고, 만약 하느님을 사랑한다면 돈을 미워해야 한다는 의미로 해석되었
다. 이러한 해석은 엄청난 문제를 초래했고, 이루 말할 수 없는 고통을
가져왔다. 이것은 '억압된 것의 귀환'으로 이어질 것이 사실상 보장된
이원론적 태도 속에 인간을 가둔다.

장 카시앙(Jean Cassien)은 하느님을 사랑하기 위해 상당한 재산을
포기한 수도사의 이야기를 들려준다. 나중에 그는 고무지우개에 너무
집착하여 다른 사람이 만지는 것을 절대로 허용하지 않았다. 십자가의
성 요한이 지적했듯이, 새가 사슬로 묶여 있든 실로 묶여 있든 그것은

아무런 차이가 없다. 어느 쪽이든 날 수 없다. 이러한 이원론에서 벗어나는 길은 무엇인가?

여기에서 예수가 말하는 것은 우리가 동시에 사랑하고 미워할 수 없어서 우리가 이런 종류의 이중성 속에서 살 수 없다는 것이다. 하느님을 사랑하는 것과 어떤 것을 미워하는 것은 양립할 수 없다. 필요한 것은 "카이사르의 것은 카이사르에게, 하느님의 것은 하느님 께 드리기 위해" 사물을 적절한 위치와 질서에 두는 것이다.

그러나 카이사르 역시 그의 궁극적인 근원을 신에게 두고 있으며, 돈도 선과 악을 위해 사용될 수 있는 의사소통과 교환의 도구이다. 중요한 것은 어떤 식으로든 돈을 숭배하지 않고, 돈에 지배당하지 않는 것이다. 오직 하느님께만 예배를 드리는 사람들에게는 이러한 욕구는 문제가 되지 않는다.

따라서 우리는 하나를 다른 하나와 대립시키고 우리 스스로 선택을 강요하게 하는 삶을 살 수 없다. 그것은 견딜 수 없는 이원론이며, 조만간 정신병리학에서 잘 알려진 심각한 결과를 초래할 것이다. 우리는 한마음으로 사랑하고 미워할 수 없으므로 둘 다 받아들여야 한다. 우리는 현상의 광대한 변화와 다양성을 통해 우리에게 길을 보여줄 수 있는 유일한 '스승'을 통해 배워야 한다. 즉, 그는 이원성을 통해 '하나'를 인식하는 법을 가르쳐 준다.

이 어록은 계속하여 우리가 묵은 포도주와 새 포도주를 함께 마실 수 없다고 말한다. 그 둘은 서로를 망칠 것이다. 묵은 포도주와 새 포도주는 각각의 장점이 있으므로 우리는 그것들을 반대하거나 혼합 해서는 안 된다.

전통과 혁신 모두 장점이 있다. 하나를 다른 것으로 축소해서는 안 된다. 왜냐하면 그것은 단지 혼란을 초래할 뿐이기 때문이다. 복음서는 우리에게 한 가지 원리를 존중할 때 다른 원리를 생략하지 말라고 조언한다. 나이와 색상이 매우 다른 두 꽃을 꽃병에 담을 때 하나가 다른 하나를 가리지 않고 같은 꽃병에 조화롭게 놓을 수 있다.

참으로 새 포도주를 낡은 가죽 부대에 넣지 말아야 한다(숙련된 포도주 재배자들은 새 포도주가 여전히 어느 정도 발효되어 오래된 통이 깨질 수 있다는 것을 알고 있다). 어떤 사람들은 성령의 새 포도주가 제도화된 종교의 오래된 통에 남아 있을 수 없다고 말하기까지 한다. 좋은 소식의 포도주가 그 시대의 종교적 전통을 깨뜨린 것처럼 성령의 새 포도주는 그 통을 깨뜨릴 것이다.

이것에는 많은 진실이 있다. 확실히 우리는 어떤 대가를 치르더라도 오래된 전통에 맞추려고 노력하지 않고도 오늘날 나타나는 영감에 더 잘 적응하는 형태를 찾을 수 있다. 우리의 시도는 때때로 끔찍한 혼합으로 이어지지만, 사실은 오래된 것과 새로운 것 모두 고유한 아름다움과 내부 일관성을 가지고 있다는 것이다. 다시 말하지만 오래된 것과 새로운 것을 서로 대립시키거나 부주의하게 섞지 않음으로써 어려움을 피할 수 있다. 오래된 포도주를 마시는 사람들은 그 말의 기괴함에 관한 두려움 없이 새로운 영감을 존중할 수 있다. 그리고 새 포도주를 마시는 사람들은 고대 전통이 진정한 의식과 관습을 통해 유지해 온 깊이 있는 영감을 존중할 수 있다.

이 은유는 내적 경험의 영역에서도 마찬가지이다. 우리가 무한한 자유를 지닌 '창조되지 않은 자'의 의식이라는 근본적으로 새로운 포도주로 채워져 있을 때, 우리는 그것을 일상적인 사고와 논리의 범주에 맞추려고 시도해서는 안 된다. 그러나 이것은 자신의 영역에서 생각과 논리의 가치에 관한 존경심을 잃을 필요가 없다.

　새 포도주 비유는 현대 과학에도 적용된다. 예를 들어 양자물리학은 뉴턴 물리학의 범주에 맞출 수 없다. 왜냐하면 양자역학의 확률론적 논리는 뉴턴역학과 너무 달라서 불연속성을 표시하기 때문이다. 그러나 불연속성은 과학적 발견이나 의식 단계와 충돌하지 않는다.

　「도마복음」은 또한 지혜로운 사람들은 옛것과 새것을 둘 다 사용할 줄 안다는 것을 암시한다. 그들은 성령의 변혁적인 새로움을 가로막지 않으면서도 전통을 존중할 수 있다. 어떤 포도주 부대를 사용하든 간에 포도주는 품질이 좋고 적절한 형태로 부어져서 그 포도주의 아무것도 상하지 않고 '맑은 정신의 취함'을 유발하는 힘을 유지하는 것이 중요하다.

# 어 록 48

예수가 말했다. "한 집에서 둘이 서로 화평하다면, 그들은 산에게 '움직여라!'라고 말할 수 있다. 그러면 산은 움직일 것이다."

(참조: 마 2:25, 17:20, 18:19–20, 21:21; 막 3:25, 11:22–23; 눅 17:6; 고전 13:2)

평화의 힘은 연합에 있다. 평화와 속죄(at-one-ment) 속에 있는 인간을 누가 방해할 수 있겠는가? 그처럼 온전히 일치 속에 있는 두세 사람을 어떻게 방해할 수 있겠는가? 산–어려움–후퇴. 마치 이 속죄가 자연 자체, 즉 이 일치 가운데 나타난 '한 분'의 지지를 받는 것 같다.

다른 사람에게 평화를 가져다주려고 하기 전에 우리는 가정에서 시작하여 본능, 감정, 지성 등 우리 자신의 여러 부분과 평화를 이루어야 한다. 우리 안에 분열이 있는 한 우리가 마주치는 장애물은 일종의 우리 내면의 혼돈 표현이 아닐까?

사로프(Sarov)의 성 세라핌(St. Seraphim)은 "당신 안에서 평화를 찾으면 많은 사람이 당신과 함께 구원받을 것이다"라고 말했다. 평화롭고 행복한 한 인간은 인류를 위한 평화와 행복의 원천이다. 둘이나 셋이 함께라면 얼마나 더 그러하겠는가!

알렉산드리아의 클레멘트는 움직이는 산을 인간 사이의 불평등을 수평화하는 것으로 해석하여 진정한 만남이 가능하도록 했다(Stromates, II:11, et al.). 내면의 평화로부터 존재들 사이의 일치가 나타나지만,

사회적 분열에 대한 두려움과 질투는 그들 사이에 산을 만든다.

정경 복음서에서 산을 옮기는 것은 믿음이다. 그러나 정신과 마음의 일치가 아니라면 믿음이란 무엇인가? 지성과 감성의 '둘'이 한집에서 연합하면 산도 움직일 수 있다.

믿음은 항상 확신하는 행동으로 진리를 향한 생각하는 마음의 움직임과 관련이 있다. 믿음은 참되고 의롭다고 인정된 것을 향한 우리 존재의 전적인 헌신이다. 이 친밀하고 조건 없는 헌신은 엄청난 명석함뿐만 아니라 굉장한 힘을 가지고 있다. 이것은 이성을 넘어선 것이지만 이성을 반대하지는 않는다. 이 맑고 생생한 힘 속에서 산처럼 보였던 것이 두더지 언덕으로 드러난다.

# 어록 49

예수가 말했다. "완전하고 선택된 너희는 복 받았다.[53] 너희는 그 '왕국'에서 왔고, 다시 그곳으로 돌아갈 것이므로 너희는 그 '왕국'을 찾을 수 있다."

(참조: 요 8:42, 16:27-28)

"모나코스(*monakhos*)는 복되고 행복하여라." 우리는 '모나코스'를 '수사'나 '홀로된 사람들'이 아니라 '단순함' 또는 '온전함'으로 번역했다.

고독은 우리가 진정으로 분할되지 않고 '하나'의 이미지인 단일자(*monos*)가 되기 위한 우리 존재 전체의 통합 과정의 조건일 뿐이다. 에바그리우스 폰티쿠스(Evagrius Ponticus)가 말했듯이, 모나코스는 '모든 것으로부터 분리된' 동시에 '모든 것과 하나'이다. 모든 존재의 구원을 위해 중재하는 것은 세상의 마음을 여는 고독이다. 모나코스는 모든 것을 다스리는 '한 분', 즉 뿌리와 끝을 찾고 찾는다.

계속해서 선택된다는 것은 머리끝에서 발끝까지, 태어나서 죽을 때까지 우리를 통해 진동하는 이 위대한 '생명'의 물결에 마음을 여는 것이다. 이것은 알파와 오메가와 '하나'가 되는 것이다.

---

[53] 를루프는 "the whole ones and the chosen ones"로 번역했지만, 다른 번역자들(기요몽, 메어, 송혜경, 클라펜보그)은 "홀로이고(모나코스) 선택된 자들"로 번역하였다. 콥트어 모나코스는 '완전한'보다는 '홀로'가 더 적당하다.

# 어록 50

예수가 말했다. "그들이 너희에게 어디에서 왔냐고 물으면 다음과 같이 말하라. '우리는 빛에서 태어났다. 그곳에서 빛은 빛으로부터 태어난다. 그것은 진실을 가지고 있고, 그들의 형상 안에서 드러난다.' 그들이 너희가 누구냐고 물으면 다음과 같이 말하라. '우리는 살아 계신 아버지의 사랑하는 자녀들이다.' 그들이 너희 안에 있는 아버지의 징표가 무엇이냐고 물으면 다음과 같이 말하라. '그것은 움직임이고 그것은 안식이다.'"

(참조: 마 21:3; 눅 1:7, 16:8, 17:10; 요 3:8, 8:14, 12:36; 엡 5:8; 살전 5:5; 롬 9:26)




그의 암자를 방문한 철학자 모토빌로프(Motovilov)와의 유명한 대화[54]에서 성 세라핌(St. Seraphim)은 영지(그노시스)가 빛의 경험이라고 말했다. 그러나 그의 담론은 빛의 성질에 관한 것이 아니라, 빛의 창조되지 않은 광선에 참여하는 것이다.

성 그레고리 팔라마스(St. Gregory Palamas)와 아토스산의 수도사들에게 그리스도인의 삶의 목표는 창조되지 않은 '빛'을 경험하는 것이다. 그들은 그것을 타보르산의 불타는 떨기나무와 부활의 날에 관한 이야기와 연관시킨다. 이 어록은 부활절 아침의 내적 의미처럼 "그것은 진실이다"라고 우리에게 말한다. 이것은 『찬도갸 우파니샤

---

54 *이들의 모든 대화와 정보는 다음 인터넷 주소에서 찾을 수 있다. www.orthodoxinfo.com.

드』(*Chandogya Upanishad* III, 13, 7)의 한 구절을 상기시킨다. 즉, "하늘 저편에서, 세상의 가장 높은 곳에서, 모든 것을 초월해서 빛나는 빛은 인간의 내면 안에서 빛나는 빛과 같다."

이 어록 안에서 고대의 세 가지 질문은(나는 어디에서 왔는가? 나는 어디로 가고 있는가? 나는 누구인가?) 솔직한 대답을 찾는다. 당신은 '빛'으로 부터 왔고, 당신은 '빛'을 향해 가고 있으며, 당신은 '빛'이다. 이것이 변화하는 외모의 그 중심에 거하고, 우리 안에 있는 '살아있는 아들'의 실재이다.

이 빛나는 '실재'와 우리가 연결되어 있다는 신호는 '움직임과… 안식'이다. 이것은 정반대의 합일이며, 행동과 사색 사이에 스며 나오는 모순의 해결이다. 행동 속의 고요함과 안식 속의 활력이다.

# 어록 51

그의 제자들은 그에게 말했다. "죽은 사람들이 안식할 때가 언제인가 요? 언제 새로운 세상이 옵니까?" 그는 그들에게 대답했다. "너희가 기다리고 있는 것은 이미 왔으나, 너희가 그것을 보지 못하고 있다."

(참조: 민 11:10; 마 24:42; 눅 17:20-21; 요 5:25; 행 14:13; 롬 8:19)

우리는 나그함마디 문서(Nag Hammadi)55에서 발견된 또 다른 영지주의 경전인 「부활에 관한 논고」에서 이 어록의 메아리를 듣는다. "모든 분열과 속박을 피하라, 그러면 너는 이미 부활 가운데 있다…. 왜 지금 부활했다고 생각하지 않는가?"

우리가 기다려온 것, 우리가 갈망하는 평화와 충만함이 이미 여기에 있다. 이것은 언젠가, 어딘가에 올 것이 아니다. 이것은 항상 지금 여기에 있다.

요한복음에서 예수는 제자들에게 영생을 믿는 사람은 영생을 미래 시제로 삼지 않는다고 상기시킨다.56 영원한 생명은 이 삶의 중심에 있다. 영생은 죽을 수 없는 우리의 현재 삶의 창조되지 않은 차원이다. 다른 곳에서 영생을 찾는 것은 그것에서 떠나는 것이다.

---

55 제임스 로빈슨이 책임 편집자가 되어서 1977년에 콥트어에서 영어로 번역된 것을 우리말로 번역한 나그함마디 문서가 작년에 도서출판 동연에서 나왔다. James M. Robinson, ed. *The Nag Hammadi Library* (New York: HarperCollins, 1990)와 ed. and trans. 이규호 편역, 『나그함마디 문서』 (서울: 동연, 2022)를 참조하라.

56 요한복음 5:25, "내가 진정으로 진정으로 너희에게 말한다. 죽은 사람들이 하나님의 아들의 음성을 들을 때가 오는데, 지금이 바로 그 때이다. 그리고 그 음성을 듣는 사람들은 살 것이다."

「빌립복음」은 이렇게 말한다. "주님이 죽었다가 그다음에 부활했다고 말하는 사람들은 틀렸다. 왜냐하면 주님은 먼저 부활한 다음 죽었다."[57] 예수는 자신 안에 있는 영원한 생명을 깨우쳤다. 오늘날 우리에게 부활한다는 것은 죽음도 생명도 빼앗을 수 없는 이 무한한 깊이와 사랑의 차원에 의식적으로 거하는 것이다.

이것은 모든 기대의 끝이다. 무관심이나 절망감이 아니라 모든 것이 매 순간 우리에게 무한히 주어지는 직접적인 지식이다.

---

57 「빌립복음」 56,16-20; 빌립복음에 관한 간략한 설명은 다음을 참조하라. 조재형, "나그함마디 문서의 이해 03 「빌립복음」에 나타난 영지주의자들의 성례전," 「기독교사상」 765 (2022).

# 어 록 52

그의 제자들이 그에게 말했다. "24명의 예언자가 이스라엘에서 말했고, 그들 모두는 당신에 관해 말했습니다."[58] 그가 제자들에게 말했다. **"너희는 너희 앞에 계시는 살아 계신 분을 무시했고, 너희는 죽은 자들에 관해 말했다."**

(참조: 민 3:12; 신 18:15; 마 8:22; 막 12:27; 눅 1:70; 요 1:45, 8:53; 행 4:4; 롬 16:25)


「제4 에스드라스서」(*Esdras* 14:44)는 24권의 책이 94권 중 모든 사람이 접근할 수 있고 회당에서 읽을 수 있는 유일한 책으로 간주한다고 말한다. 다른 70권의 책은 현자를 위해 보존되어 있다. 요한계시록 4장 4절은 이십사 장로에 관해 말한다. 우리는 해의 주기를 지배하는 바빌론의 24가지 신성한 황도대의 원형(divine zodiacal archetypes)의 신화적 전환 가능성을 고려하고 싶은 유혹에 빠질 수도 있다.

어떤 경우에도 「도마복음」에서(그리고 「피스티스 소피아」와 같은 아주 다른 영지주의 본문에서도) 선지자나 지배자들은 그들의 일반적인 우위를 유지하지 않는다. 예수가 드러내기 위해 온 것은 시간을 초월하고, 24시간을 초월하고, 과거의 24명의 예언자가 기록한 말씀을 넘어서는 차원이다. 그 차원은 우리가 너무 경도되어서 간과하는 것이다. 우리는 '살아 계신 분'을 무시하고 본질적으로 부패하기 쉽고 썩기

---

58 기요몽과 송혜경은 "당신 안에서 말했다"라고 번역한다. Guillaumont, 31; 송혜경, 331.

쉬운 것을 계속해서 신뢰한다.

이 어록의 또 다른 의미는 요한복음 5장 39절의 말씀으로 암시된다. 즉, "너희가 성경을 연구하는 것은, 영원한 생명이 그 안에 있다고 생각하기 때문이다. 성경은 나에 대하여 증언하고 있다." 여기서 말하는 '나'는 나사렛 예수라는 역사적 인물의 실존적 '나'가 아니다. 그것은 로고스의 본질적인 '나'로서, 만물을 하나로 묶는 창조적인 지성이며, 성경에서와 마찬가지로 자연의 책에서도 목격할 수 있다. 거룩한 경전의 의도는 온갖 종류의 논쟁과 해석으로 우리 마음을 혼란스럽게 하고 부담스럽게 하는 것이 아니라 지금 여기 우리 안에 살아 계신 '한 분'에게 마음을 열도록 돕는 것이다.

신성한 전통의 권위나 다른 사람의 말을 언급하는 것이 단순히 우리 자신의 직접적인 경험을 회피하는 방법이 되는 지점이 있다. 내가 눈을 뜨지 않으면 내 친구의 통찰력은 나를 도울 수 없다. 위대한 예언자와 선견자의 말씀은 우리가 보는 법을 배우도록 도와줄 때만 유용하다. 우리가 그 말씀을 그대로 살지 않고 그저 반복한다면 그 말씀은 죽게 된다. 고린도후서에서 말한 것처럼 "문자는 사람을 죽이고, 영은 사람을 살린다."[59]

---

59 고린도후서 3:6.

# 어록 53

그의 제자들이 그에게 물었다. "할례는 유용한가요 아니면 무용한가요?" 그는 대답했다. "만약 그것이 유용하다면, 아버지들은 아들들의 어머니로부터 할례를 받고 태어난 아들들을 보게 되었을 것이다. 차라리, 진정으로 유용한 것은 영 안에 있는 할례이다."

(참조: 요 4:24; 롬 2:25-29; 고전 7:19; 갈 5:6; 골 2:11)

경건한 유대인들에게 할례는 사람이 하느님과 맺은 언약을 살아 있는 육체에 새기는 것이었다. 할례는 살아서 생명을 주는 모든 것이 하느님께 속한 것이라는 진리를 상징했다. 그러나 마음의 참여 없이 그러한 동맹의 외적인 표시가 무슨 소용이 있겠는가? 할례는 한 민족에 속한다는 단순한 표지로 전락할 수 있으며, 따라서 더 이상 '하나'이신 하느님께 속한다는 표시가 아니다.

예수가 말씀하시는 영적 할례는 포피와 관련된 것이 아니라 자아(ego)와 관련된 것이다. 할례를 받아야 할 것은 개념과 습관의 오래된 포피를 가진 이 자아이다. 그럴 때 살아있는 분과의 '신성한 포용'은 심오하고 오염되지 않을 것이다. 자아의 침묵 속에 있는 마음과 정신의 순결이 참된 할례이며, 언약과 '연합'의 참된 표징이다. 이것은 단순히 '자연스러운 것'으로 회귀하는 것이 아니라 우리의 진정한 본성으로의 회귀이기도 하다.

이슬람교도 환경에서 태어난 14세기 인도 시인 카비르(Kabir)는 법의 외형만을 준수하는 사람들을 다음과 같이 질책하면서 이 어록의 메아리를 들려준다.

그러므로 당신은 당신의 의로움을 확신하고 할례를 행하라.
그러나 형제들이여, 나는 당신의 의견에 동의하지 않는다!
만약 하느님이 내가 할례받기를 원하셨다면,
그는 스스로 할 수 없으셨는가?

# 어 록 54

"가난한 사람들은 복되다. 하늘나라가 그들의 것이기 때문이다."

(참조: 마 5:3; 눅 6:20; 요 2:5)

우리는 마태복음과 누가복음에서 이와 똑같은 말씀을 발견한다. 나사렛 예수에게 빈곤은 하느님의 영이 우리 안에서 다스리고 하늘이 땅에 거할 자리를 갖는 데 필요한 조건인 것 같다. 부자의 사고방식을 갖는다는 것은 우리가 최고를 받을 자격이 있고 그것을 살 수 있다고 믿는 것이지만, 이것은 '본질적인 것'을 완전히 놓치는 것이다. 진정한 행복과 진정한 사랑은 결코 살 수 없다. 이와 대조적으로 심령이 가난하다는 것은 우리가 아무 자격이 없고 우리가 받는 모든 것이 선물이라는 것을 아는 것이다. 환호하는 가장 작은 미소, 빛나는 가장 작은 햇빛도 하늘나라의 섬광처럼 감사함으로 받아들인다.

마이스터 에크하르트는 종종 빈곤의 축복이 우리를 순수하고 공허하게 하며, 신을 받아들일 수 있게 한다고 주석했다. 완전히 가난하고 완전히 비워진 인간은 채워지지 않을 수 없다. 마이스터 에크하르트는 그의 설교 중 하나에서 이렇게 말한다. "하느님은 당신이 준비되고 비어 있으면, 그분은 당신을 그분 자체로 충만하게 채우실 것이다. 마치 햇살이 흘러서 맑고 깨끗한 공기를 채우는 것과 같다." 또 다른 설교에서 그는 "가난한 자는 아무것도 보지 못하고, 아무것도 모르고, 아무것도 갖지 못한다"라고 말한다. 물론 이것은 어떤 무의식적이거나 무감각한 상태를 말하는 것이 아니라 우리가 지식, 소유물, 욕망으로부터 완전히 자유로운 상태를 가리킨다.

피조물로부터의 이러한 분리 또는 자유는 우리가 신성한 사랑을 경험하고 창조되지 않은 우리의 본질을 발견하도록 허락한다. 소유와 앎과 자발적 의지 안에서 가난을 추구하면서 나는 '뿌리'에 매달리고, 나 자신을 알게 된다. 왜냐하면 나 자신은 "나의 영원한 존재에 따르고, 일시적으로 내가 되고자 하는 것을 따르지 않는 것을 알기 때문이다. 이것이 내가 태어나지 않았던 이유이며, 태어나지 않은 본성에 따라 결코 나는 죽을 수도 없다."[60]

---

60 **인용은 모두 다음의 책에서 순서대로 가져왔다. Meister Eckhart, *Et cum factus esset Jesus, Beati pauperes spiritu.*

# 어록 55

예수가 말했다. "누구든지 자신의 아버지와 어머니로부터 자신을 자유롭게 하지 못하는 사람은 나의 제자가 될 수 없다. 누구든지 자기 형제와 자매로부터 자신을 자유롭게 하지 못하고 내가 하는 것처럼 자신의 십자가를 질 수 없는 사람은 나에게 알맞지 않다."

(참조: 마 10:37-38; 눅 14:26-27; 막 8:34-35)


예수의 초대는 우리 아버지와 어머니와 그들의 욕망, 생각, 사회적 조건을 존중하는 자유이다. 이 초대는 또한 우리의 형제자매, 동료, 주변 사회의 모든 관련 판단과 관습으로부터 자유로워지는 것을 의미한다. 이것은 분명히 작은 문제가 아니지만, 우리가 진정한 자신이 될 수 있는 유일한 방법이다. 탯줄을 자르지 않고는 육체적 자주성이 시작될 수 없듯이 정신적, 심지어 영적 자주성은 일종의 절단 없이는 시작될 수 없다.

우리는 우리를 살찌게 하고 자양분을 준 것을 인정해야 한다. 그러나 우리는 더 나아가서 "우리의 십자가를 져야" 한다. 이런 측면에서 바울은 에베소 사람들에게 보낸 편지에서 "모든 성도와 함께 여러분이 그리스도의 사랑의 너비와 길이와 높이와 깊이가 어떠한지를 깨달을 수 있게 되고"[61]라고 말했다.

또한 초기 교부들의 글 중 일부는 십자가를 '사랑의 기술에 관한

---

61 에베소서 3:18.

위대한 책', '죽음보다 강한 사랑'으로 경계 없이 사랑하는 실현된 인간의 열린 책이라고 말한다. '사랑'과 '자유'에 관한 이 열린 책은 일상생활의 모든 사건을 변화시킨다. 모든 것은 그 불의 연료이며, 그 불은 쓰레기와 오물까지도 살아있는 빛으로 변화시킨다.

이 길의 첫걸음은 우리 가족, 동료, 사회를 향한 존중을 담은 자유 이다.

# 어 록 5 6

예수가 말했다. "누구든지 세상을 알면 시체를 발견한다. 그리고 누구든지 시체를 발견하면 세상에 의해서 갇혀 있지 못한다."[62]

(참조: 요 1:10, 3:1; 히 11:38)

시체가 아니라면 생명이 없는 몸, 아니마(*anima*)나 영혼이 없는 몸은 무엇인가? 유익한 원소가 몸에서 빠져나가면 그 몸은 더 이상 전체로서 살지 못하고 빠르게 분해된다.

생기를 불어넣고 통합과 온전함을 부여하는 영혼과의 접촉 없이 신체, 시스템 또는 세계를 알려고 노력하게 되면 조만간 시체와 함께 있는 우리 자신을 발견하게 될 것이다. 그것은 세계 안에 있고 세계의 비존재를 발견하는 것이다. 요한복음의 서론이 말하듯이 로고스 또는 '창조적인 지혜'가 없이는 아무것도 없다.

마이스터 에크하르트는 복음서가 암묵적으로 말했던 것을 공개적으로 드러낸 것 때문에 비난받았다. 즉, "모든 피조물은 순수한 무(존재하지않음)이다. 나는 그것들이 미미하다고 말하는 것이 아니다. 왜냐하면 그 무는 그것들을 무언가로 만들 것이기 때문이다. 그것들은 순수한 무이다." 이 말은 급진적으로 보일 수 있지만 실제로는 상대적인 존재 자체가 실재하지 않다는 완전한 정통 교리를 표현하는 또 다른 방식이다. 이것은 '절대 존재'에 참여하는 것을 통해서만 '실재'를 가진다.

---

62 "시체를 발견한 사람에게 그 세상은 값어치가 없다." Kloppenborg et al., 142.

요컨대 영혼이 없으면 육체도 없고, 영혼 없는 육체는 썩어가는 시체에 불과하다.

이것은 우울한 가르침이 아니다. 우리가 우리 자신의 존재하지 않음을 인식할 때 우리는 진정한 우리 자신의 '근원'을 발견하게 된다. 그 안에 의식적으로 용해되어 우리는 "그' 이외에는 다른 존재가 없다" 또는 "내가 '그것'이다" 또는 예수 그리스도와 함께 "아브라함이 나기 전부터 내가 있다"라고 말할 수 있다. 시간과 공간은 우리가 진정 누구인지 담을 수 없다. 오직 '나 자신'만이 그것을 담을 수 있다.

# 어 록 57

예수가 말했다. "아버지의 왕국은 좋은 씨앗을 가지고 있던 사람과 같다. 그의 적이 밤에 와서 좋은 씨앗들 가운데 잡초를 뿌렸다. 그 사람은 그들에게 잡초를 제거하는 것을 허락하지 않았다. 그 대신 그는 '나는 너희가 밀까지 함께 뽑을까 봐 걱정된다'라고 말한다. 실제로 추수 때가 되면, 잡초들은 눈에 잘 띄게 될 것이다. 잡초들은 뽑혀서 불태워질 것이다."

(참조: 마 13:24-43)

악을 처리하려는 바로 그 시도는 일반적으로 우리 자신 안에 그리고 우리 사이에 분쟁을 일으킨다. 여기서 예수가 가르치시는 것은 악에 대한 비이원적 태도이다. 나쁜 씨(악)를 없애려고 하다 좋은 씨도 동시에 해칠 수 있으니 나쁜 씨를 없애려고 하지 마라. 누가 판단할 수 있는가? 종종 선과 악이 완전히 뒤섞여 있다.

우리 중 누구라도 공격적으로 되거나 폭력적으로 되는 것은 좋지 않다. 그러나 우리는 우리 자신의 에너지를 약화할 수 있으므로 우리 자신 안에 있는 이러한 속성에 대해 공격하지 말아야 한다. 그들이 가지고 있는 힘은 실제로 누군가를 공격하는 데 사용될 수 있지만, 누군가가 짐을 짊어지도록 도울 수도 있다. 그 강력한 에너지는 누군가를 공격하거나 누군가가 짐을 옮기는 것을 돕는 데 사용될 수 있다.

우리 중 누구라도 위선적으로 되는 것은 좋지 않다. 하지만 우리 자신의 위선을 공격하기 위한 우리의 지능과 정신의 섬세함을 불구로 만들어서는 안 된다. 왜냐하면 이러한 섬세한 기술은 다른 사람을 속이는 데 사용되기도 하지만, 그것은 또한 다른 사람을 각성시키는 데도 사용할 수 있다.

우리는 이 원초적인 모호성을 우리 자신 안에서 받아들여야 한다. 중요한 것은 우리 마음의 태도이다. 이것은 우리의 어떤 행동이 성장하고 성숙하도록 격려받을 것인지를 결정할 것이다(즉, 좋은 씨의 행동과 나쁜 씨의 행동 중에서). 가장 중요한 것은 좋고 나쁨을 막론하고 모든 것에 지성과 친절을 베푸는 것이다. 그러면 문제가 되는 모든 것이 수확기, 즉 성숙기에 쉽게 처리될 수 있다. 그러면 우리의 찌푸린 얼굴과 비웃음이 우리 표정의 아름다움 안에서 녹아 없어질 것이다.

# 어록 58

예수가 말했다. "시련을 겪은 사람들은 복되다. 그들은 생명으로 들어
갔다."

(참조: 시편 33:19; 약 1:12; 벧전 3:14)

통속적인 지혜는 고통을 전혀 겪어보지 않은 사람들은 성숙하지
못하다는 데 동의한다. 왜냐하면 "그들이 이해하지 못할" 삶의 차원이
있기 때문이다. 자기 인식의 길에 헌신하고 있는 사람들에게 시련과
어려움은 일종의 삶의 교훈이 된다. 고통은 받아들여지지만, 포기나
공모(complicity)는 없다. 이런 방식으로 고된 체험은 깨달음과 영지(그
노시스)에 도움이 될 수 있다. 부조리, 고통, 질병, 고독, 죽음. 조만간
우리는 그 모두를 만날 것이다. 그러나 이것들을 완전히 받아들이고
초월하는 것은 가능하다. 삶은 모든 상황에서 추구되고 발견되어야
한다. 우리의 고통은 고통의 경험을 통과한 사람들에 의해서만 진정으
로 공유되고 이해될 수 있다. 이 공유된 경험이 없다면 그들의 위로는
공허하며, 누군가 고통에 직면했을 때 그들은 침묵하는 것이 더 낫다.
우리가 진정으로 고통받는 사람에게 평화와 평온을 주고 싶다면,
우리가 할 수 있는 최선은 이미 죽음 너머에 있는 우리 자신과 접촉하는
것이다.

# 어 록 5 9

예수가 말했다. "너희가 살아있는 동안에 살아 계신 분을 보아라. 너희
가 죽을 때까지 기다린다면, 너희는 헛되게 환영(vision)을 찾게 될
것이다."

(참조: 요 6:50, 8:21, 12:21, 16:16)


도스토옙스키는 "삶의 의미보다 삶을 더 사랑하라!"라고 말했다.
삶에 관한 강렬하고 조건 없는 사랑을 통해서만 그 의미가 드러날
것이다. 우리는 우리 자신을 찾을 수 있는 이 시공간을 최대한 활용해
야 한다. 상대적이고 불만족스럽기는 하지만 이 시공간은 여전히
'살아있는 분'을 경험할 유일한 기회이다. 우리가 어떻게 우리 삶을
무시하고 놓쳤는지를 죽음이 보여주는 것을 기다려서는 안 된다.
우리는 죽기 위해 태어났지만 더 중요한 것은 살기 위해 태어났다는
것이다. 이것은 분명히 용기를 요구한다. 하지만 '살아 계신 분'을
아는 것보다 온전하게 사는 데 있어서 더 큰 격려가 어디 있겠는가?

# 어 록 60

그들은 양을 메고 유다로 들어가는 사마리아 사람을 보았다. 그가 그의 제자들에게 말했다. "저 사람은 양으로 무엇을 하려고 하는가?"[63] 그들이 대답했다. "그는 양을 죽여서 먹을 것입니다." 그가 그들에게 말했다. "그것이 살아있는 한, 그는 그것을 먹지 않을 것이다. 그러나 그가 그것을 죽여서 사체로 만들면 먹을 수 있다." 그들이 말했다. "그는 그렇게 하지 않으면 할 수 없습니다." 그가 그들에게 말했다. "안식할 수 있는 장소를 찾아라. 잡아 먹히지 않으려면 시체가 되지 말아라."

(참조: 계 5:6; 히 12:2)

양은 순수함, 연약함, 우리 자신을 위한 선물 그리고 사랑의 힘을 상징한다. 우리는 어떻게 이 어린 양의 생명을 보호하고 우리 안에서 이것을 죽이지 않을 수 있는가? 어린 양의 사체는 완고한 마음, 순결한 안식과 순결한 마음과 굴복할 수 없는 겸손의 힘이 없는 정체된 인물이다.

잡아 먹히는 시체가 되는 것을 피하는 것은 일하고 소유하는 것의 보상에 얽매이기보다는 우리 자신을 자유롭게 유지하고 '본질적인 것'에 마음을 여는 것을 의미한다. 그것은 우리가 누려야 하는 자유를 보호하는 것을 의미한다.

여기서 어린 양은 '유월절 어린 양, 지나가는 어린 양이다… 우리

---

63 이 부분의 콥트어 본문이 훼손되어 명확하지 않다. 문자적 의미는 "저 사람은 양 주위에 있다"이다. *Ibid.*, 143.

의 유랑하는 존재로 최대한 살아가라.

# 어 록 61

예수가 말했다. "둘이 하나의 침상에 누울 것이다. 하나는 죽고, 다른 하나는 살 것이다." 살로메가 그에게 물었다. "선생님, 당신은 누구십니까? 내 침상에 눕고 내 식탁에서 먹는 당신은 어디에서 오시나요?" 예수가 대답했다. "나는 열려 있는 하나로부터 온다. 나의 아버지에게서 나온 것이 나에게 주어졌다." 살로메가 응답했다. "나는 당신의 제자입니다." 예수가 그녀에게 말했다. "내가 말하는 것과 같이 제자들이 열렸을 때[64] 그들은 빛으로 채워진다. 그들이 나누어질 때 그들은 어둠으로 채워진다."

(참조: 마 24:40-41; 눅 17:34)

침대에 둘이 있는 한 둘은 '하나'가 되지 않는다. 이것이 시간이 지남에 따라 지속되면 그들 중 하나가 다른 하나를 지배하기 시작할 것이다. "하나는 죽고 하나는 살 것이다." 이것은 침대 안팎에서 이런저런 종류의 권력에 기초한 관계를 암시하는 이원론이다. 침대에서 '하나'인 '둘'은 타자의 모든 것 안에서 각자의 근원인 '존재의 현존'을 인식한다.

살로메는 예수의 절친한 친구이자 '피스티스 소피아'에서도 언급된 입회자이다. 예수가 그녀의 침대에 눕고 그녀의 식탁에서 식사하는 동안 그녀는 예수에게 그가 누구이며, 어디에서 왔으며, 그의 친교의

---

64 클라펜보그는 "그들이 온전해지면"으로 기요몽은 "그가 똑같아지면"으로 번역한다.

기원이 무엇인지 묻는다.

그는 대답한다. 나는 열려 있는 하나로부터 온다.

릴케(Rilke)는 '열려 있음'이 신을 가장 적게 모독하는 이름이라고 말한 적이 있다. 이것은 가장 최소한으로 정의하고 자격을 부여하는 이름이다. '열려 있음'은 모든 것을 포함하고 아무것에 의해서 포함되지 않는 공간의 중심에 있는 무한한 '공간'이다.

인간 변화의 전체 과정은 모든 수준에서 열리는 것이다. 즉, 육체적 (스트레스 해소), 혼魂적(기억의 매듭 풀기), 영靈적(사랑, 빛, 용서가 우리 안에서 살고 발산하도록 허용) 수준에서 열린다. 이 변화의 목표는 '열려 있음'에 거하는 것이다. 그곳에서 몸은 우주의 에너지에 열려 있고, 마음은 깊은 연민에 열려 있으며, 마음은 거울처럼 맑아 수많은 모습을 고요하게 반영한다.

완전히 열린 인간은 형태가 없는 것이 아니라 '하나'가 나타나도록 허용할 수 있다. 그러면 만물의 '연합'이 그 인간의 형태 안에서 그리고 그 인간 형태를 통해 명백해진다. 두려움, 수축, 폐쇄, 마음의 분열 또는 이원론이 있는 한 빛은 들어올 수 없다. 우리는 집의 모든 창문에 있는 덧문을 닫을 수 있는데, 그것은 내부 공기에 훨씬 더 좋지 않다. 그러나 태양은 계속 빛나고 있다.

살로메가 응답했다. "나는 당신의 제자입니다." 그녀는 자신을 '열려 있음'의 거처, 바람을 환영하는 집, 빛으로 가득한 수정처럼 투명한 몸으로 만들었다.

# 어록 62

예수가 말했다. "나는 나의 신비를 받을 만한 사람들에게 드러낸다. 너희 오른손이 하는 것을 너희 왼손이 모르게 하라."

(참조: 마 6:3-4, 13:10-11; 막 4:10-12; 눅 8:9-10)

하느님은 받을 수 있는 수용 능력에 따라 각자에게 주신다. 더 높은 의식으로 여는 과정은 실제로 점점 더 하느님의 능력(*capax Dei*)이 되고, 신이 될 수 있고, 맑은 빛을 받아들일 수 있는, 즉 신비에 합당하게 되는 것을 의미한다.

그러므로 오른손이 하는 일을 왼손은 몰라야 한다. 이 신성한 '행위'의 열매를 기억하거나 애착을 품어서는 안 된다. 오직 이런 방식으로만 이것은 열린 상태를 유지하고 벌거벗은 손바닥 안에서 현재 순간의 신선함을 느낄 수 있다.

# 어록 63

예수가 말했다. "어마어마한 양의 돈을 가진 부자가 있었는데, 그는 다음과 같이 말했다. '나는 내 돈을 씨뿌리고, 수확하고, 재배하고, 나의 곡식 저장소를 가득 채워 내가 아무 부족함이 없도록 하는 데 사용하겠다.' 이것이 그의 마음의 생각이었다. 그러나 그날 밤에 그는 죽었다. 귀 있는 사람들은 들어라!"

(참조: 눅 12:16-21; 요 4:12; 고전 14:25)

안전을 추구하고, 부를 축적하고, 물질적 형태로든 권력과 업적의 형태로든 이 중 어느 것도 우리에게 진정한 안전을 가져다주지 못한다. 이 안전은 한순간에 모두 사라질 수 있다. 무상과 죽음이 가장 잘 짜인 계획을 지배한다.

우리의 가장 깊은 갈망은 무한하며, 오직 무한만이 갈망을 만족시킬 수 있다. 우리가 유한한 대체물을 성공적으로 획득하더라도 그 대체물은 우리의 결핍의 고통을 가중할 뿐이다.

이 어록의 더 깊은 교훈은 우리가 우리 자신 안에 있는 이 결핍, 갈망, 공허함을 완전히 받아들여야 한다는 것이다. 더욱이 우리는 미지의 것이 우리의 어둠 한가운데로 들어오고 관통할 수 있도록 커다란 창문처럼 그것을 열어 두어야 한다.

이 창을 활짝 열어놓고 사는 사람은 이미 모든 것을 바쳤기 때문에 더 이상 죽음의 강탈을 당할 수 없다.

# 어 록 64

예수가 말했다. "한 사람이 손님들을 초대했다. 식사를 준비한 후에 그는 자기의 하인들을 보내서 손님들을 불렀다. 그 하인이 첫 번째 사람에게 가서 말했다. '제 주인이 당신을 초대합니다.' 그 사람은 대답했다. '나는 오늘 밤에 도착하는 상인들과 해야 할 일이 있습니다. 정찬에 가지 못함을 양해해 주십시오.' 그 하인은 다음 사람에게 가서 말했다. '나의 주인이 당신을 초대합니다.' 이 사람은 대답했다. '내가 방금 집 한 채를 사서 하루가 더 필요합니다. 그래서 나는 갈 수 없습니다.' 그 종은 다른 손님에게 가서 말했다. '나의 주인이 당신을 초대합니다.' 그 사람이 대답했다. '나의 친구가 결혼합니다. 그래서 나는 음식을 준비해야 합니다. 나를 용서하십시오.' 그 하인이 주인에게 돌아와서 말했다 '주인님이 초대한 사람들은 올 수 없다고 합니다.' 그의 주인이 대답했다. '그러면 거리로 나가서 나와 정찬을 할 수 있는 사람이면 모두 초대하라. 장사꾼들과 상인들은 내 아버지가 머무는 곳에 들어오지 못한다.'"

(참조: 마 22:1-10; 눅 14:15-24; 막 11:15-17; 요 2:14)

모든 경전 기록과 마찬가지로 이 비유는 적어도 두 가지 수준에서 읽을 수 있다. 그것은 문자적, 사실적 수준과 혼魂적, '심리적' 수준이다.[65] 문자적 수준에서 이 이야기는 단순히 겉보기에 타당한 이유로

---

저녁 식사에 참석하지 못하는 손님들을 초대했던 이야기이다. 그런 다음 실망한 주인은 우연히 지나가는 모든 사람에게 음식을 제공하기 위해 관대하게 그의 대문을 연다.

그러나 더 깊은 차원에서 보면 지극히 중요한 초대에 응답하는 데 있어서 관심과 사랑이 부족하다는 이야기이다. 교묘한 인간의 마음은 항상 내면의 부름에 응답하지 않는 것을 정당화할 최고의 변명을 찾는다. 우리 안에서 피조물과 '창조자'가 하나가 되는 우리 자신의 결혼식에 초대받았을 때, 우리는 해야 할 더 중요한 일이 있음을 발견하게 된다. 우리는 사업 때문에 너무 바쁘고, 너무 여념이 없다. 우리가 스스로 선언한 이 냉전으로부터 누가 우리를 구해 주겠는가?

진정한 '자아'를 재발견하기 위해서는 분주한 행위자 에고(ego)가 멈춰야 한다. 빈자리를 만든다는 말의 원래 의미대로 휴가(vacation)를 써야 한다.

첫 번째 단계는 '본질적인 것'을 향한 우리의 욕구를 재발견하는 것이다. 우리가 진정으로 가장 원하는 것은 무엇인가? 우리는 우리의 삶이 무엇에 관한 것이기를 원하는가? 이러한 질문은 우리의 우선순위를 재설정하는 것을 시작하게 해준다.

그런 다음 우리는 성숙함을 가지고 단순히 변명과 정당화를 조작하는 것을 중단하면 된다. 우리는 우리의 행동에 책임을 지게 된다. 우리의 거절과 열정에 모두 반응할 수 있게 된다. 그리고 우리는 더 이상 우리의 욕망과 가용성 부족 때문에 다른 사람(배우자, 친구, 적)을

---

낱말과 'pneuma' 또는 '영'과 혼동하면 안 된다. 'psychic'(혼)은 물질과 영적 실체의 중간 영역에 있으며, 우리가 '심리학'이라고 부르는 모든 것을 포함한다.

비난하려는 유혹에 굴복하지 않는다.

이러한 수준의 해석을 넘어 더 형이상학적 읽기가 가능하다. '아버지'의 집에 들어갈 수 없는 이 구매자와 상인들은 지나치게 활동적이고 탐욕스러운 마음이다. 사랑과 행복과 마찬가지로 진리와 자유는 결코 살 수도 없고, 소유할 수도 없다. 진리와 자유는 소유가 내포할 수 있는 것보다 현실의 더 높은 질서에서 나온다.

마이스터 에크하르트는 이러한 '상인'의 사고방식이 사람들이 심지어 신과 흥정을 시도하도록 이끈다고 지적했다. 그들에게 하느님은 그들의 필요와 욕구를 돌봐줄 신성한 젖소와 같다.

하느님(이 어록의 언어 속에서 아버지로 상징됨)은 이런 식으로 접근될 수 없다. 하느님은 자유롭고, 은혜의 본질이시다. 그분은 우리 쪽에서 소유하거나 달성하려는 모든 시도에 저항하며 우리의 교묘한 조작에 영향을 받지 않으신다. 그러나 하느님은 생각이 겸손하고, 접근할 수 있고, 계산적이지 않고, 파악하거나 기대하지 않는 사람들에게 자신을 전적으로 주신다. 평화와 성취를 추구하지 않는 사람들(길을 지나가는 사람들로 상징됨)은 그것을 풍성하게 받고 '아버지'의 거처로 들어갈 것이다. '거처', '집' 또는 '처소'로 다양하게 번역되는 이 용어는 요한복음에서도 사용되는 용어이다. 그곳은 '생명의 근원'이 있는 곳이다.

이 어록은 우리에게 비어 있고, 열려 있고, 편견 없고, '임재'에 주의를 기울이는 사람들이 땅과 하늘과 접촉하고 있음을 상기시켜 준다. 그들은 하늘과 땅의 근원에 모두 거하고, '아버지'는 '아들'을 통해서 보이시는 것처럼 그들을 통해서 나타난다.

# 어록 65

예수가 말했다. "한 선한 사람이 포도원을 가지고 있었는데, 그는 소작인들에게 그것을 주어 일해서 그를 위한 과실을 수확하게 했다. 그는 하인을 보내 포도 열매를 걷으러 보냈다. 그러나 소작인들은 그 하인을 잡아서 거의 죽도록 때렸다. 그 종은 주인에게 이러한 사실을 알렸다. 그 주인은 '아마도 그들이 내가 보낸 종을 알아보지 못했을 것이다'라고 생각했다. 그는 다른 하인을 보냈지만, 그 하인도 또한 구타당했다. 그러자 주인은 '아마도 그들은 나의 아들을 존중하여 맞이할 것이다'라고 생각하며 그의 아들을 보냈다. 소작인들은 그 아들이 포도원의 상속자임을 알았을 때, 그를 붙잡아 죽였다. 귀 있는 자들은 들어라!"

(참조: 마 21:33-41; 막 12:1-9; 눅 20:9-16; 사 5:1-2)

잘 알려진 이 비유의 표준적 해석은 하느님이 그의 종, 현자, 선지자의 형태로 이 세상에 그의 '포도나무'를 심었지만, 사람들은 그들을 존경하거나 그들의 메시지에 귀를 기울이기를 거부한다는 것이다.

그러나 하느님은 그의 종들뿐만 아니라, 이 시공간의 중심에 아버지의 '임재', '형상', 모습이 성육신한 거룩한 '아들'을 보낸다. 아들을 죽이는 드라마는 우리 자신 안에 있는 그리스도를 죽이는 것이다. 이것은 똑같은 광기, 똑같은 살인이다. 우리 안에 있는 하느님의 모습 또는 사랑을 억누르고 '살아 계신 분'의 포도나무가 열매를 맺지 못하게 하는 것이다.

# 어록 66

예수가 말했다. "건축자들이 버린 돌을 내게 보여다오. 그것은 모퉁잇
돌이다."

(참조: 마 21:42-43; 막 12:10-11; 눅 20:17-18)

'사랑' 없이, 다른 용어로 '하느님' 없이 사회가 세워질 수 있는가?
이 주춧돌 없이 버틸 수 있겠는가? 그러한 사회는 공동의 이익으로
함께 유지되지만, 특수한 이익으로 인해 무너진다.

사랑은 우리 경제학 이론과 교육 커리큘럼에서 제외되었다. 때때
로 사람들은 사랑을 그들의 삶에서 배제하기도 한다. 우리는 사랑
없이, 하느님 없이도 존재할 수 있다. 그러나 그러한 존재의 가치는
무엇인가?

우리 자신의 삶 속에서 우리가 습관적으로 우리 성격의 체계에서
거부해 온 것을 우리는 정직하게 검토할 수 있을 만큼 충분히 깊이
들여다봐야 한다. 그것은 어떤 욕망, 어떤 갈망, 심지어 지옥의 경험
이 아닌지 말이다.

버림받은 모퉁잇돌은 가장 놀라운 장소에 숨길 수 있다. 때때로
우리의 온전함은 우리가 억압한 것의 바로 그 중심에서 솟아 나온다.

# 어 록 67

예수가 말했다. "모든 것을 아는 사람들은 아직 자신들이 모든 것을
빼앗긴 자들이라는 것을 모른다."

(참조: 마 16:26; 막 8:36; 눅 9:25)

온 우주를 소유하고 우리 자신의 영혼을 잃으면 무슨 소용이 있겠
는가?

지식의 앎의 매개적 수단을 알지 못한다면, 가장 위대한 지식의
가치는 무엇인가? 내면의 변화가 없는 방대한 지식은 환상이다. 이것
은 그저 보여주기에 불과하다.

욥 자신도 하느님께 이렇게 외쳤다. "나는 당신을 소문으로만 알았
습니다. 이제 나는 내 육체 가운데 당신을 압니다. 내 눈이 당신을
봤습니다!"[66] 소문에서 깨달음으로 이동하는 것은 말과 믿음에서 행
동의 온전함으로 넘어가는 것이며, 외부와 내부를 하나로 만드는
것이다.

이 자기 지식은 「도마복음」의 매우 근본적인 것으로, 자기 분석이
나 자기애적 성찰과는 아무런 관련이 없다. 이것은 우리의 반응과
감정을 판단하거나 설명하지 않고 예리하게 관찰하는 과정이다. 이
세심하고 중립적이고 자비로운 관심에서 우리는 우리가 무엇이며
누구인지를 발견하게 된다.

---

66 욥기 45:5.

# 어록 68

예수가 말했다. "그들이 너희를 미워하고 박해할 때 너희는 복 받았다. 그들이 결코 찾을 수 없는 한 장소가 있는데, 그곳에서 너희는 박해받지 않는다."[67]

(참조: 마 5:11; 눅 6:22; 요 13:33)

모든 인간 존재 안에는 증오와 박해가 결코 도달할 수 없는 장소가 있다. 이곳은 '자아', 고통받는 희생자로서 '나'의 정체성 너머에 있는 창조되지 않은 '존재'이다. 이것은 양도할 수 없는 자유의 공간이며, 그리스도와 함께 "내 생명은 빼앗길 수 없다. 왜냐하면 나는 생명을 이미 주었기 때문이다"라고 우리가 말할 힘을 준다. 또는 그 유명한 예수의 말, "저 사람들을 용서하여 주십시오. 저 사람들은 자기네가 무슨 일하는지를 알지 못합니다"[68]라는 말을 우리가 할 수 있게 된다.

비난과 박해는 심지어 복으로 간주할 수 있다. 왜냐하면 이것은 우리의 원수를 향한 진정한 '사랑'을 우리 안에서 일깨우고, 우리를 어떤 상황도 결코 영향을 미칠 수 없는 자유와 접촉하게 하기 때문이다.

이곳은 하느님의 거처인 '안식'의 장소이다.

---

67 콥트어의 문자적인 의미는 "너희가 박해받아왔던 그 장소는 발견되지 않을 것이다"로 번역될 수 있다.

68 누가복음 23:34.

# 어록 69

예수가 말했다. "그들의 마음 안에서 박해받아 온 사람들은 복되다. 왜냐하면 그들은 진리 안에서 아버지를 알았기 때문이다. 배고픈 사람들은 복되다. 그들은 채워질 것이다."

(참조: 마 5:6; 눅 6:22; 요 4:23-24, 10:15, 14:7)

가슴이 찢어지는 잔혹한 박해를 경험한 사람들은 원수를 사랑하는 것이 쉽거나 자연스럽지 않다는 것을 안다. 원수를 사랑하는 일은 자연의 더 높은 질서에 속한다. 초월적 '근원'을 진정으로 알고 있었던 사람들은 '이것'(질서)만이 그러한 태도를 낳을 수 있다는 것을 안다.

또한 자신에게 만족하지 않는 사람은 복이 있다. 그들은 피상적인 삶을 거부하고 더 깊은 곳으로 가기 위해 어려움을 사용하기 때문에 배고프다. 그들은 배고픔에 합당한 양식을 받고 목마름에 합당한 샘에서 물을 마실 것이다.

# 어록 70

예수가 말했다. "너희가 너희 안에 있는 것을 내울 때, 그것이 너희를 구원할 것이다. 너희가 그렇지 않으면 그것이 너희를 죽일 것이다."[69] (참조: 마 13:12; 막 4:25; 눅 8:18, 19:26)

정경 복음서에는 달란트의 비유 다음에 이렇게 기록되어 있다. "가진 사람은 더 받을 것이요, 가지지 못한 사람은 그 가진 것마저 빼앗길 것이다"(어록 41에 대한 주석).[70]

이 어록에서 '사랑' 또는 '존재'는 우리가 산출하느냐 소홀히 하느냐에 따라 우리를 구원할 수도 죽일 수도 있는 신비한 것이다. '사랑' 또는 '존재' 없이는 모든 것이 황폐하다.

또 다른 해석은 '사랑' 또는 '존재', 영지(그노시스)로 해석한다. 이것 없이는 우주는 근본적으로 이질적이고 이해할 수 없는 상태로 남아 있다.

사랑과 영지 속에 사는 사람들에게 사물이 비합리적으로 풍부하게 주어진 것처럼 보이는 것은 사실이다. 그들은 존재의 가장 작은 나타남 속에서 광대한 풍요로움에 경탄할 수 있기 때문이다. 그러나 사랑과 자기 인식이 부족한 사람들에게 삶은 조만간 진부하고 고갈된다. 심지어 그들이 가진 것조차 빼앗길 것이다.

---

69 콥트어 본문은 "너희 안에 있는 것을 가지고 있지 않으면, 그것이 너희를 죽일 것이다"로 번역될 수 있다.

70 마가복음 4:25.

# 어 록 71

예수가 말했다. "내가 이 집을 뒤집어엎겠다. 그리고 아무도 그것을 다시 지을 수 없을 것이다."

(참조: 마 26:61, 27:40; 막 14:58; 요 2:19; 행 6:14; 욥 12:14)

뒤집힐 집이나 건물은 무엇인가? 요한복음에서 예수는 "이 성전을 허물어라. 그러면 내가 사흘 만에 다시 세우겠다"[71]라고 말한다. 어떤 이들은 이 구절을 이 어록과 혼합하여 '집'을 그의 몸을 가리키는 것으로 해석하고, 그 몸이 뒤집히는 것은 형태와 물질에 대한 부활의 능력을 상징하는 것으로 해석하고 싶을 것이다. 그러나 이 어록에서 '집'은 실제로 그리스도가 드러내는 공허함의 흔적이고, 정신적 건축물을 가리킨다.

건축된 모든 것은 해체될 것이다. 일단 우리가 이 사실을 직접 체험하게 되었다면 우리는 죽은 뒤에 우리의 어떤 부분이 남을지 또는 남지 않을지 더 이상 걱정하지 않게 된다.

우리 마음의 모든 구조물, 우리의 개념, 우리의 꿈은 전복될 수밖에 없다. 항상 머무르는 것은 이 '깨어남', 이 순수한 '내가 존재함'(I Am)이다. 이것은 절대로 구성되지 않았기 때문에 그 무엇도 해체할 수 없다.

---

71 요한복음 2:19.

# 어 록 7 2

한 사람이 그에게 말했다. "내 형제들에게 내 아버지의 재산을 나와 나누도록 말해주세요." 예수가 그에게 대답했다. "누가 나를 나누는 자로 만들었느냐?" 그는 자기의 제자를 향하여 말했다. "바로 내가 나누는 사람인가?"[72]

이 남자는 예수를 자신과 같은 이원론적 의식의 수준으로 축소하고, 예수가 자신의 편을 들도록 유도한다. 그러나 예수는 판단의 덫에 관한 가르침을 지속하고, 그는 이 가족이 갈등의 중재자가 되는 것을 거부한다.

이러한 급진적인 비#판단적인 자질은 예수의 가장 놀라운 특징 중의 하나이고, 종종 그를 따르는 사람들을 화나게 하고 어리둥절하게 한다. 예수는 바리새인인 니고데모와 식사를 하고, 바리새인들 세리인 마태와 이야기한다. 예수의 추종자 중에는 처녀들과 창녀들이 모두 포함된다.

예수가 언제나 관심 있어 하는 것은 개인의 본질이지, 그들에게 부여된 다른 명성과 지위가 아니다. 다른 사람들이 창녀를 볼 때 예수는 하나의 인간으로서의 여자를 본다. 다른 사람을 대항하여 한 사람을 편드는 것을 거부하면서 그의 참여는 전적으로 이원성을 초월한

---

72 다른 번역자들(기요몽, 메이어, 클라펜보그, 송혜경)은 "나는 나누는 자가 아니다. 그렇지 않으냐"로 번역한다.

전적으로 다른 질서에 속한다. "당신이 이 둘을 '하나'로 만들 때"(어록 22), 당신에게 속한 것은 '모두'와 '타자'에 속한다. 여기에서 '개인' 재산은 '타자' 재산의 상실이 된다.

이 어록에서 '나누는 자'는 전체를 파편과 조각의 다양성으로 부수는 사람을 의미한다. '분열'은 급진적으로 다른 의미가 있다. 즉, "각자의 몫을 받는 증식이라는 뜻"도 있다. 반면에 각자에게 배당된 몫을 주는 '나눔'이라는 의미도 있다. 이것은 빵 급식 이야기 안에서 사람들 사이의 일치를 만드는 풍성함을 상징한다.

예수는 이 세상에 갈등을 편들기 위해 오지 않았다. 그 대신 그는 갈등의 본질을 드러내서 사람들이 그들의 다름을 마주하게 만든다. 그래서 사람들은 '타자'를 존중하고, 친교와 보완하는 선함을 발견하기 시작한다.

# 어록 73

예수가 말했다. "수확할 양은 많은데, 일할 사람들은 적다. 수확을 할 수 있는 더 많은 일꾼을 보내 달라고 주인에게 기도하라."

(참조: 창 19:9; 출 2:14; 마 12:25-26; 눅 2:49, 10:23, 12:13-15)

추수철은 밀이 곡식을 내고 포도나무가 포도를 맺는 수확의 때이다. 영적 의미에서 추수를 돕는다는 것은 이미 모든 사람 안에 심겨 있었던 신성한 씨가 자라고 무르익고 빛의 열매를 맺을 좋은 기회를 얻도록 돕는 일을 하는 것이다.

경작할 땅은 엄청나다. 모든 인간은 그 안에 겨자 한 알을 품고 있는데 그 씨앗은 큰 나무로 자라나게 되어 있고, 타오르는 불 속으로 부채질 되기를 갈망하는 불꽃이 되기를 희망한다. '깨어남'의 열매가 수확될 수 있도록 이 의식의 밭을 경작할 수 있는 남녀 일꾼이 부족하다.

주인에게 추수할 일꾼을 더 보내 달라고 기도하는 것은 사람들의 의식 분야에서 실제로 일어나고 있는 일, 그들의 깊은 곳에서 싹이 트고 자라는 일을 상기시켜 줄 거룩한 일꾼들을 하느님께 구하는 것이다.

이것은 또한 주인에게 우리 자신의 분야에서 일꾼이 될 힘과 통찰력을 구하는 것이다. 그리하여 우리 안에 있는 신성한 배아가 시공간의 자궁에서 나와 '창조되지 않은 빛'을 향해 깨어날 날을 향해 나아가서 발전할 수 있다.

# 어록 74

그 주인이 말했다. "우물가 주위에 서 있는 사람은 많지만, 아무도 그
안으로 내려가지 않는다."

(참조: 마 9:37-38; 눅 10:2)

오리겐(Origen)은 『셀스에 반대하여』(Contra Celse VIII, 15-16)에서
예수의 이 어록을 인용한다. 실제로 많은 사람이 우물 안을 들여다보
며 우물에 관해 이야기하고, 그 물의 맛을 상상하면서 어슬렁거리고
있다. 그러나 말씀은 그들의 목마름과 아무 상관이 없다!

내려가거나 파낼 준비가 되어 있는 사람들은 많지 않다. 그러나
마이스터 에크하르트가 자주 상기시켜 주듯이 "샘물은 항상 거기에
있다." 그 우물로부터 물을 마시기 위해서 우리는 방관하던 때의 말을
다 잊어버리고 땅속 깊은 곳으로 내려가 여분의 흙을 치워 샘물이
흘러나와 우물을 채울 준비를 해야 한다.

우리는 날마다 내려가 목마른 만큼 땅을 파고, 우리 우물의 물을
마시고, 그 물로 우리 얼굴을 새롭게 한다.

# 어 록 75

예수가 말했다. "문가에 서 있는 사람은 많다. 그러나 홀로되고 독수자 (*monakhos*)인 사람들만 오직 혼인 방에 들어갈 수 있다."

바로 앞의 어록에서 사랑을 꿈꾸고, 설교하고 말하는 많은 방관자들이 있었다. 그러나 그중 소수만이 실제로 문을 지나가고, 진실하고 완전한 사랑을 하기 시작한다.

혼자 되고 단순한 사람들이 혼례의 방에 들어간다. 왜냐하면 그들이 경험한 일치와 그들이 포용한 고독은 그들이 가진 결핍과 욕구를 제한하지 않고 그들을 '타자로서의 타자'와의 만남을 가능하게 한다. 오직 그들만이 결혼의 참된 의미를 안다.

둘 또는 그 이상의 '독수자'(*monakhoi*)들 사이의 친교는 지하 물줄기의 연결망을 통해 흐르는 물과 같다. 즉, 각자의 물줄기는 친밀하게 다른 물줄기와 연결되고 있는 반면에, 각 개인의 우물은 서로 거리를 두고 떨어져 있다. 그래서 그 우물은 각자의 깊이와 풍성함 가운데서 연결된다. 이것은 분리 또는 혼란 없는 '연합'의 상징이다.

이 어록은 또한 '왕국'으로의 문 앞에 서 있는 사람 중에서 소수만 그 문을 통과하여 완전한 홀로됨을 경험했다. 그래서 그들은 본질적 '존재'의 평화와 투명성과 단수성을 드러낸다. 그들만이 '창조자와 피조물'(하느님과 인간) 사이의 혼인 방에서 이뤄지는 결혼을 알게 될 것이다. 이것이 분리나 혼란 없는 '연합'이다.

# 어록 76

"아버지의 왕국(나라)은 팔기 위한 물품을 가지고 있었던 상인과 같다. 그리고 그 상인은 진주를 보았다. 그 상인은 지혜로웠고, 그 진주를 사기 위해 자신의 물품을 팔았다. 너희도 마찬가지로 영원한 보물을 찾아야 한다. 그곳에는 옷좀나방이 다니지 않고, 벌레가 갉아먹지 않는다."

(참조: 마 13:45-46; 눅 12:33-34; 막 9:48; 요 6:27; 행 12:23)

많은 영지주의 문서(「빌립복음」 참조)에서 진주는 '자아' 또는 창조되지 않은 '존재'의 상징으로 사용된다. 페르시아어 '고화르'(gowhar)는 '고귀한 돌'과 '정수'를 모두 의미하기 때문에 이란의 영지주의 가르침에서 파생된 것일 수 있다.

진주의 특징 중 하나는 빛으로 가득 차 있지만 빛을 반사하기도 한다는 것이다. 태초에 '낙원'에서 인간은 안과 밖이 빛으로 가득 찬 진주였다. 그러므로 진주는 또한 우리가 사랑과 영지를 통해 돌아갈 수 있는 은혜의 상태를 의미한다. 성인들의 기적에 관한 전설조차도 육체적인 물질이 진주로 변했다는 것을 증명한다.

우리 자신의 진주를 재발견하려면 피상적이고 비본질적인 모든 것을 놓아주어야 한다. 다시 말하지만 그것은 우리의 계산적이고 흥정하는 경향을 버리는 문제이다. 왜냐하면 우리가 무시해 왔던 작고 하찮은 것이 진짜 보물이 될 수 있기 때문이다.

우리의 보물이 있는 곳에 우리의 마음이 있다. 만약 그 보물이 썩을 것의 영역에 있으면 벌레와 좀이 그것을 찾을 것이다. 만약 그 보물이 창조되지 않은 '본질'에 있으면 그것은 원래 있는 대로 유지될 것이다.

여기에서 상인의 선택 지혜를 설명하는 이 비유의 가능한 확장이 있다. 즉, 한 상인이 배를 타고 집으로 돌아가고 있을 때 거센 폭풍이 일어나 배를 침몰시켰다. 배에 탄 사람들은 목숨을 걸고 탈출했지만 상품은 모두 파괴되었다. 그러나 현명한 상인은 귀중한 진주를 셔츠 아래 목걸이에 걸어서 차고 있었기에 여전히 진주를 가지고 있었다.

'자아'의 참된 보물인 당신의 진주가 당신 마음의 금합에 안전하게 보관되어 있다면 궁극적인 난파선에서도 무엇을 잃을 수 있겠는가?

# 어록 77

예수가 말했다. "나는 모든 사람을 비추는 빛이다. 나는 모든 것이고, 모든 것이 나에게로 왔다. 나무를 쪼개 보아라, 그러면 내가 거기에 있다. 돌을 뒤집어 보아라, 그러면 거기에서 너희는 나를 찾게 될 것이다."

(참조: 요 3:31, 8:12; 엡 4:6; 살후 2:4; 사 55:11; 롬 11:36; 고전 8:6)

예수가 "내가 전부다"라고 말할 때 그는 자신 안에서 모든 양극과 반대의 통합을 드러낸다는 사실을 언급한다. 그는 인간과 신성, 유한과 무한, 시간과 영원의 일치를 구체화한다.

우리는 그리스도가 모든 인간의 얼굴을 취한다고 말할 수 있으며, 어느 것도 그에게 낯설지 않다. 그는 인간의 변화된 얼굴과 인간 비형체의 얼굴을 나타냈다. 그는 산꼭대기에서 말하는 현자였고 또 노예나 도살장으로 끌려가는 양이었다. 그는 가장 눈이 부신 빛의 얼굴과 가장 깊은 어둠의 얼굴, 고통의 얼굴과 행복의 얼굴을 보여준다. 그는 죽음을 포함한 인간 존재의 모든 상태를 통과했다.

따라서 그가 "나는 전부다"라고 말할 때 그는 어떤 외적인(다소 모호한) 전체를 의미하는 것이 아니라, 오히려 인류와 우주에 포함된 모든 극성 통합의 힘 또는 '플레로마'(pleroma, 그리스어 단어로 주로 '충만함'으로 번역되고, 영지주의자들과 정경 복음서에서 바울과 요한이 자주 사용함)를 의미한다. 어떤 것도 제외되어서는 안 되며, 모든 것이 변형되고 통합되어야 한다. 심지어는 부조리와 악과 죽음까지도 포함되어야 한다. 이것이 바로 그리스도의 이야기에 나타나 있다.

심리학적 용어로 우리는 우리 자신의 어떤 것도 제외되지 않고 완전히 우리 자신일 때 그리스도가 우리 안에 살아 계신다고 말할 수 있다. 이것은 우리가 더 이상 파편화되지 않고, 더 이상 불완전하게 함께 꿰매어진 선택된 부분이 되지 않을 때이다.

'존재'에 관한 직접적인 경험의 순간은 우리가 시간의 단편적 측면에서 자유로운 전체성의 순간이다. 이것이 영원한 현재이다.

이 어록의 마지막 줄을 읽는 두 가지 매우 다른 방법이 있다. 도덕주의적 해석은 다음과 같이 요약될 수 있다: "나무를 쪼개 보아라. 그리고 무거운 돌을 들어 올려라. 그러나 나는 이 일 가운데 너희 옆에 있다는 사실을 알아라." 이것은 독일의 유명한 성서학자인 요하킴 예레미야스의 해석이었다(Joachim Jeremias, *Les Paroles inconnues de Jésus*, Paris: Éditions du Cerf, 1970, 105). 즉, 예수님의 제자에게 일은 위험도 부담도 고난도 아닌 주님의 임재 그 자체이다! "너희가 돌을 깨뜨릴 때 나를 만날 것이요 나무를 쪼갤 때 내가 거기 있으리라." 마태복음 18장 20절에서 예수님은 그의 이름으로 기도하는 자들에게 오시겠다고 약속한다. 여기에서 그의 이름으로 수고하는 자들에게 오시겠다고 약속한다.

이와 대조적으로 이 어록에 관한 형이상학적 해석은 모든 것이 그 방식과 정도에 따라 '존재'의 본질에 참여한다는 것이다. 우리는 창조적인 '지성'에 관해 말할 수 있다. 이것은 봄에는 나무처럼 꽃이 피고, 돌처럼 무겁고, 새처럼 노래하고, 이것 자체가 자신을 인간으로 의식하게 된다. 여기에서 그리스도 또는 '신적인 인류'(*theanthropos*)[73]

---

73 *그리스어 '*theanthropos*'는 *theos*+*anthropos*로 구성되어 우리 안에 신성과 인성의 연합을 의미하고, 이 어록과 어록 81에서 인간 발전의 높은 단계를 의미한다. 특히 어록 81에서 이것은

는 '우주'의 다양한 존재 단계를 기억하고 불러일으킨다. 이런 의미에서 그리스도는 "나는 전부다"라고 말할 수 있다. 로고스의 이 우주적 '현존' 또는 바울이 말했듯이 '모든 것 속의 모든 것'은 범신론에 대한 두려움 때문에 서구 그리스도교에서 너무 자주 무시되었다.

어록에 관한 이러한 해석은 확실히 돌이나 나무를 숭배하는 것을 의미하지 않지만, 존재하는 모든 것 안에 '살아 계신 분'의 내재성을 인정한다. 성 프란치스코가 말했듯이 이것은 "형제 태양, 자매 달…"처럼 나타난다.

---

애벌레에서 나비로 변화되는 것으로 비유된다.

# 어 록 78

예수가 말했다. "너희는 왜 시골 지역을 돌아다니느냐? 바람에 의해
흔들리는 갈대들을 보려고 하느냐? 우아한 옷을 입은 너희 왕들과 대신
들을 보려고 하느냐? 그들은 훌륭한 옷을 입고 있지만, 그들은 진리를
알지 못한다."

(참조: 사 24:21; 마 11:7-8, 20:25; 눅 24-25; 요 8:32; 행 12:21; 계 6:15)


이 논리의 첫 번째 질문은 "왜 시골을 배회하나?"이다. 왕국은
어느 곳에서도 찾을 수 없다.

두 번째로는 어록에서 우리가 좋은 옷을 입은 사람들의 눈부신
외모에 속을 수 있다는 주장이다. 우리는 인상적인 모습으로 치장된
자들이 아니라 벌거벗은 존재를 찾아야 한다. 예수는 어떤 역할도
하지 않는 벌거벗은 사람이다. 그런데도 우리는 그를 대단한 인격,
우상으로 만드는 경향이 있다.

진실(그리스어로 '잊지 않는'을 의미하는 'aletheia')은 감춰진 것을 벗기
는 과정이다. 그것은 우리의 환상들, '자아'와의 옷 입히기 놀이를
옆으로 치우기를 바란다. 우리가 '사랑' 앞에서 벌거벗고 있다면 어찌
추위를 두려워하겠는가?

# 어록 79

한 여자가 군중 가운데서 그에게 말했다. "당신을 낳은 자궁과 당신을 먹인 가슴은 복 되도다!" 그는 대답했다. "아버지의 말씀에 귀 기울이고 진정으로 그것을 따르는 자들은 복 되도다. 왜냐하면 너희가 '한 번도 출산하지 않는 자궁과 젖먹이지 않은 가슴이 복 되도다'라고 말할 날이 올 것이기 때문이다."

(참조: 눅 11:27-38, 21:23-29; 마 24:19; 막 13:17)

피의 혈연관계가 있지만, 영의 혈연관계도 있다. 예수의 가족이 된다는 것은 말씀을 듣고 사는 것이다. 이것은 우리를 그것의 모습, 우리의 진정한 본성으로 변화시킬 수 있는 항상 존재하는 근원에 관한 소식을 가져온다.

이 어록의 끝은 재생산의 상대적인 성질을 상기시킨다. 우리가 그것의 모든 의미를 잃어버렸다면 시공간에서 생물학적 존재를 영속시키는 것이 무슨 소용이 있겠는가? "탄생은 치명적인 질병"이라는 말이 있다. 이 어두운 유머의 교훈은 푸에치(H.-Ch. Puech)가 나그함마디 서고의 「구세주와의 대화」 인용 구절, "누구든지 진리에서 태어난 사람은 죽지 않는다. 여자에게서 태어난 사람은 죽을 수밖에 없다"에서 되풀이된다.

다시 말하지만 이 가르침은 육체적 출생과 번식은 불충분하다는 것이다. 요한복음 3장 5절에서 말하는 것처럼 우리는 또한 "성령으로 거듭나야" 한다.

# 어록 80

예수가 말했다. "누구든지 세상을 아는 사람은 몸을 발견하게 된다. 그러나 누구든지 그 몸을 발견한 자에게는 그 세상이 가치가 없다."

세상을 관찰하고 완전히 이해하는 것은 모든 부분이 깊이 연결되고 끊임없이 움직이는 살아있는 몸을 발견한 것과 같다. 우리가 위대한 우주의 몸을 발견해내는 것은 우리의 몸을 움직이고, 알려주고, 생명을 주는 우리의 영혼에 다가가게 해준다. 영지주의 가르침은 우리가 세상의 영혼과 결혼해야 한다는 것이다. 니체(Nietzsche)가 말했듯이, "참된 사랑 안에서 영혼이 세상을 품는다."

하느님의 살인 세상이 아름다운 것처럼 몸도 아름답다. 그러나 오직 사랑만이 우리를 그 덫에서 자유롭게 해줄 수 있다. 세상은 실재하지만 파악할 수 없는 '현존'의 성사일 뿐이다.

우리는 육체를 만지듯 대지를 만질 수 있다. 마치 그것이 연약한 피부, '호흡'과 '심연'의 외피인 것처럼 말이다.

# 어록 81

예수가 말했다. "누구든지 부자가 된 사람이 왕이 되게 하라. 누구든지
힘을 가진 사람이 그것을 포기하게 하라."

(참조: 고전 4:8; 딤전 3-5)

예수는 폐지하러 온 것이 아니라 완성하러 온 것이다!

나비의 목적은 애벌레의 운명을 완수하는 것이다. 마찬가지로
신적 인류(*theanthropos*)의 단계(230쪽 각주 참조)는 평범한 인간다움을
—완전한 인간이 된 다음에— 이루는 것이다. 우리는 진정으로 갖고
있지 않은 것을 포기할 수 없다. 우리의 자아를 놓아주기 전에 놓아줄
자아가 있어야 한다!

이것은 영적인 길에 헌신하는 사람들이 직면하는 위험 중 하나이
다. 그들은 자신이 평범한 인간의 존재 단계를 초월하고 있다고 상상
할 수 있지만 아직 충분히 살지 못했다.

이 어록에서 예수는 우리가 현세의 잠재력을 완전히 알라고 충고
한다. (부유함과 힘으로 상징되는) 업적의 진정한 허황함을 깨달으라고
한다. 우리가 절제하면 무언가를 놓치고 있다는 고통스러운 환상에
갇히기 때문이다.

나비는 애벌레를 으깬다고 나오지 않는다. 후자가 완전히 성장해
야 변화의 문턱에 다다르게 되어 나비라는 다른 형상으로서의 '통
로'(Passage)가 열린다.

융(Jung)은 개성화의 과정을 이렇게 정의한다.

우리는 처음에 '자신'을 사회적 존재라고 깨닫게 된다. 그다음에 우리는 그것의 상대적이고 환각적인 습성을 알게 되고 '자아'를 위해 자리를 만들기 시작한다.

성취와 성공에 관한 우리의 이전 가치는 '존재'와 '초월'에 자리를 내준다. 풍선은 아주 작은 충격에도 터져 순수한 '공간'인 진정한 본성을 드러낼 준비가 되기 전에 최대한으로 부풀려져야 한다.

# 어 록 8 2

예수가 말했다. "누구든지 나와 가깝게 있는 사람이 그 불과 가깝게
있다. 누구든지 나와 멀리 떨어져 있는 사람이 그 나라와 멀리 떨어져
있다."

(참조: 마 3:11; 막 9:48-49, 12:34; 눅 12:49)

메나드(J. E. Ménard)는 이 어록이 「도마복음」이 신약성경의 정경
본문과 독립되어 있고 그에 평행한 전통을 나타낸다는 증거의 가장
좋은 예로 간주했다. 우리는 초기 기독교 문헌들, 오리겐의 『예레미아
서에 관한 설교』(20:3)와 디디모(Didymus of Alexandria)가 쓴 『시편
주석』(88:8)과 같은 초기 그리스도교 저술에서 인용된 것을 볼 수
있다. 예레미야스(Jeremias)는 또한 이 어록이 에프렘(Ephrem)과 이그
나티우스(Ignatius)에 의해 언급되었음을 언급한다.[74]

따라서 초기 그리스도교인들은 그리스도 안에 있는 불을 불타는
떨기나무의 불이 다시 돌아오는 것으로 보았다. 그리스도께 다가가는
것은 불에 다가가는 것이며, 이름을 부를 수 없는 분의 같은 음성을
듣는 것이다.

만약 불이 우리를 태운다면, 그것은 우리가 아직 스스로 불이 되지
않았기 때문이다. '예수라고 불리는 고통'(이슬람교도 신비주의가 표현한

---

74 예레미야스는 신약성서 학자 J. J. 예레미야스를 의미하는 것 같은데, 저자는 구체적인 출처를
　밝히지 않고 있다.

대로)의 유일한 치료법은 그리스도가 되는 것이다. 다른 말로는 그리스도가 우리 안에 확고히 있게 자리를 내주는 것이다. 우리의 죽고 말라 비틀어진 나무가 불타올라서 오순절(Pentecost)의 빛처럼 빛나게 하는 것이다.

# 어록 83

예수가 말했다. "화상이 사람들에게 보일 때 그들 안에 있는 빛은 감춰진다. 아버지의 빛의 성상 안에서 그것은 명백해지고, 그 성상은 그 빛에 의해 가려져 있다."

(참조: 골 1:15-17)

어마어마한 다양성의 형상들이 '빛'을 숨긴다. 때로는 광택이 나는 돌처럼 물리적 물체가 눈이 부신 빛을 반사한다. 이것은 우리의 시야를 산만하게 하고 사로잡는다.

그러나 아들은 그 빛을 반사 속에 숨기는 것이 아니라 진정한 빛을 나타내는 '형상'이다. 그것은 아버지의 빛이 온전히 빛날 수 있도록 하는 영적인 다이아몬드와 같다. 이레네우스가 말했듯이 "그 아들은 보이지 않는 아버지의 보이는 형상"이다. '현존'이 인간의 육신으로 실현될 때 그것은 아버지의 '형상'이다.

골로새인들에게 보낸 편지는 훨씬 더 분명하다. "그 아들은 보이지 않는 하나님의 형상이시요, 모든 피조물보다 먼저 나신 분이십니다. 만물이 그분 안에서 창조되었습니다. 하늘에 있는 것들과 땅에 있는 것들, 보이는 것들과 보이지 않는 것들, 왕권이나 주권이나 권력이나 권세나 할 것 없이 모든 것이 그분으로 말미암아 창조되었고, 그분을 위하여 창조되었습니다. 그분은 만물보다 먼저 계시고, 만물은 그분 안에서 존속합니다."[75]

이것은 빛을 숨기는 일반적인 형상들과는 다르게 빛에 완전히 감싸여 숨겨지는 '형상'이다.

　그리스도의 계시는 '신비'(Mystery)를 끝내기보다는 더욱 깊게 만든다.

---

75 골로새서 1:15-17.

# 어 록 8 4

예수가 말했다. "너희가 너희와 정말로 닮은 것을 보게 되면, 너희는
즐거워한다. 그러나 너희가 존재하기 전에 있었던 그리고 절대 죽지
않고 절대 드러나지 않는 너희 성상들을 보게 되면, 얼마나 장관이겠
느냐!"

(참조: 눅 13:28; 고전 13:12; 고후 3:18)

영지는 외적 모방이나 다른 사람, 적어도 그리스도를 닮고자 하는
욕망과는 아무런 관련이 없다. 그리스도를 모방하는 것은 흉내나
풍자화로만 이어질 수 있다. 그리스도는 본받아야 할 모델인 외적인
사람이 아니라 흐르고 따라야 할 내적 근원이다.

'심판의 날'에 우리가 성 프란치스코와 같았느냐 또는 예수 그리스
도와 같았느냐가 아니라 우리 자신이었느냐는 질문을 받게 될 것이라
고 말하는 교부 전통이 있다.

우리 각자는 우리 자신이 되어야 한다. 이 어록의 용어들 속에서
이것은 아버지(프뉴마, 성령)의 손이 우리 안에 그려 넣고 싶으신 '아들'
(우리의 참된 정체성)의 형상을 실현하는 것을 의미한다.

우리의 본질적인 형상을 발견하는 것은 우리가 태어나기 전에
우리가 누구였는지를 발견하는 것이다. 이것은 절대로 태어나지도
않고, 죽지 않는 하느님의 형상이다. 이것의 발견은 말로 표현할 수
없는 기쁨과 웅장함의 이유이다. 왜냐하면 이것은 피조물의 마음
안에서 '창조되지 않은 것'의 직접적 발견이기 때문이다.

# 어 록 85

예수가 말했다. "아담은 큰 부와 힘으로 만들어졌지만, 그는 너희에게 합당하지 않았다. 만약 그가 합당했다면, 그는 죽음을 몰랐을 것이다."

(참조: 롬 5:12-17)

유대 묵시록과 시리아 신학서에는 이 어록과 관련된 아담에 관한 많은 이야기가 있다. 아르메니아 전설에 따르면 이브는 아담이 죽은 후 아담이 낙원에서 가졌던 몸과 같은 빛나는 몸으로 빛나고 있는 것을 보았다고 한다. 유사한 환상이 유대의 묵시적 본문인 '아담과 이브의 생애'(*Vita Adae et Evae*)에서 발견된다. 여러 랍비 자료에 따르면 최초의 인간인 아담은 타락하기 전에 하느님의 영광에 참여했다고 한다(*Genesis Rabba* XI:2). 아담은 심지어 뒤꿈치가 태양보다 빛나는 존재인 세상의 빛이라고 전해졌다(Philo, *De Opificio Mundi* 등).

아담은 이원적이고 주관적인 지식의 나무인 선악을 알게 하는 나무의 열매를 맛보기 전까지는 빛의 사람이었다("나를 행복하게 하는 것을 나는 선이라고 하고, 나를 불행하게 만드는 것은 나는 악이라고 부른다"). 이것은 자기중심적 지식의 나무라고도 부를 수 있다. 이것의 필멸 열매를 먹는 것은 작은 자아인 에고를 비평가의 지위로 끌어올리고 선과 악을 판단하는 것이다.

영지는 자기중심적, '필멸'의 지식을 신을 중심으로 삼는, 이중적이지 않은 '생명의 나무'의 지식에게 항복하는 것이다. 십자가의 성 요한은 이렇게 말했다. "나 자신이 아니라 하나님으로부터 모든 것을 알 것이다. 왜냐하면 나는 원인에서 결과만 알 수 있고, 결과에서 원인을 알 수 없기 때문이다." 그러면 기억, 욕망, 두려움과 함께 비판적 또는 판단적 측면이 우리의 성격에 더 이상 존재하지 않는다. 오직 신성한 자아이신 하느님만이 이것을 성취하실 수 있다. 그때 우리는 필멸의 열매를 먹는 것을 중단하고 그 대신 모든 것 안에서 '살아 계신 분'으로부터 영양분을 섭취한다.

# 어 록 8 6

예수가 말했다. "여우들도 그들의 굴이 있고 새들도 그들의 둥지를 가지고 있다. 인자는 그의 머리를 두고 쉴 수 있는 장소를 가지고 있지 않다."

(참조: 마 8:20, 11:28; 눅 9:58; 왕상 19:20)

정경 복음서에서 예수의 이 어록은 어느 제자가 "나는 선생님이 가시는 곳이면, 어디든지 따라가겠습니다"[76]의 선언 다음에 시작된다. 예수는 그에게 이 길을 걷는 자는 지금 이 세상에서의 안식처가 없을 것이라고 상기시켜 준다.

우리의 '동물적' 측면은 집, 영역 또는 둥지에 관한 정당한 필요를 가진다. 이것이 어떻게 잘못되었을 수 있는가? 그러나 우리 존재의 신성한 차원은 이러한 것들에서 안식을 찾을 수 없다. 그러므로 '사람의 아들'(인자)은 머리 둘 곳도 없고, 쉴 곳도 없다. 우리는 더 나아가서 예수는 그의 거처가 열린 곳에 있으므로 그의 머리를 놓을 장소에 관해 조금도 생각하지 않는다고 말할 수 있다. 그의 집은 열린 바다에 있다. 닻을 내릴 수 있는 물이 아니다.

"당신이 하느님을 알고 싶다면 아들처럼 되는 것만으로는 충분하지 않다. 당신은 아들 그 자체가 되어야 한다"라고 마이스터 에크하르트는 말했다. 이것은 요한이 '아버지의 품'[77]이라고 부른 '열려짐' 안에

---

76 누가복음 9:57.
77 요한복음 1:18.

서 안식을 찾기 위해 모든 닻을 버리는 것을 의미한다.

「진리의 복음」에서 영지주의자들의 안식에 관한 시적 은유는 아버지의 머리이다. "그들은 그의 머리를 갖고 있다. 그것이 그들의 휴식이다."

우리는 어떻게 하느님의 머리와 같은 것에서 의미를 찾을 수 있을까? 아마도 우리 자신을 새가 날갯짓으로 바람의 노래만 듣고 흔적도 남기지 않고 날아오르기도 하고 쉬기도 하면서 무한한 공간 속을 떠다니는 것을 상상함으로써 가능할 것이다.

# 어록 87

예수가 말했다. "다른 몸에 의지하는 몸은 비참하다. 이 두 가지에 의지하는 영혼도 비참하다."

우리 자신 안에서 '연합'의 결혼식을 올리지 않는 한 우리는 여전히 의존과 애착이 지배하는 순환 속에 살고 있다. 이것은 이원적인 성적 욕망이다. 완전성을 경험하기 위해서는 한 몸이 다른 몸을 필요로 한다. 이러한 상호의존관계에서 태어난 아이는 소외와 만족의 순환에 들어갈 수밖에 없다. 따라서 같은 패턴의 결핍과 갈망이 세대를 거쳐 전승된다.

오직 자신만을 위해 아이를 원하는 부모는 드물다. 아이는 태어날 때부터 부모의 사랑에 미묘하게 '책임'을 느끼고, 부모의 의존 상태를 유지하는 데 참여하지 않으면 죄책감을 느끼게 된다.

그러므로 두 가지 모두에 의존하는 영혼은 비참하다. 그러나 자유롭고 조건 없는 사랑에서 다시 태어난 영혼은 참으로 복되다!

# 어 록 88

예수가 말했다. "천사들과 예언자들이 너희에게 와서 너희에게 속한 것을 줄 것이다. 그리고 너희는 또한 너희가 가졌던 것을 줘야 하고, 너희 자신들에게 물을 것이다. '그들이 그들의 것을 가질 시간이 언제 올 것인가?'"

(참조: 마 10:8, 16:27; 막 8:38; 눅 9:26; 계 22:6)

우리 각자에게는 평범한 의식보다 훨씬 더 현명한 깨어 있는 의식의 더 높은 수준인 '천사'가 있다. 우리의 천사의 목소리나 선지자들의 목소리에 귀를 기울이는 것은 천사의 시야에 도달하도록 점점 더 넓고 깊게 보는 행위이다. 이것은 또한 빛을 발할 수 있는 우리의 진정한 능력을 발견하는 것이기도 하다.

우리에게 주어진 빛을 잃지 않으려면(어록 33의 해석을 참조하라) 그것을 나누어야 한다. 사랑도 마찬가지이다. 우리는 그것을 가지려면 그것을 주어야 한다. 그러나 우리는 '무언가'를 주고 있다는 환상에 사로잡혀서는 안 된다.

영지는 믿음과 같이 정보나 미생물처럼 전달되지 않는다. 그것은 목격된다. 우리가 그것을 목격할 때 우리 안에 이미 타오르고 있는 불씨는 불꽃으로 터진다.

# 어 록 89

**예수가 말했다. "너희는 왜 잔의 바깥을 씻느냐? 너희는 잔의 바깥을 만든 자가 잔의 안도 만들었다는 사실을 이해하지 못하느냐?"[78]**

(참조: 마 7:14, 23:25-26; 눅 2:49, 11:39-40)

 

이것은 예수가 '존재'와 겉모습, 안과 밖의 비이원성을 깨닫도록 우리를 초대하는 또 다른 방법이다. 이중성과 위선을 버리는 것은 투명성을 재발견하는 것이다.

이것은 또한 같은 분이 안과 밖 모두에 계신다는 것을 발견하는 것이다. 잔 안의 공간은 우주를 포함하는 공간과 같다. 진정한 침묵의 한순간 그리고 우리는 모든 창조적인 말이 생기는 그 침묵의 중심에 있다.

---

78 다른 번역자들은 "너희는 잔의 안을 만든 자가 잔의 바깥도 만들었다는 사실을 이해하지 못하느냐?"로 번역한다.

# 어 록 90

예수가 말했다. "내게로 와라. 나의 멍에는 좋고, 내 명령은 온화하다.
그리고 너희는 내 안에서 안식을 발견할 수 있다."

(참조: 마 11:28-30; ECCUS 51:23-26)


옛 문헌들의 기록은 '지혜의 멍에'에 관해 언급했다. 연합이 아니라
면 멍에가 무엇인가? 두 마리의 말이 멍에를 메면 그 힘과 움직임이
조화를 이루어 마치 한 마리가 끄는 것처럼 마차가 앞으로 나아간다.

더 깊은 차원에서 지혜의 멍에는 '둘을 하나로' 만든다. 멍에(yoke)
와 요가(yoga)의 어원[79]이 같아서 멍에는 요가라고 불릴 수 있다. 분리
되거나 나누어진 것, 즉 몸과 심장과 마음을 하나로 합치는 것이다.

예수는 그의 멍에가 좋고 그 권위가 부드럽다고 우리에게 말한다.
이는 구약 성경 전도서에서도 볼 수 있는 은유이다. 시라크(Sirach)
51장 23-26절에서 지혜는 이렇게 말한다: "무지한 자들아 나에게
가까이 와라, 내 학교에 들어와라. 왜 부족함에 있다고 주장하고,
왜 갈증을 인내하느냐? 내가 말을 하기 위해 다음과 같이 입을 열었다.
돈 없이 값을 치르고 목을 멍에 아래에 두어서 영혼이 나의 가르침을
받을 수 있게 하라. 그것은 아주 가까이 있다, 너의 손아귀 안에 있다."

마태복음은 이렇게 덧붙인다: "나는 마음이 온유하고 겸손하니

---

79 *'yoke'(프랑스어는 joug)와 'yoga'(산스크리트어)의 공통 조상은 인도-유럽어 뿌리 'yeun'(연
합하다)이다.

내 멍에를 메고 나한테 배워라. 그리하면 너희는 마음에 쉼을 얻을 것이다."[80]

그리스도는 기적을 행하거나 신비를 밝히거나 병자를 고치는 지식을 제공하는 것이 아니라, 온유와 겸손을 제공한다. 이것이 평화와 '안식'의 길이다. 우리는 현대 대학 교육과정에서 온화함과 겸손함을 중요하게 여기는 곳이 있는지를 헛되이 찾는다. 우리의 교육은 오히려 경쟁, 지배, 권력에 기반을 두고 있다. 그런데도 우리는 삶의 경험을 통해 진정한 자기 지식에 관한 문은 열쇠에 의해 잠겨 있다는 것을 확인할 수 있다. 그들이 여는 것은 온유와 겸손의 이중 열쇠이다. 온화하게 과업을 수행하는 것은 존재의 깊이와 교감하면서 더 깊이 행동하는 것이다. 땅 위를 가볍게 걷는다는 것은 땅이 참으로 얼마나 신성한지를 깨닫는 것이다.

겸손함은 인간처럼 땅에 가깝다. 조만간 이것은 다산과 성장의 원천이 된다. 이것은 다른 사람들이 존재할 수 있도록 허용하고 자신의 한계와 웅장함을 받아들인다. 이것은 자신과 타인에게 왕국(나라)을 공개적으로 허용하는 것이다.

---

80 마태복음 11:29.

# 어록 91

그들이 그에게 말했다. "당신을 우리가 믿을 수 있도록 당신이 누구인지 우리에게 말해 주십시오." 그가 그들에게 대답했다. "너희는 하늘과 땅의 표면을 찾지만, 너희는 너희 앞에 있는 자를 인식하지 못하고, 현 순간을 어떻게 경험할지 알지 못한다."[81]

(참조: 마 16:2; 눅 12:54-56; 막 8:11; 요 6:30, 7:3-5, 27-28, 14:8-9)

우리는 믿을 수 있도록 항상 표적과 징조를 구한다. 마치 이것은 우리가 외부로부터 강요당하고 싶은 것과 같다. 그러나 예수는 어떤 증거도, 전조도, 설명도 제시하지 않는다. 그는 '그가 존재하는 것 자체'이다. 만약 그를 보기를 원한다면 질문하는 모든 사람은 현재에서 그를 만나야만 한다.

그는 우리가 찾고 있는 것이 이미 여기 그리고 지금 여기에 있음을 다시 한번 상기시켜 준다. 시간과 공간, 시공 너머의 모든 차원에서 현재 순간의 광대함을 인식하고, 경험하고, 맛볼 수 있는 장소와 시간은 지금 여기이다.

영지주의자는 '지금'의 자식이다.

---

81 "너희는 카이로스의 시간을 시험할 줄을 모른다." Guillaumont, 150.

# 어 록 92

**예수가 말했다. "구하라, 그러면 너희는 찾을 것이다. 전에 내가 너희에 게 말해주지 않은 것과 전에 너희가 나에 관해서 물었던 것들을 나는 지금 밝힐 것이다. 그러나 너희는 더 이상 묻지 않는다."**

(참조: 마 17:7-8; 눅 11:9-10; 요 12:23, 13:7, 16:4)

순간에서 순간까지 우리는 열려 있고, 준비되어 있어야 우리에게 보여주는 것을 발견할 수 있다. 이것은 우리를 집중과 가용의 적절한 품질로 안정시킬 것이다.

추구와 발견이 하나의 움직임이 된다. '성배'(Grail)는 우리가 찾는 것을 멈추는 바로 그 순간에 나타날 수 있다. 답은 우리가 질문을 놓아버리는 바로 그 순간 우리에게 주어진다.

# 어록 93

"거룩한 것들을 개들에게 주지 마라. 개들은 그것들을 똥처럼 취급할 것이다. 진주를 돼지들에게 던지지 마라. 돼지들은 그것을 쓰레기처럼 취급할 것이다."

(참조: 마 7:6; 눅 14:35)

시인 폴 엘뤼아르(Paul Éluard)는 "나는 세상을 내가 존재하고 있는 그대로 본다"라고 말했다. 마찬가지로 우리는 우리 각자의 수준에서 성스러운 글들의 말씀을 듣는다. 우리는 그들에 의해 우리 자신이 변화되어 그리스도의 지혜에 참여하도록 내버려 두기보다는 우리의 이해 정도에 따라 그들을 변화시킨다.

플라베르트(Flaubert)의 유명한 이야기에서 부바르(Bouvard)와 페퀴셰(Pécuchet)라는 두 인물은 농장에서 일하는 실용성에 너무 집착하여 하늘을 먹을 수 없어서 아예 하늘을 바라보며 시간을 낭비하지 않기로 한다. 당신이 "진주를 돼지에게 던지면" 그 반짝이는 빛의 아름다움에는 신경 쓰지 않고 그 동물들은 그 안에서 먹을 수 있는 것만을 찾을 것이다. 마찬가지로 해부와 분석의 대상으로 환원시키는, 그야말로 돼지 같은 경전 읽기 방식이 존재한다. 우리가 아름다운 글과 공명할 생각이 없으면 글의 더 깊은 뜻을 찾지 못할 것이다.

성 요한 크리소스톰의 예식서는 "성스러운 것들은 성스러운 자들을 위해 있다"라고 말한다. 우리는 의식의 변화, 즉 우리 안에 있는 가장 신성한 것과 외부에서 가장 신성한 것을 '조율'하지 않고는 신성함의 깊이에 들어갈 수 없다.

어떤 눈은 보는 모든 것을 타락하게 바꾼다. 성인들의 눈은 더 이상 자신들 안에 악마적인 것을[82] 품고 있지 않기 때문에 다른 사람을 악마로 보지 않는다. 어떤 사람들이 악함만 보는 곳에서 성인들은 오직 하느님만 본다.

---

82 ***'악마적'이라는 낱말은 원래 *diabolos*에서 온 것이다. 이 디아볼로스 자체도 '중상모략하다', '어지럽힌다'라는 뜻을 가지는 *diaballein*에서 파생되었다.

# 어록 94

예수가 말했다. "누구든지 찾는 사람은 찾을 것이다. 누구든지 안에서 두드리는 자에게, 그것은 열릴 것이다."

(참조: 마 7:8; 눅 11:10)

정경 복음서에는 "구하라 그리하면 받을 것이요"라고 말한다. 그러나 우리는 무엇을 요구해야 하나? 우리는 무엇이 우리 자신에게 좋은지, 더구나 다른 사람들에게 무엇이 더 좋은지 정말로 알고 있는가?

어록 14장이 암시하듯이 우리는 참으로 기도하는 법을 모른다. 성령이 우리 안에서 기도하게 하시고 주기도문으로 "당신의 나라가 임하옵시며 당신의 뜻이 이루어지이다…"라고 기도하는 게 낫다. 그렇지 않으면 우리는 일어나지 않는 어떤 사건을 위해 기도하거나 일어나지만, 우리에게 최선이 아닌 것을 위해 기도할 위험이 있다.

유명한 속담이 말하는 것처럼 "응답되지 않은 기도보다 응답된 기도에 더 많은 눈물이 흐른다." 단기적으로 좋은 것이 장기적으로는 매우 나쁜 것으로 드러날 수 있으며, 그 반대도 마찬가지이다. 차라리 침묵을 지키면서 마음속으로 목마름과 갈망을 위해 살아가는 것이 최선일 수 있다.

누가복음에 따르면 절대 응답되지 않는 기도는 단 하나뿐이다: "너희가 악할지라도 너희 자녀에게 좋은 것들을 줄줄 알거든, 하물며 하늘에 계신 아버지께서야 구하는 사람에게 성령을 주시지 않겠느냐?"[83]

　정경 복음서에는 "두드리면 열릴 것이다"라고 되어 있다.[84] 그러나 문이 항상 우리가 기대하는 방식으로 열리지는 않는다는 점을 기억하는 것이 좋다. 문을 두드리고, 밀고, 발로 차도 아무 소용이 없었던 어느 사람의 이야기와 같다. 마침내 그가 지쳐 주저앉았을 때 문이 열렸다…. 그러나 안쪽으로, 즉 반대 방향으로 문이 열렸다.

---

83 누가복음 11:13.
84 마태복음 7:8; 누가복음 11:10.

# 어 록 95

예수가 말했다. "만약 너희가 돈을 가지고 있다면 이자를 받고 빌려주지 말아라. 차라리 그것을 너희에게 갚을 수 없는 사람에게 주어라."

(참조: 출 22:24; 신 23:20; 마 5:42; 눅 6:30)

마음의 진정한 변화의 표시를 보여주는 특정한 이타주의가 있다.

사랑한다는 것은 대가로 아무것도 기대하지 않는 것이다. 우리는 장미가 향기를 내듯이 상황을 바라지 않고 많이 준다. 이처럼 사심 없는 방식으로 사랑하고, 주고, 빌려주는 것(무관심과 혼동하지 말 것)은 의심할 여지 없이 '복음'을 가장 순수하게 증언하는 것이다.

우리가 거저 없이 받았던 것을 거저 주어라!

이 자유의 감각이 우리 존재 속으로 깊숙이 침투함에 따라 우리는 조만간 "'모든' 것이 부조리하다"가 "'모든' 것이 은혜다"라는 통찰로 우리를 인도할 어떤 가벼움을 경험한다.

# 어 록 96

예수가 말했다. "아버지의 나라는 한 여자가 누룩을 그 안에 숨겨 논
반죽 덩어리와 같다. 그것은 좋은 빵으로 변화한다. 귀 있는 사람들은
들어라!"

(참조: 마 13:33; 눅 13:20-21; 고전 5:6; 갈 5:9)


이 비유는 누가복음에도 나오는데, 여자가 반죽을 만들기 위해
밀가루 '석 되'를 사용한다고 명시되어 있다.

몸, 혼, 영의 삼중적 본성 안에서 인간의 반죽을 부풀게 하는 이
누룩은 무엇인가? 누군가는 사랑을 말하고, 다른 누군가는 영지(그노
시스)를 말한다. 그러나 이것들은 어떻게 분리될 수 있는가? 사랑의
빛은 몸과 마음과 혼과 생각을 확장해서 영에 관한 지식으로 우리를
열어준다. 이것은 부활절 아침처럼 우리가 똑바로 서도록 힘을 준다.

무한의 작은 씨앗인 창조적 '지성'이 우리 안에서 일하고 있다.
그것은 우리를 밀가루나 형체 없는 반죽의 상태에서 잘 구워진 좋은
빵의 상태로 변하도록 인도해준다.

그러나 반죽도 부풀어 오르는 데 시간이 필요하며, 신성한 불에
의해 변형될 준비가 되기 전에 '소피아' 또는 '지혜'인 여성이 반죽해야
한다.

이것이 우리 안에 있는 빛의 씨앗이 완성해야 할 임무이다.

# 어록 97

예수가 말했다. "아버지의 나라는 밀가루 단지를 옮겼던 여자와 같다.[85] 그녀가 먼 길을 걸은 다음에, 그 단지의 손잡이가 부서졌다. 밀가루는 길을 따라서 그녀 뒤에 쏟아지기 시작했다. 부주의하게도 그녀는 아무것도 눈치채지 못했다. 그녀가 도착해서 단지를 내려놓았을 때 그것이 비었음을 발견했다."

(참조: 잠 7:19; 마 26:7; 고후 4:7; 롬 9:22)


이 어록과 가장 가까운 유사점은 「진리의 복음」에서 찾을 수 있다.


그가 기름 부으신 자들은 영지주의자들이다.
그들은 가득 찬 그릇과 같아서 봉인하는 것이 일반적이다.
그러나 한 종류의 기름을 부으면 그릇이 비워지고,
그 결함의 원인은 기름이 새어 나오는 곳이 된다.
하지만 흠잡을 데 없는 꽃병에는 봉인이 끊어지지 않고 아무것도 비워지지 않는다.


우리는 좋은 빵으로 변화시키는 목적을 위해 밀가루가 든 항아리를 가지고 가는 여인과 같다. 그러나 '변형'을 향한 길은 멀다. '손잡이'가 부러질 수 있다. 우리와 '말씀'과의 연결이 끊어질 수 있다. 밀가루가

---

85 다른 번역자들은 "아버지의 나라는 음식으로 가득 찬 항아리를 옮기는 여자와 같다"로 번역한다.

새어 나올 수 있다. 우리가 손실을 인식하지 못하는 시간이 길어질수록 그 손실은 더욱 악화할 것이다. 우리는 창조적 '지능'과의 접촉을 잃고, 그것의 가르침은 한 귀로 들어오고 다른 귀로 나간다.

우리가 도착했을 때, 우리는 (충격과 괴로움 없이) 우리의 시간과 인생을 낭비해 왔다는 것을 발견하게 된다. 그러나 너무 늦었다. 항아리는 비어 있다.

이 어록에서 예수는 부주의에 대해 우리에게 경고한다. 이러한 관심과 돌봄의 부족은 마태복음 25장의 슬기로운 처녀와 미련한 처녀의 이야기를 떠올리게 한다. 이 이야기는 또한 경계(불침번 서기)에 관한 교훈을 들려준다.

발렌티누스 영지주의자들은 '소피아'(지혜)가 길을 잃고, '존재의 망각', 즉 무의식 상태에서 길을 잃을 위험이 있다고 가르쳤다. 영지는 일종의 습득된 지식이 아니다. 그것은 그 길의 매 단계에 관한 점점 더 생생한 의식이다. 마음과 몸은 '존재'의 가까움에 주의를 기울이게 된다.

# 어록 98

예수가 말했다. "아버지의 나라는 힘 있는 사람을 죽이기를 원했던 남자와 같다. 먼저 그는 집에서 그의 칼을 칼집에서 꺼냈다. 그리고 그는 자신의 힘을 시험하기 위해서 벽에다 칼을 던졌다. 그리고서 그는 그 힘 있는 사람을 죽일 수 있었다."

(참조: 롬 18:11; 마 26:51; 눅 14:28-32; 엡 2:14; 겔 12:1-2)

권력자(또는 권력을 가졌다고 주장하는 사람)는 모든 환상, 가식, 우쭐한 자아상을 가진 우리 자신의 자아이다. 이것은 우리를 하느님으로부터 분리하는 분열의 벽을 먼저 공격해야만 죽일 수 있다. 우리는 벽에 구멍을 뚫고 반대편으로 가는 통로를 열 수 있다.

이 구절을 살펴보면 우리는 권력자의 모든 권력, 즉 그의 정체성 자체가 반대에 있으므로 권력자가 죽임을 당할 수 있음을 알 수 있다. 자아(ego)는 엄청나게 팽팽한 방어기제이다. 이것이 권세 있는 자의 자리에 오르면 우리를 움직이고 인도하는 삶의 흐름에 반대한다.

이 어록에 관한 순전히 도덕적인 해석도 가능하다. 항아리에서 밀가루가 다 새어 나오게 두는 경솔한 여자와는 다르게 우리는 악함이 자기의 뜻대로 하지 못하게 하는 경계의 상징이 있다.

우리 안에 존재하는 병적인 충동을 다루기 위해서는 확고한 손과 견고한 정신을 가져야 한다. '생명의 적'은 우리가 가면을 벗기는 법을 배워야 하는 우리 내부의 실재적인 힘이다.

# 어 록 9 9

그의 제자들이 그에게 말했다. "당신의 형제들과 어머니가 밖에서 기다리고 있습니다." 그가 대답했다. "나의 아버지의 뜻을 행하는 사람들이 나의 형제들과 어머니이다. 그들이야말로 하느님의 나라에 들어갈 것이다."

(참조: 마 12:46-50; 막 3:31-35; 눅 8:19-21; 요 15:6)

다시 한번 예수는 친족 관계와 가족관계를 영적인 관점에 놓는다. 혈연관계로는 충분하지 않다. 그들은 본질적인 것의 특별한 우선순위를 향한 마음의 공통된 지능에 더 높은 가치를 두는 왕국(나라)과는 아무런 관련이 없다.

우리가 진정한 영적 친족 관계의 형제자매가 되는 것은 이 가치를 공유하는 인식 안에서다. 아버지는 모든 참된 친교의 초월적 뿌리의 상징이다. 우리가 아버지를 죽이면 영적 친족 관계도 죽이는 것이다.

모세는 민족의 진정한 통합이 '초월'하는 것과의 관계에서 나온다는 것을 이해했다. 이것이 단순한 사회 질서나 국가로 축소될 때 개인 간의 진정한 연합과 조화를 풍자화한 모든 종류의 복종과 전체주의의 문이 열린다. 단순한 사회적 연합은 아마도 동맹을 만들 수 있지만, 형제자매는 만들 수 없다.

# 어록 100

그들은 예수에게 금화 하나를 보여주고 말했다. "카이사르의 부하들은 우리에게 세금을 내라고 요구한다." 그가 그들에게 대답했다. "카이사르의 것은 카이사르에게 주고, 하느님의 것은 하느님께 드리고, 나에게 속한 것은 나에게 줘라."

(참조: 마 22:17-21; 막 12:14-17; 눅 20:22-25; 요 17:10)


"카이사르의 것은 카이사르에게 바치라" ─ 이것이 먼저 이루어져야 한다. 우리는 타인 및 사회 질서와 적절한 관계를 수립해야 한다.

"하느님의 것은 하느님께 드려라" ─ 모든 찬양과 경배는 만물의 근원이시며 목적이신 오직 하느님만을 위한 것이다. 이것은 또한 통찰의 행위이기도 하다. 우리는 효과를 통해 보면서 그 '원인'을 인식한다. 비록 이것이 이름을 붙이지 못하고 알 수 없는 상태로 남아있을지라도.

그의 것을 예수에게 바치는 것은 그를 인성과 신성, 카이사르와 하느님 사이의 다리로 발견하는 것이다. 이렇게 하는 것은 그와 같이 되는 것이다. 그가 「피스티스 소피아」(*Pistis Sophia*)에서 말하듯이 "모든 인간은 나이고, 나는 모든 인간이다."

일부 영지주의 본문에서 우리는 구원받아야 하는 '구세주'라는 주제에 마주한다. 이 주제에 따르면 예수 그리스도는 이제 물질에 흩어진 그의 신성의 모든 불꽃이 재결합될 때만 완전히 자유로울 수 있다. 아버지께로 다시 올라가기 위해서는 그분의 것인 우리 안에 있는 이 '성령'의 불꽃이 깨어나야 한다.

# 어록 101

예수가 말했다. "나처럼 자기 아버지와 어머니를 미워하지 않는 사람은 나의 제자가 될 수 없다. 그리고 나처럼 자기 아버지와 어머니를 사랑하지 않는 사람은 나의 제자가 될 수 없다. 왜냐하면 나의 어머니는 나를 죽게 했지만[86] 나의 진정한 어머니는 나에게 생명을 주었기 때문이다."

(참조: 마 10:37, 19:29; 막 10:29; 눅 14:26, 18:29; 창 3:20; 요 10:28)

여기서 강조점은 예수처럼 사랑하고, 사랑하기를 거부하는 것이다. 우리는 어머니와 아버지를 있는 그대로 사랑하지만, 신경과민적 상호의존 관계를 지속시키려는 그들의 경향은 사랑하지 않는다. 그러한 관계는 우리가 두 번째 탄생과 우리를 죽지 않게 하고 참된 생명을 알게 하신 참된 어머니를 잊게 만든다.

히브리어에서 '영' 또는 '호흡'으로 번역되는 단어 르아흐(ruah)는 여성형이다. 가부장적 사회의 맥락에서 예수는 용감하게 여성들에게 (예를 들면 막달라 마리아와 사마리아 여인) 특별한 가르침을 주었다. 그리고 예수의 영지주의 후계자들은 '신성'의 여성적이고 모성적인 측면의 정당한 위치를 회복하기 위한 노력 안에서 르아흐의 여성성을 강조했다.

물론 모든 형상을 초월한 창조되지 않은 하느님은 남성도 여성도 아니다. 그러나 이름을 붙일 수 없는 것에 관해 말할 때 우리가 사용하

---

86 원래 콥트어에는 공백이 있다. 즉, 문자적으로는 "나의 어머니는… 만들었지만"으로 번역해야 한다.

는 상징 속에서 균형을 맞추는 것이 중요하다. 이것이 바로 '지혜'이자 '신성한 어머니'인 '소피아'가 영지주의 문서에서 중요한 위치를 차지하는 이유이다. 「도마행전」(27, 50)에서 어머니라는 이름은 성령을 부르는 데 사용된다. 마니교(Manichean) 글에서 그녀는 종종 '생명의 어머니'라고 불리며, 「빌립복음」에서는 아담이 그의 어머니로부터 '숨'을 받았다고 한다.

아담과 이브에 관한 아르메니아 전통에서 메시아는 르아흐, 즉 성령의 아들이다. 「히브리인들의 복음」에 남아있는 단편들에도 유사점이 있는데, 그곳에서 성령은 예수가 세례를 받을 때 그녀의 맏아들이라고 말하고, 예수는 타보르(Tabor)로 옮겨질 때 그녀를 자신의 어머니라고 말한다. 스승으로서 예수는 또한 제자들에게 자신처럼 성령의 자녀가 되라고 조언한다(「야고보의 비밀서」, 6, 19, 20). 다시 말하지만 「빌립복음」에서 성령은 아버지의 천체의 동반자인 것 같다.[87]

분명히 이 모든 것에서 우리의 목표는 이러한 상징을 구체화하거나 조작하는 것이 아니라 그 더 깊은 의미를 이해하는 것이다. '존재'에는 '남성적' 특성만큼 '여성적' 특성이 많이 포함되어 있음이 분명하다. 구약 성경에는 가혹하게 심판하시는 아버지 하느님뿐만 아니라 자비로우신 어머니 하느님도 포함되어 있지 않은가?

징계와 관용, 진리와 친절은 하늘 아버지, 어머니의 형이상학적 측면에 속한다. '아들'은 둘을 하나로 성육신한 하늘 아버지와 어머니의 '형상'이자 '유사성'이다.

---

87 **이 부분은 Leloup, *The Gospel of Philip* (Rochester, Vt: Inner Traditions, 2004)에서 각각 빌립복음 80과 17을 참조하라.

# 어록 102

예수가 말했다. "바리새인들은 비참하다. 그들은 소의 구유 안에서 누워있는 개와 같다. 자기도 먹을 수도 없고 또 소들도 먹지 못하게 한다."

(참조: 잠 14:4; 사 56:10; 마 23:13-27; 눅 2:7)

이 어록에 나오는 바리새인은 불행한 사람이다. 그는 자신이 지식이 있다고 생각하지만, 심지어 자기 자신도 알지 못한다. 그의 가르침은 듣는 이들의 마음속에 있는 '살아 계신 분'의 자리를 빼앗아 본질적인 것에서 멀어지게 하는 것에 불과할 수 있다.

이 바리새인은 살아 있는 분과 교통하지 않기 때문에 다른 사람들이 자신들을 아는 것을 막는다는 것을 전혀 모른다. 자신이 실천하지 않는 계율과 규칙, 충고를 청중에게 퍼붓는 그의 준비성은 그 청중의 충만한 삶에 장애가 된다.

비통한 입술과 질책하는 치아를 통하여 즐거움과 사랑을 말하는 사람은 비참하다.

# 어 록 103

예수가 말했다. "도둑들이 오는 밤의 시간을 아는 사람들은 복되다. 그들은 도둑들이 도착하기 전에 자신들의 허리띠를 걸치고 힘을 모아서 깨어 있을 것이다."

(참조: 마 24:36, 43-44; 눅 11:8, 21-22; 벧전 1-13)


깨어 있다는 것은 중심을 잡고 힘을 모으고 낭비하지 않는 것이다. 이것은 '생명'의 적인 도둑들이 우리의 힘을 빼앗으러 오는 시련의 시기에 침착함과 자신감을 유지하기 위한 조건이다.

우리는 도둑이 도착하는 시간도 알 수 있다. 다시 한번 이것은 자기 인식, 즉 우리 자신을 판단하지 않고 약점이나 우울증에 관한 우리 자신의 경향을 아는 것을 의미한다. 이것은 우리의 가장 어두운 의심과 욕망에 관한 차분한 지식이다.

# 어록 104

그들이 그에게 말했다. "자, 오늘 우리가 기도하고 금식하게 하소서."
예수가 대답했다. "내가 무엇을 잘못했는가? 내가 어떻게 패배하게
되었나? 신랑이 혼인 방을 떠날 때가 바로 금식하고 기도할 시간이
될 것이다."

(참조: 마 9:14-15; 막 2:18-20; 눅 5:33-35; 요 3:39, 8:34; 롬 12:21)

당신은 다른 사람들과 함께 있을 때 그들을 그리워하나? 당연히
그렇지 않다. 왜냐하면 당신이 그들과 함께 있기 때문이다.

하느님이 참으로 임재하시면 기도하거나 금식할 필요가 없다.
그분의 '임재'는 모든 것을 채운다. 그 혼인 방은 그분의 향기로 가득
차게 된다.

그런데 신랑이 방을 나가는 경우가 발생한다. 다시 말하면 우리는
창조된 것과 창조되지 않은 것 사이의 '연합' 상태를 떠난다. 그러면
그때는 우리가 돌아올 수 있도록 기도하고 금식할 시간이다.

랍비 전통은 '셰키나의 추방'에 대해 말한다. 돌아가는 것은 그녀에
대한 우리의 추방을 끝내고 그녀의 높고 거룩한 방에서 안식을 찾는
것이다.

# 어록 105

예수가 말했다. "자기 아버지와 어머니를 아는 사람을 그들이 창녀의 아들이라 부를 수 있는가?"[88]

(참조: 요 8:18-19, 41-44)


메나드(Ménard)는 이 어록을 "아버지와 어머니를 아는 사람은 창녀의 아들이라고 불릴 것이다"라고 번역한다. 그는 "아버지와 어머니를 아는 것"을 육체에 대한 속박과 물질을 향한 매춘의 상징으로 해석했다.

그러나 이 어록은 실제로 어떤 아버지와 어머니를 말하고 있나? 그것은 앞에서 말한 신성한 아버지 어머니가 의미하지 않고 있나?

더 나아가 이 어록은 필사자의 오류가 포함되어 있을 가능성이 있다. 콥트어 '프세레 음포오네'(*p'sère m'porné*, 창녀의 아들)는 실제로 '프세레 음프로메'(*p'sère m'prôme*, 사람의 아들)와 매우 비슷하다. 실제로 후자는 바로 다음 어록에서 등장한다. 루돌프 카세르(Rudolf Kasser)에 따르면 이러한 유사성은 의도적이며, 두 어록 사이의 연결 고리 역할을 한다. 이것이 사실이라면 그 의미는 분명하다. 즉, 신성한 '아버지'와 '어머니'를 아는 영지주의자는 '사람의 아들'이라고 불릴 것이다.

---

88 다른 번역자들은 "자기의 아버지와 어머니를 아는 사람은 창녀의 아들이라 불릴 것이다"라고 번역한다.

# 어록 106

예수가 말했다. "**너희가 둘을 하나로 만들 때 너희는 사람의 아들이 될 것이다. 그리고 너희가 '산아, 움직여라!'라고 말하면 산이 이동할 것이다.**"

(참조: 마 17:20; 눅 17:6; 막 11:22-23)

어록 22와 다른 곳에서와 비슷하게 여기 가르침은 물질과 정신, 남성과 여성, 창조된 것과 창조되지 않은 것 등을 포함한 모든 이중성의 '연합'에 관한 것이다. 우리 안에서 이 연합을 실현함으로써 우리는 '사람의 아들'이 된다. 다시 말하지만 이 상징적 용어는 어떤 종류의 남성적 편견과도 관련이 없으며, 오히려 완전하고 신성한 인간이 되는 것과 관련이 있다.

믿음, 평화, 일치가 다스릴 때 모든 법은 초월된다. '살아 계신 분'이 지나가는 길 앞에서 산(山)도 협력하고 장애물도 물러간다.[89]

『도서학위』(*Libri Graduum*, col 737:24)는 예레미야 31장 17절을 논하면서 우리 각자가 살아 있는 '사람의 아들'이 되어 그리스도 안에서 거듭나 아담이 이원론에 빠지기 전에 살았던 것처럼 살아야 한다고 말한다.

『도서학위』는 모든 그들의 잠재력의 통합과 실현을 통해서

---

89 예레미야 31:17, "너의 앞날에는 희망이 있다. 네 아들딸이 고향 땅으로 돌아온다. 나 주의 말이다."

"그들 모두가 '사람의 아들들'이 되도록 기도하라"라고 말한다.

# 어 록 107

예수가 말했다. "나라는 백 마리의 양을 가진 목자와 같다. 그것 중에서 가장 아름다운 한 마리가 사라졌다. 그 목자는 아흔아홉 마리의 양을 남겨두고 그 한 마리를 찾았다. 이 엄청난 노력 후에, 그는 그 양에게 '나는 다른 아흔아홉 마리보다 너를 더 사랑한다'라고 말했다."

(참조: 마 18:12-13; 눅 15:4-8)

잃어버린 양에 관한 이 유명한 비유는 여러 가지 가능한 해석을 하고 있다. 종종 영지주의자라고 불리지만 사실 영지주의자의 영향을 받은 것으로 더 잘 묘사되는 발렌티누스(Valentinus)의 이야기부터 시작하겠다. 영지(Gnosis)와 영지주의(Gnosticism) 사이의 구별을 염두에 두는 것이 중요하다. 후자는 초기 그리스도교 시대에 영향을 미쳤으며 종종 그와 관련된 특정 역사적 현상으로 제한된다. 전자는 어떤 시대나 문화, 어떤 종교적 언어를 사용하든 관계없이 '신의 임재'를 이해하는 마음과 가슴의 태도이다.[90]

발렌티누스에게 예수는 길을 잃지 않은 아흔아홉 마리의 양을 남겨두고 길을 잃은 양을 찾아 기뻐하는 목자이다. 발렌티누스는 숫자 99와 1에 큰 의미를 부여했다. 왜냐하면 그 당시에는 왼손으로 99까지 세고, 100을 세기 위해 오른손으로 이동하는 방법이 있었기 때문이었다. 따라서 길 잃은 양은 완성과 '하나'를 상징한다. 이것은

---

90 '영지주의' 사상(영지 사상)과 영지주의의 차이에 관해서는 조재형의 책 1장과 2장을 참조하라.

다양성을 초월하고 더 높은 의식 상태로의 전환을 열어주기 때문에 가장 아름다운 양이다.

「진리의 복음」에서도 이와 똑같은 해석을 발견할 수 있다. "양치기는 99마리의 양을 두고 갔다. 그는 길 잃은 1마리를 찾으러 갔고, 찾고 나서 기뻐했다. 99는 왼손에서 세는 숫자지만, '하나'를 찾았을 때 총 숫자는 오른손으로 넘어갔다."

정경 복음서에서 이것의 영감을 얻은 다른 해석이 있다. 이것은 모든 사람이 구원받고 모든 사람이 '진리'의 충만함에 도달하기를 바라시는 하느님의 무한한 자비를 강조한다. 회개할 것 없는 의인 아흔아홉보다 회개하는 죄인 한 사람을 위해서 더 큰 기쁨이 있다.

누가복음은 잃어버린 은화와 탕자의 비유로 잃어버린 양의 이야기를 이어간다. 이 모든 이야기는 하느님의 돌보심과 긍휼의 깊이를 보여준다.

좀 더 심리학적인 해석도 가능하다. 양은 해방과 성숙의 행위로서 다른 양들로부터 멀어진다. 우리는 진정한 자아를 찾기 위해 '무리'를 떠나야 한다. 그러면 우리는 목자의 사랑과 긍휼로 자유롭고 정화된 마음을 가지고 양 떼에게 돌아갈 수 있다. 이제부터 우리는 다 목자의 존재에 복종하기보다는 상호 간의 애정으로 그것을 누린다.

마지막으로 좀 더 형이상학적 해석은 우리가 길을 잃을 때 '하나', 그 '자아' 그리고 우리의 가장 높은 잠재력에 관한 깨달음을 잃게 된다는 것을 상기시킨다. 우리는 다른 양으로 대표되는 우리의 다양한 존재 수준, 다양성의 조화를 가져올 수 있는 핵심을 잃게 된다. 이 길 잃은 양은 염소와도 같은데, 무리의 단결을 촉진하고 탐험할 준비도 되었지만 또한 길도 잃을 수 있는 우리의 감각, 생각, 감정을 상징한다. 그래서 이 특정한 염소 같은 양이 자신의 중심을 찾는 것이 매우 중요한 이유이다. 그러면 다른 측면이 그 주위에 질서를 갖게 될 것이기 때문이다. 하이데거가 말했듯이 '존재의 목자'는 기뻐할 것이다.

# 어 록 108

예수가 말했다. "나의 입에서 나오는 것을 마시는 사람은 나와 같이 될 것이고, 나는 그와 같이 될 것이고, 그에게 감춰졌던 것이 드러날 것이다."

(참조: 마 26:48; 막 14:44; 요 6:53, 7:37)

어조는 매우 다르지만, 이 어록과 똑같은 진리를 표현하는 요한복음의 구절이 있다: "너희가 인자의 살을 먹지 아니하고 또 인자의 피를 마시지 아니하면, 너희 속에는 생명이 없다."[91]

우리의 목표는 단지 그리스도를 따르는 것이 아니라 그의 본질로 채워지고, 그의 '말씀'으로 가르침을 받고 그리고 그가 되는 것이다.

우리는 요한복음의 말씀을 그리스도 입의 바로 그 숨결까지 거슬러 올라가서 추적해야 한다. 유대 전통에 따르면 모세는 하느님의 입맞춤으로 죽었다고 한다. 나비는 불타는 덤불 속으로 날아가서 불이 되었다.

어록 82에서 예수는 똑같은 불을 언급한다. 우리가 그 불에 자발적으로 삼켜지면 우리에게 무엇이 남는가? 바로 '그'가 남는다!

---

91 요한복음 6:53.

# 어 록 109

예수가 말했다. "나라는 마치 자신의 밭 안에 숨겨진 보물을 가졌던 사람과 같다. 그는 그것이 거기 있었는지 몰랐다. 그가 죽었을 때 그의 아들에게 그 밭을 남겼는데, 그 아들은 아무것도 모르고 그 밭을 팔았다. 밭을 산 사람이 그 밭을 갈다가 그 보물을 발견했다. 그는 원하는 모든 사람에게 이자와 함께 돈을 빌려주기 시작했다."

(참조: 마 13:44; 눅 14:18)

어떤 해석에 따르면 밭의 소유자는 유대인이고, 아들은 그리스도인이며, 구매자는 영지주의자이다. 보물은 모든 사람 속에 숨겨진 영적 보물이다(알렉산드리아의 클레멘트, III 36:2). 나아세네스(Naasenes) 영지주의 종파는 보물을 영지주의자들이 거주하는 천국으로 생각했다. '이자'에 관한 언급은 영적인 부를 나누면 곱절이 되는 것을 상징할 수 있다(히폴리투스, *Elenchos* V; 「빌립복음」; 어록 22).

더 일반적인 의미에서 이 비유는 사람 대부분이 그들 안에 숨겨진 보물을 전혀 모른다는 것을 보여준다. 「카타 우파니샤드」(*Katha Upanishad*)에 따르면 "모든 피조물의 중심에 내재한 자아는 무한히 작은 것보다 작고, 무한히 큰 것보다 더 밝다." 우리는 이 보물의 '현존'을 간과한다. 심지어 그리스도의 제자라고 주장하는 사람들도 그들의 유산에 관해 무지하다. 그것을 발견하는 사람은 지나가는 사람, 자신의 밭을 참을성 있게 일구는 이방인이다.

# 어 록 110

예수가 말했다. "세상을 발견하고 부유하게 된 사람은 세상을 저버리게 하라."

(참조: 마 16:24)


어록 81에서와 같이 예수는 우리가 무언가를 소유하지 않는 한 그것을 포기할 수 없음을 상기시켜 준다. 우리가 가지지 않은 것을 포기하는 것은 너무 쉽다. 이것은 우리가 정말로 힘과 부를 가지고 있어야만 그것이 임시적이고 헛되다는 것을 깨달을 수 있다는 의미가 아니다. 그러나 자기중심적 의식의 극복은 욕망에 이끌린 운명의 절단이나 거세가 아니라 우리 인간성의 성취임을 잊어서는 안 된다. 자기 초월은 인간 전체를 신성한 차원에 온전히 몰입시키는 것이다. 이것은 '자연'과의 연합이 개인의 어떤 이전 상태로의 회귀를 의미하지 않는다. 산이나 보석의 비인격적인 아름다움은 은혜로 충만한 남자나 여자의 초월적인 아름다움과 같지 않다.

가족의 부와 인맥과 학위에도 불구하고 검소하게 살았던 한 영지주의 이야기가 있다. 어느 날 방문객이 그에게 물었다. "당신은 언제 부와 세상을 버리기로 했고 왜 그렇게 했습니까?" 영지주의자가 "나는 결코 세상을 포기한 적이 없습니다"라고 대답했다. "나는 아무것도 포기한 적이 없다. 나를 버린 것은 세상이다. 나를 버린 것은 재물이다. 내가 더 이상 그것들이 필요하지 않았기 때문이다."

갈멜산으로 올라가면서 십자가의 성 요한은 또한 우리가 세상을 버리는 것이 아니라 실제로 세상이 우리를 버리는 것임을 보여준다. 우리를 설레게 하는 힘이 있던 것이 갑자기 우리를 무관심하게 만든다. 우리를 매혹했던 만남과 오락이 이제 우리는 지루해진다. 특정 종교적 관습에도 똑같이 적용될 수 있다. 그것들은 한때 우리를 위로했을지 모르지만, 지금은 우리를 냉담하게 만든다. 이것은 무관심과는 아무런 관련이 없다. 그것은 우리가 외부 감각보다 미묘하고 종종 덜 '세속적'인 더 심오한 묵상으로 들어가는 중요한 신호이다. 이것이 어록 37에서 알몸을 껴안는 의미이다.

# 어 록 111

예수가 말했다. "너희 앞에서 하늘과 땅이 말려 올라갈 것이다. 살아있
는 자로부터 온 살아있는 사람은 두려움과 죽음을 모를 것이다. 왜냐하
면 '누구든지 스스로 지식을 가진 사람을 세상은 가둘 수 없다'라고 말해
지기 때문이다."

(참조: 사 34:4; 마 24:34; 막 13:31; 눅 21:33; 요 8:51; 히 1:12; 계 6:14)

일부 주석가에게는 어록 111이 마지막이어야 한다. 이것은 세상
의 끝(종말과 파루시아)과 어떤 일이 일어나기 전에 우리가 고요함을
유지할 수 있게 해주는 자기-지식에 관해 말한다. 이 문맥에서 세
가지 헬라어 단어, 즉 '아포칼룹시스', '파루시아', '그노시스'의 더 깊은
의미를 고려하는 것이 유용하다.

'아포칼룹시스'는 말 그대로 "베일을 벗기다"를 의미한다('계시'는
라틴어에 기초한 정확한 동의어이다). 묵시의 날은 존재의 장막을 벗기는
날이다. 이런 의미에서 우리는 모두 즐거울 수도 있고 고통스러울
수도 있는 아포칼룹시스(묵시)의 시간이 있다. 이 용어는 일반적으로
상상되는 한 세상의 끝만을 의미하지 않는다. 그러나 그것은 세상의
끝, 즉 우리 정신의 표현과 구성의 끝이다. 우리는 더 이상 우리가
생각하고 상상하는 대로 사물을 보는 것이 아니라 있는 그대로 사물을
본다. 우리가 만든 작은 세상이 무너지기 시작하고, 우리는 진짜 세상
으로 들어간다. 어떤 속담은 이렇게 말한다. "잠자는 사람들은 각자의
세계에서 따로 산다. 깨어 있는 사람들은 똑같은 세상에서 함께 산다."

묵시의 날은 또한 하느님의 실재가 우리에게 드러나는 날이다. 요한의 첫째 편지는 이렇게 말한다. "우리는 그와 같게 될 것이다, 그를 그대로 볼 것이기 때문이다." 이날은 즐거운 날일까, 아니면 끔찍한 날일까? 우리는 '사랑'을 보게 될 것이고 또한 우리가 얼마나 적게 사랑했는지도 보게 될 것이다. 우리는 '살아 계신 분'에게서 나온 살아 있는 존재임을 알게 될 것이며 또한 우리가 이것에 대해 얼마나 기뻐하지 않았는지도 알게 될 것이다. 우리는 우리가 '빛'에서 태어난 빛임을 알게 될 것이며, 우리가 그림자를 가지고 노는 데 얼마나 많은 시간을 낭비했는지 알게 될 것이다.

묵시의 날은 또한 파루시아의 날이기도 하다. 그리스어 파루시아는 '현재'(presence)를 의미한다. 이 용어 중 어느 것도 미래의 그리스도의 재림, 즉 마지막 때의 재림을 언급하지 않는다. '현재'가 우리 안에서 완전히 느껴지게 될 때 우리는 이미 파루시아의 순간을 경험할 수 있다. "그것은 모든 것을 채웁니다. 내가 사는 것이 아니요 오직 내 안에 그리스도가 사시는 것이라"[92]라고 바울은 말했다.

거룩한 존재는 성령으로 충만한 사람이며, '사랑'의 '현존'으로 완전히 거주하는 사람이다. 그러한 존재는 이미 세계 종말과 인류 종말의 화신, 즉 항상 우리를 부르고 있는 목적이자 궁극적 원인, 충만과 현존이다.

영지(그노시스)는 '자아'를 인식하는 것이다. 이것만이 진정한 의미에서 묵시와 재림을 실현할 수 있게 한다. 참으로 자기-지식은 묵시에서 묵시로 넘어가는 종말의 과정, 점진적으로 껍질을 벗기는 과정이

---

92 갈라디아서 2:20.

다. 이것이 우리가 진정으로 우리 자신을 발견하는 방법이다.

이 벌거벗음 안에서 '현재', 즉 존재의 파루시아가 나타날 수 있다. 우리의 잔에 정체된 내용물이 모두 비워지면 새 포도주를 위한 자리가 생긴다.

'아포칼륍시스', '파루시아', '그노시스', 이 세 가지 개인 변화의 길은 또한 세계 변화의 기초이기도 하다. 모든 인류의 변화인 왕국의 드러남이 어떤 식으로 촉진될 수 있는가? 유일한 현실적인 반응은 이것이다. 우리는 우리 자신을 변화시켜야만 세상을 변화시킬 수 있다는 희망을 품을 수 있다. 우리의 행동이 진정으로 효과적일 수 있는 곳은 단 한 곳, 바로 우리 자신이다.

이것은 하느님이 꿈에 나타나 세상을 구원해 달라고 부탁하고 그렇게 하겠다고 주님께 약속한 사람의 이야기를 떠올리게 한다.

그는 잠에서 깨어나면 즉시 일을 시작하기로 결심했다. 그러나 실용적인 사람이 된 그는 자신에게 몇 가지 실용적인 질문을 던지며 반성하기 시작했다. "어디서부터 시작해야 할까? 당연히 우리나라에 있어야 한다. 그러나 우리나라에서 가장 효과적으로 시작할 수 있는 곳은 어디인가? 확실히 내가 잘 아는 고향에서. 하지만 도시의 어느 지역에서 일을 시작해야 하나? 분명히, 내 집에서. 그러나 가족 중 누구를 가장 효과적으로 구원할 수 있는가? 나 자신?"

묵시록, 파루시아, 그노시스 사이의 관계는 요한의 첫째 편지 (3:2-3)의 다음 구절을 명확히 하는 데 도움이 될 수 있다.

"사랑하는 여러분, 이제 우리는 하나님의 자녀입니다[gnosis]. 앞으로 우리가 어떻게 될지는 아직 밝혀지지 않았습니다만[parousia-apoka-lupsis], 그리스도께서 나타나시면, 우리도 그와 같이 될 것임을 압니다 [gnosis, parousia]. 그때 우리가 그를 참모습대로 뵙게 될 것이기 때문입니다[Apokalupsis]. 그에게 이런 소망을 두는 사람은 누구나, 그가 깨끗하신 것과 같이 자기를 깨끗하게 합니다[gnosis]."93

---

93 *[　]안의 그리스어는 저자가 신약성서의 이 구절의 깊은 의미를 설명하기 위해서 삽입한 것으로, 그리스어 성경의 낱말과 일치하지 않는다.

# 어록 112

예수가 말했다. "영혼에 의존하는 육체는 비참하다. 육체에 의존하는 영혼은 비참하다."

예수는 육신이 나쁘고 영혼이 좋다고 말하는 것이 아니며, 몸은 실재하고 영혼은 일종의 환상이라고 말하는 것은 더더욱 아니다. 다시 말하지만 그는 물질 대 정신의 이원론에 들어가기를 거부한다. 이 어록에서 예수가 한탄하는 것은 의존성, 즉 영혼과 육체의 관계에서 존중과 자율성의 결여이다. 이런 의미에서 의존성은 각각의 측면이 그 자체의 전체성에 적합한 자연스러운 방식으로 자체 수준에서 기능하는 것을 방해하는 혼란의 한 형태이다. 육체의 쾌락은 영혼의 쾌락과 같지 않다. 각각은 경험의 적절한 위치와 순서를 가져야 한다.

이 어록에 관한 또 다른 해석은 우리가 존재의 '심리적' 수준으로 축소될 때 비참해진다는 것을 예수가 상기시켜 준다는 것이다. '프뉴마'(호흡, 영)의 현존만이 존재의 모든 차원에서 우리를 자유롭게 할 수 있다. '프시케'(영혼)와 '소마'(몸)는 필요하지만 충분하지 않다. 프뉴마 앞에서 우리는 더 이상 이 둘을 혼동하지도 반대하지도 않는다.

# 어록 113

제자들이 그에게 물었다. "그 나라는 언제 옵니까?" 예수가 대답했다. "그것을 바라보고 있다고 오지 않는다. 아무도 '보라 여기 있다! 보라 저기 있다'라고 말하지 않을 것이다. 아버지의 나라는 온 땅에 퍼져나가고, 사람들은 그것을 보지 못한다."

(참조: 눅 17:20-21; 마 24:3; 고전 2:9; 히 11:1)

하느님이 어디에 계시는지 묻는 것보다 "하느님이 어디 계시지 않는가?"라고 묻는 것이 더 나을 것이다. 모든 것에서 그분의 '현존'이 명백하게 드러난다. 존재하는 모든 것은 그의 '존재'에 참여한다.

우리는 "그러나 하느님은 악과 고통과 무고한 자들의 학살 속에도 임재하시는가?"라고 반박할 수 있다. 어린아이가 다하우(Dachau) 강제 수용소의 화덕으로 끌려갈 때, 한 남자가 상한 마음의 울분과 모든 분노로 "그러나 하느님은 어디에 계시는가"라고 소리쳤다고 한다. 동료 죄수인 그의 친구는 손가락을 들어 아이를 직접 가리켰다. "하느님이 저기에 계시다." 참으로 하느님은 거기에 계신다. 순진하시고, 박해받으시고, 화덕으로 던져지고, 인간의 무지라는 괴물에 의해 십자가에 못 박히신 분이시다.

예수의 가르침은 하느님이 모든 곳에 계신다는 것을 항상 우리에게 상기시켜 준다. 하느님은 아름다움 속에서뿐만 아니라 고통 속에도 계신다. 그분은 양귀비의 붉은 색으로 피고 달리는 트럭에 치여 뭉개지는 아이 안에 계신다. 누가 감히 이것을 완전히 볼 수 있는가?

빛나는 '현존'이든 십자가에 못 박히는 '현존'이든 이것은 어디에나 있고 모든 것을 채운다. 이것이 예수가 마태복음 25장 40절에서 "너희가 여기 내 형제자매 가운데 지극히 보잘것없는 사람 하나에게 한 것이 곧 내게 한 것이다"라고 말한 이유이다. 그것은 어떤 특별한 나타남을 여기저기서 찾는 것이 아니라 이미 우리 앞에 있는 것, 여기 그리고 지금(어록 5 참조) 눈을 뜨고 있는 모든 것을 돌보는 것이다.

그러나 하느님이 나타나실 수 없는 한 곳은 사랑에 닫힌 마음, 용서를 거부하고 비통함을 즐기는 마음이다. 지옥은 참으로 사랑할 수 없는 무능력이다.

하느님이 추방되는 또 다른 장소는 그 근원의 빛으로부터 자신을 닫는 지성, 더 이상 참된 이해를 추구하지 않고 자신의 무지를 방어하기 위한 의심에 빠지는 마음이다.

그 '전통'은 우리에게 그리스도가 지옥의 영역, 즉 거주자들이 사랑하려는 모든 욕망과 이해하려는 모든 욕망을 소멸시킨 어두운 의식 상태로 내려갔다고 말한다. 그곳에서 그는 고통, 부조리, 배반, 죽음과 같은 피할 수 없는 것들과 마주쳤다. 그는 어리석은 인간의 '야수'를 만나서도 주춤하지 않았다. 이 지옥에서도 예수는 그의 친구들, 도마, 요한 그리고 그의 사랑하는 미리암, 삭개오, 간음한 여인, 아픈 사람들, 그의 옷자락을 잡아당겼던 비참한 사람들을 대했던 것과 같은 사랑과 연민의 마음으로 자신이 만난 사람들을 바라보았다. 그는 인간 영혼의 최악의 지옥의 밑바닥을 보았고, 결코 사랑을 멈추지 않았다. 그리고 그 지옥의 거주자 중 누군가가 그 배려의 무한한 연민을 한순간이라도 보았다면 그들은 최악의 지옥도 떠나 새롭게 살 능력이 생길 것이다.

# 어 록 114

시몬 베드로가 그에게 말했다. "마리아는 우리를 떠나야 합니다. 왜냐
하면 여자는 생명에 합당하지 않기 때문입니다." 예수가 대답했다. "이
것이 내가 그녀를 인도하는 방식이다. 그래서 그녀는 남자가 된다. 그녀
는 또한 너희 남자들처럼 살아있는 호흡이 될 것이다. 어떤 여자라도
자기를 남자로 만들면 하느님의 나라에 들어갈 것이다."

(참조: 마 19:12)

이 어록은 「막달라 마리아의 복음서」에 나오는 다음의 긴 구절과
대조해 보면 도움이 된다.[94] 이 복음서에서 우리는 베드로가 여성에
대한 억압적이고 가부장적인 태도를 대표하는 것을 다시 발견한다.
우리는 또한 이곳에서 '완벽한' 인간이라는 주제를 발견하지만, 다른
표현으로 그들의 생물학적 성별이 무엇이든 간에 남성성과 여성성을
통합한 사람들을 찾을 수 있다.

이 말씀을 하신 후 그 '복 받은 분'은
그들 모두에게 인사하며 말했다.
"너희에게 평화가 있기를,
나의 평화가 일어나 너희 안에서 성취되어라!
경계하고 아무도 너희를 잘못 인도하지 못하게 하라.

---

94 **Leloup, *The Gospel of Mary Magdalene* (Rochester, Vt.: Inner Traditions, 2002).

'여기 있다!' 또는

'저기 있다!' 말함으로써,

왜냐하면 그것은 너희 안에 있기 때문이다.

'사람의 아들'이 너희 안에 거한다는 것이다.

그에게 가서

그를 찾는 자들을 위하여 그를 만나라.

앞으로 나아가라,

왕국의 복음을 선포하라.

내가 증언한 것 이외에는

법을 부과하지 마라

토라에 주어진 것 외에 더 많은 법을 더하지 마라.

너희는 그것들에 매이지 않도록 하라."


이 모든 말을 마치고 그는 떠났다.

제자들은 슬픔에 잠겼고,

많은 눈물을 흘리며 말했다.

"우리가 어찌하여 믿지 아니하는 자들 가운데서

그리고 '사람의 아들'의 왕국 복음을 선포하나?

그들은 그의 생명을 아끼지 아니하였고

그런데 왜 그들이 우리를 살려야 하나?"

그러자 마리아가 일어나

그들을 모두 끌어안고 그녀의 오빠들에게 말하기 시작했다.

"슬픔과 의심에 머물지 말라,

왜냐하면 그의 은혜가 너희를 인도하고 위로할 것이기 때문이다.

그 대신 그의 위대함을 찬양하자,

왜냐하면 그가 이것을 위해 우리를 준비시켰기 때문이다.

그는 우리에게 완전한 신적인 인간[Anthropos]이 되라고 요구하고 있다."

그리하여 마리아는 그들의 마음을 '선함'으로 돌이켰고,

그들은 그 스승의 말씀 의미를 토론하기 시작했다.

베드로가 마리아에게 말했다.

"자매여, 우리는 스승님이 당신을 사랑했다는 것을 안다.

다른 여자들과는 다르게.

당신이 기억하는 것을 우리에게 말해주오.

그가 당신에게 한 말 중

우리가 아직 듣지 못한 것을."

마리아가 그들에게 말했다.

"이제 내가 네게 말하리라

너희에게 주어지지 아니한 것에 관하여."

마리아는 계속해서 그리스도가 환상 가운데 어떻게 그녀에게 나타나셨는지 설명한다. 그리스도는 "너는 복 받았다. 왜냐하면 나에 관한 환상은 너를 힘들게 하지 않기 때문이다." 그리고 "마음(누우스)이 있는 곳에 보물이 있다"라고 말한다. 그런 다음 구세주는 그녀에게 환상적인 영지에 관해 가르친다. 그것은 감각, 영혼, 지능의 지각력이 아니라 하나의 열려있는 상태이다. 즉, 그것은 신비주의자들이 마음 (누우스)이라고 부르는 영혼과 영이 최고조의 한 지점에서 합쳐지는 것이다.

존재의 깊이에 도달하는 이 '개방성'에서 인간 안에 창조되지 않은

것은 하느님 안에서 창조되지 않은 것과 '하나'가 되는 것이다(마이스터 에크하르트 참조).

마리아는 그녀의 긴말을 끝낸다. "이제 나는 '시간의 영원성' 안에서 시간조차 쉬는 '안식'을 향해서 떠난다. 나는 이제 침묵으로 들어간다."


이 모든 말을 하고 나서 마리아는 침묵하게 되었다.

왜냐하면 그 '스승'이 그녀에게 침묵으로 말했기 때문이다.

그러자 안드레가 말을 시작하여 형제들에게 말했다.

"말해 보시오, 그녀가 우리에게 말한 이 일들에 대해 당신은 어떻게 생각하나요?

스승이 이렇게 말했다는 것을

나로서는 믿을 수 없습니다.

이러한 생각은 우리가 알고 있었던 것과 너무 다릅니다."

그리고 베드로는 이렇게 덧붙였다.

"어떻게 스승님이

우리 자신도 모르는 비밀에 관해

이런 식으로 여자와 말씀하셨던 것이 가능한가요?"

우리는 우리의 관습을 바꿔서

이 여자의 말을 들어야 합니까?

스승님은 정말로 그녀를 선택했고 우리보다 그녀를 더 좋아하셨습니까?"

그때 마리아가 울었다.

그리고 그에게 대답했다.

"내 형제 베드로, 당신은 무슨 생각을 하고 있나요?

당신은 이것이 저만의 상상일 뿐이라고 믿으시나요?

내가 이 환상을 발명했다고 믿으시나요?

아니면 내가 우리 선생님에 대해 거짓말을 할 것이라고 믿습니까?"

이때 레위가 말했다.

"베드로, 당신은 항상 성질이 급했습니다.

이제 우리는 당신이 우리의 적들이 하는 것처럼,

이 여자를 거부하는 것을 봅니다.

그러나 스승님이 그녀를 합당하다고 여긴다면,

그녀를 거부하는 당신은 누구입니까?

분명히 스승님은 그녀를 아주 잘 알고 있으셨습니다.

왜냐하면 그분은 우리보다 그녀를 더 사랑했기 때문입니다.

그러므로 우리가 속죄하고,

완전한 인간이 됩시다[안트로포스].

스승님이 우리 안에 뿌리를 내리실 수 있도록.

그분이 우리에게 요구했던 대로 우리가 자라고

복음을 전파하기 위해 걸어 나갑시다.

그분이 증언했던 것들 이외에는

어떤 규칙과 법도 정하지 맙시다."


따라서 이 두 복음서는 베드로가 여성의 정당한 위치를 인정하는 것을 어려워했다는 증거를 보여준다. 이는 영지(그노시스)의 정당한 위치를 인정하는 보다 일반적인 어려움과 무관하지 않다.

레위는 제자들이 '신적 인간'(Anthropos) 또는 완전히 깨달은 인간('남성'을 의미하는 andros가 아님)의 길을 가도록 초대한다. 그들의 성별이 무엇이든 '살아있는 분의 숨결'에 의해 인도되고 영감을 받는다면, 남성성과 여성성의 충만함과 통합으로 그들을 인도할 것이다.

이러한 접근법은 또한 마태복음 19장 11-12절의 어려운 구절을 이해하는 데 도움이 될 수 있다. 즉, "누구나 다 이 말을 받아들이지는 못한다. 다만 타고난 사람들만이 받아들인다. 모태로부터 그렇게 태어난 고자도 있고, 사람이 고자로 만들어서 된 고자도 있고 또 하늘나라 때문에 스스로 고자가 된 사람도 있다." 영지주의 전통은 창조적 '지성'과의 교감이 피조물의 거세가 있어야 한다는 문자적 개념을 무시하고 '고자'라는 단어를 빛나는 것으로 해석한다. 예수는 실제로 안드로진(*androgyne*)을 사용했을 것이다. 그러나 마태복음의 편집자들은 후자의 단어(그 문제에 대해 많은 단어와 마찬가지로)가 쉽게 오해를 일으킬 수 있다고 판단했을 수 있다. 사람들은 그 단어를 성적 양성을 옹호한다고 해석할 수도 있다. 그래서 그들에게 남성과 여성의 기묘한 혼합을 드러내는 사람들과 함께 묶어 처리하여 혼란스러운 상상력을 불러일으킬 수도 있다.

그러나 안드로진(*androgyne*)이라는 단어는 영지주의자들에 의해서 우리가 누구인가에 관한 전체성을 알기 위해서 남성과 여성의 양극성을 통합한다는 영적 의미에서 이해되었다. 어록 22 주석에서 말했듯이, 이것은 우리가 마침내 "그리스도가 우리를 사랑했던 것처럼" 다른 사람들을 사랑할 수 있도록 부족함이 아닌 충만함에서 나오는 더 높은 사랑의 문을 열어준다.

그러나 「도마복음」과 「마리아복음」이 "귀 있는 자는 들을지어다!" 라고 자주 반복하듯이, 들을 수 있으려면 우리는 「도마복음」의 첫 번째 말씀의 가르침에 참여하고, 우리가 우리의 몸과 마음과 생각

속에서 이 말씀의 해석대로 살고 있는지 스스로 질문해야 한다. 그래야만 '살아 있는 예수'의 창조적인 말씀이 '영원한 아들'의 형상과 모습으로 우리 안에 새로운 '인간'(*Anthropos*)을 낳을 수 있다.

그러나 이 어록의 말씀이 우리에게 더 깊은 통찰을 제공하지 못하거나 우리를 더 사랑하고 살아 있게 하지 못한다면, 이것을 잊어버리고 성령의 영감을 받아 기쁨과 힘을 주는 다른 말씀을 찾도록 하자.

# 를 루 프 의   참 고 문 헌

Alter, Robert. *The World of Biblical Literature*. New York: Basic Books, 1992.

Barnstone, Willis. *The Other Bible*. New York: Harper, 1984.

_____ and Marvin Meyer. *The Gnostic Bible: Gnostic Texts of Mystical Wisdom from the Ancient and Medieval Worlds*. Boston: Shambhala, 2003.

Campbell, Joseph. *Occidental Mythology*. New York: Penguin, 1991.

Corbin, Henry. *The Man of Light in Iranian Sufism*. Boulder, Colo.: Shambhala, 1978.

_____. *The Voyage and the Messenger*. Berkeley, Calif.: North Atlantic, 1998.

Davies, Stevan, and Andrew Harvey. *The Gospel of Thomas*. Boston: Shambhala, 2004.

Eckhart, Meister. *Selected Writings*. London: Penguin, 1994.

_____. *Sermons and Treatises*. New York: Lilian Barber Press, 1987.

Funk, et al. *The Jesus Seminar: The Five Gospels*. Sonoma, Calif.: Polebridge, 1993.

John of the Cross. *The Collected Works of St. John of the Cross*. Washington, D.C.: ICS Publications, 1991.

Josephus(Flavius Josephus). *Complete Works*. Grand Rapids, Mich.: Kregel Publishing, 1981.

Jung, C. G., and Robert A. Segal. *The Gnostic Jung*. London: Routledge, 1992.

Kasser, Rudolf. *L'Évangile selon Thomas: Rétroversion et théologie*. Switzerland: Neuchâtel, 1961.

Koester, Helmut. *The Other Gospels: Non-Canonical Gospel Texts*. Cambridge: Lutterworth, 2001.

Layton, Bentley. *The Gnostic Scriptures: A New Translation with Annotations*. Garden City, N.Y.: Anchor, 1995.

Leloup, Jean-Yves. *The Gospel of Mary Magdalene*. Rochester, Vt.: Inner Traditions, 2002.

_____. *The Gospel of Philip*. Rochester, Vt.: Inner Traditions, 2004.

Mack, Burton. *Who Wrote the New Testament?* New York: HarperCollins, 1995.

Meyer, Marvin. *The Unknown Sayings of Jesus*. San Francisco: HarperSanFrancisco, 1998.

_____ and Harold Bloom. *The Gospel of Thomas*. New York: Harper, 1992.

Mitchell, Stephen. *The Gospel According to Jesus*. San Francisco: Harper Perennial, 1993.

Needleman, Jacob. *Lost Christianity*. New York: Jeremy Tarcher, 2003.

Neusner, Jacob. *Judaism in the Beginning of Christianity*. Minneapolis: Fortress Press, 1984.

Pagels, Elaine. *Beyond Belief*. New York: Vintage, 2004.

_____. *The Gnostic Gospels*. New York: Vintage, 1989.

Patterson, Meyer, et al. *The Q-Thomas Reader*. Sonoma, Calif.: Polebridge, 1990.

Patterson, Stephen. *The Gospel of Thomas and Jesus*. Sonoma, Calif.: Polebridge, 1993.

Philo of Alexandria. *The Works of Philo, Complete and Unabridged*. Mahwah, N.J.: Paulist Press, 1993.

Quispel, Giles. *Jewish and Gnostic Man*. Putnam, Conn.: Spring Publications, 1986.

Riley, Gregory J. *Resurrection Reconsidered: Thomas and John in Controversy*. Minneapolis: Augsburg Fortress Publishers, 1995.

Robinson, James. *The Nag Hammadi Library*, rev. ed. New York: Harper, 1990.

# 를루프가 제공하는 유용한 자료들

www.gospelthomas.com

피터 커비(Peter Kirby)의 사이트는 옥시린쿠스(Oxyrhynchus) 그리스어 단편과 유용한 주석 및 링크뿐만 아니라 도마복음의 콥트어와 영어 행간 텍스트에 관한 훌륭한 온라인 설명을 제공한다.[1]

www.gospels.net/thomas

옥시린쿠스(Oxyrhynchus) 단편의 원래 그리스어 본문은 행간 문자 번역과 함께 여기에서 내려받을 수 있다.

www.geocities.com/Athens/9068

Michael W. Grondin's "Codex II Student Resource Center" has valuable material on the Gospel of Thomas, Codex II, and Coptic resources. 마이클 그론딘(Michael W. Grondin)의 "Codex II 학생 자료 센터"에는 도마복음, Codex II 및 Coptic 자료에 대한 귀중한 자료가 있다.

http://home.epix.net/~miser17/Thomas.html

Stevan Davies's "Gospel of Thomas Homepage" has many valuable resources and links. 스테반 데이비스(Stevan Davies)의 "도마복음 홈페이지"에는 귀중한 자원과 링크가 많이 있다.[2]

www.earlychristianwritings.com

www.gospels.net

정경과 영지주의 문서를 함께 참조할 수 있는 두 개의 유용한 사이트이다.

---

1 실제로 들어가 보면 콥트어 본문은 더 이상 없다. 묵상 자료들이 대부분이다. 오히려 다음의 사이트 들이가 콥트어 도마복음 본문에 관한 좋은 자료를 제공한다.
http://gospel-thomas.net/x_transl.htm; http://gnosis.org/naghamm/nhl_thomas.htm, 2023.04.26. 접근.

2 이 사이트는 더 이상 운영하지 않는 것 같다.

도마복음 연구 시리즈 4

# 도마복음, 예수의 영지주의 지혜

2023년 7월 3일  초판 1쇄 발행

지 은 이 ㅣ 장-이브 를루프
옮 긴 이 ㅣ 조재형
펴 낸 이 ㅣ 조성진
펴 낸 곳 ㅣ 도서출판 예술과영성
등     록 ㅣ 제2017-000147호(2017년 11월 13일)
주     소 ㅣ 서울시 중구 퇴계로 30길 29 4층 407
전     화 ㅣ (02) 921-2958
홈페이지 ㅣ www.artmin.org

Copyright ⓒ 예술과영성, 2023

ISBN 979-11-962443-9-2  04200
ISBN 979-11-983321-0-3  04200(도마복음 연구 시리즈)